U0506568

国家普及类古籍整理图书专项资助项目

中国古代文史经典读本

徐霞客游记 选评

黄 珅 撰

上海古籍出版社

图书在版编目(CIP)数据

徐霞客游记选评 / 黄珅撰. —上海: 上海古籍出版社, 2017.7 (2021.7重印)
(中国古代文史经典读本)
ISBN 978-7-5325-8523-6

Ⅰ. ①徐… Ⅱ. ①黄… Ⅲ. ①游记—中国—明代②历史地理—中国③《徐霞客游记》—研究 Ⅳ. ①K928.9

中国版本图书馆 CIP 数据核字(2017)第 153011 号

中国古代文史经典读本
徐霞客游记选评
黄 珅 撰
上海世纪出版股份有限公司
上 海 古 籍 出 版 社 出版
(上海瑞金二路 272 号 邮政编码 200020)
(1) 网址: www.guji.com.cn
(2) E-mail: gujil@guji.com.cn
(3) 易文网网址: www.ewen.co
上海世纪出版股份有限公司发行中心发行经销
常熟市新骅印刷有限公司印刷
开本 787×1092 1/32 印张 14 插页 2 字数 186,000
2017 年 7 月第 1 版 2021 年 7 月第 4 次印刷
印数: 7,171—8,270
ISBN 978-7-5325-8523-6

I·3186 定价: 32.00 元
如有质量问题,读者可向工厂调换

出版说明

上海古籍出版社成立六十多年来形成了出版普及读物的优良传统。上一世纪,本社及其前身中华书局上海编辑所策划、历时三十余年陆续出版的《中国古典文学作品选读》与《中国古典文学基本知识》两套丛书各八十种,在当时曾影响深远。不少品种印数达数十万甚至逾百万。不仅今天五六十岁的古典文学研究者回忆起他们的初学历程,会深情地称之为"温馨的乳汁";而且更多的其他行业的人们在涵养气度上,也得其熏陶。然而,人文科学的知识在发展更新,而一个时代又有一个时代的符号系统与表达、接受习惯,因此本世纪初,我社又为读者奉献了一套"新世纪文史哲经典读本",是为先前两套丛书在新世纪的继承与更新。

“新世纪文史哲经典读本”凝结了普及读物出版多方面的经验：名家撰作、深入浅出、知识性与可读性并重固然是其基本特点；而文化传统与现代特色的结合，更是她新的关注点。吸纳学界半个世纪以来新的研究成果，从中获得适应新时代读者欣赏习惯的浅切化与社会化的表达；反俗为雅，于易读易懂之中透现出一种高雅的情韵，是其标格所在。

“新世纪文史哲经典读本”在结构形式上又集前述两套丛书之长，或将作者与作品（或原著介绍与选篇解析）乳水交融地结合为一体，或按现在的知识框架与阅读习惯进行章节分类，也有的循原书结构撷取相应内容并作诠解，从而使全局与局部相映相辉，高屋建瓴与积沙成塔相互统一。

“新世纪文史哲经典读本”更是前述两套丛书的拓展与简约。其范围涵盖文学经典、历史经典与哲学经典，希望用最省净的篇幅，抉示中华文化的本质精神。

该套丛书问世以来，已在读者中享有良好的口碑。为了延伸其影响，本社于2011年特在其中选取十五种，请相关作者作了修订或增补，重新排版装帧，名之为“中国古代文史经典读本”，以飨读者。出版之后，广受读者的好评，并于2015年被评为“首届向全国推荐中华优秀传统文化普及图书”。受此鼓舞，本社续从其中选取若干种予以改版推出，并得到国家有关部门的支持，多种获得2016年普及类古籍整理图书专项资助。希望这套书能继续为广大读者喜欢，为弘扬中华优秀传统文化作出贡献。

上海古籍出版社

2017年6月

目　录

导　言

如果说历史是人类活动留在时间的轨迹，那么地理则是空间向人类提供的活动条件。流连万象，探奇抉奥，目既往还，心亦吐纳，是人沉浸在自然中的一种充满美感的精神享受。山山水水，以其独特的地质地貌，向游人展示由此形成的绚丽景观。游记，便是人们沉吟视听、随物宛转的结晶。只是其中绝大多数为行歌泉壑、吟赏烟霞的作品，能从科学的角度，对地理本身、对自然界的地质地貌进行考察研究，将审美趣味和科学精神完美地结合起来，实不多见。就此而言，《徐霞客游记》无论在篇幅、内容和价值上，均前无古人，后不见来者。

徐霞客，名弘祖，字振之。明万历十四年十一月二十七日（公元 1587 年 1 月 5 日），生于南直隶常州府江阴县南阳岐(今江苏江阴市马镇乡南阳岐村)。他似乎从小就和功名格格不入,在一试不第之后,便绝意仕进,而仰慕一切冲举高蹈之迹,心驰神往于山水之间,选择了一条远离世俗、充满艰险的人生之路。他早年东渡大海,西至秦中,南下五岭,北上燕山,瞻齐鲁圣迹,访中原古址,至于徽、越名山,吴、闽胜水,游访殆遍。崇祯九年(1636),徐霞客开始了寻脉探源的万里遐征,发轫江、浙,周游赣、湘,跋涉粤西,颠仆黔道,直抵滇中,深入边陲。足迹已遍及今华东、中南、华北(除内蒙古)各省,以及西北的陕西,西南的云、贵,有人认为他还去过四川。除峨眉山存疑外,踏遍明代疆域内的所有名山。崇祯十三年(1640),徐霞客自云南鸡足山返回故乡。次年正月二十七日(公元 1641 年 3 月 8 日)去世,家人遵其遗嘱,葬于距南阳岐不远的璜溪西岸马湾沈村。1978年,徐霞客墓迁至故居晴山堂后院中。

作为一个亭亭物表、皎皎霞外的求索者,霞客的风概,也像山水那样奇丽多姿,卓尔不群。霞客有几句诗,颇能写出他的情趣、他的操守:他珍惜"人与梅花一样清”的品格，永怀“移谷愚公骨作男”的追求，如同一片孤云，从幽寂的山岫中升起，明知“长空不留迹”，仍不忘以“崆峒第一峰”作为自己的归宿。《徐霞客游记》之所以能站在前人从未有过的高度，展现既新奇又真实、既惊险又绚丽的情景，正是他求实精神与献身精神、考察与探险、理智与激情相结合的体现。

霞客一生，寄身江南，浪迹天下，独游三十年，纵横数万里，幕天席地，旦暮古今，行常人所不行，至常人所不至，见常人所不见，闻常人所不闻，途中常就破壁枯树，燃松拾穗，走笔为记，一生心血，尽在此书。《徐霞客游记》内容真实，规模宏大，一空依傍，奇情郁然，堪称自然博览、社会长卷。尽管摹山范水的作品，至明代已蔚为大观，但他人的成就，和霞客相比，诚如片玉之于昆山。用钱谦益的话说，惟有《徐霞客游记》，才是真文字、大文字、奇文字。霞客的过人之处，不仅在能清晰、精确，且又形象地勾勒出山水真实的形貌，具有极强的方位感和条理性；更在于他能始终不脱离特定的地理位置，揭示形成这种景观的独特的时空条件，在写山水形貌的基础上，进而写出它的骨骼、它的血脉，乃至它的性情。在他的笔下，山水的真貌、自然的真趣、人的真情，已融为一体。明人多小品，霞客则擅长篇；他人的游记往往以一石一水、一景一物取胜，而霞客则以整体描写独占鳌头。他以纵横上下、无所不可的气概，大笔挥濡，泼墨淋漓，漱涤万物，牢笼百态，全方位、多角度地展现天地大观。峰峦岩谷，不一其状；川流瀑泉，不一其态；奇花异木，不一其色；风雨烟云，不一其变。笔意轩昂，尺幅千里，为人世开启耳目，为宇宙开拓心胸。霞客的描述，不仅为人人笔下所无，且为人人目中所无、意中所无。只有像霞客那样旷世独步的奇人，才会有如此亘古未有的奇游；有了这样的奇趣，才有可能发现“颠倒造化”的奇景，才能上升到涉目成赏、移步见奇的境界；将这些奇物奇景载之于笔，便成了这部令人耳目一新的奇书。

江山如画。面对天地间亘古常新的自然艺术，面对充满个性和魅力的美景，人类的赞美和叹服，永远不会消失。即使人类在创造力上还无法与自然争雄，仍可凭自己特有的审美趣味,艺术地再现美的形象。徐霞客具备对观照对象作宏观和微观双重把握的能力,故既能得其大势,又能识其细节,既毫发无撼,又波澜独成,以铺张扬厉之笔,写瑰异奇伟之景,通过对局部参差有致的描写,组成一幅整体和谐的画面。而与自然的贴近契合,又使他能处在最佳的观赏位置,找到最佳的观赏时机,取得最佳的观赏效果。由于他胸中藏有无数名山大川,故当摹山范水之际,便有得心应手之妙。霞客行文,如画家写生,时而用浓墨,时而用淡笔,有疏有密,或开或合,能多中见整,繁而不乱。但徐霞客的艺术表现才能,还不仅限于此。他能抛开板滞的芜词累句,变描眉为点睛,从静止的景物中写出它在意识流动中产生的动态变化,在色彩中寄以情趣,在声响中寓以神韵,在形式中涵藏意味,从而写出山水的性情和特有的魅力。

在中国,能耗尽毕生心血,投身自然之中,对自然怀有真感情,发现自然的真性情,应推徐霞客为第一人。他见险色喜,闻奇必探,以性灵游,以躯命游,由此他才能对自然景物作整体的把握,进行立体的描绘,显示其灵性和活力。《游记》中对人和自然关系的历史变化、如何通过艺术促进人与自然的融合、如何保护生态环境、如何使人文景观与自然景观协调、如何在开发自然的同时美化自然而不是破坏自然等问题,都有形象的描写和深刻的揭示。徐霞客的情感和行为向世人显示,只有彻底摆脱名利的诱惑,对自然怀有真情,人方能进入"俯仰自得,游心太玄"、与自然和谐相处的境界。徐霞客的经历和作品还向世人显示,审美观照对改善人与自然的关系,具有更为直接的情感效应和广阔前景。其行为不仅健全了人的自然本性,同时也昭示了人的价值和力量。

本书所选,均为《徐霞客游记》中的名篇,文中的描述,都能将艺术的表现和科学的论证、奇丽的自然景观和独特的地貌特征完美地结合起来。阅读这些篇章,山光云影,泉流风声,宛然在目,倾耳可听,行文生气勃勃,画面栩栩如生;而其中又始终活跃着一个凌艰越险、嵯峨磊落的身影,字里行间,同时焕发出一种充满精神光辉的美。

一、游天台山日记

明神宗万历三十五年(1607),徐霞客开始他的旅游生涯,泛舟太湖,登洞庭山。以后又北上山东、河北,登泰山,拜孔林,谒孟庙,但都未留下日记。天台山在浙江天台县城北,群峰争秀,巉峭多姿,飞瀑清泉,洁白如练,为浙东游览胜地。华顶秀色,石梁飞瀑,琼台夜月,桃源春晓,游者不绝,流誉众口。天台山也是佛教天台宗的发祥地,山中寺院众多,有建于隋代的古刹国清寺,寺中有唐代高僧、著名天文学家一行的遗迹。在真觉寺中,尚有天台宗创立者智颤的肉身塔。传说东汉刘晨、阮肇入山采药,迷路遇见仙女,历来传为佳话。徐霞客一生,曾三游天台山。第一次在万历四十一年(1613),

他从曹娥江独往宁波，渡江游洛迦山，随即返身赴天台，登上华顶，历时八天。这篇日记，便是这次游览的记录，为现存《徐霞客游记》的开卷之作。

癸丑[①]之三月晦[②]　　自宁海[③]出西门。云散日朗，人意山光，俱有喜态。三十里，至梁隍山。闻此地於菟[④]夹道，月伤数十人，遂止宿。

四月初一日　　早雨。行十五里，路有歧，马首西向台山，天色渐霁。又十里，抵松门岭。山峻路滑，舍骑步行。自奉化[⑤]来，虽越岭数重，皆循山麓；至此迂回临陟[⑥]，俱在山脊。而雨后新霁，泉声山色，往复创变[⑦]，翠丛中山鹃[⑧]映发，令人攀历忘苦。又十五里，饭于筋竹庵。山顶随处种麦。从筋竹岭南行，则向国清大路。适有国清僧云峰同饭，言此抵石梁，山险路长，行李不便，不若以轻装往，而重担向国清相待。余然之，令担夫随云峰往国清，余与莲舟上人[9]就石梁道。行五里，过筋竹岭。岭旁多短松，老干屈曲，根叶苍秀，俱吾阊门[10]盆中物[11]也。又三十余里，抵弥陀庵。上下高岭，深山荒寂，恐藏虎，故草木俱焚去。泉轰风动，路绝旅人。庵在万山坳中，路荒且长，适当其半，可饭可宿。

初二日　　饭后，雨始止。遂越潦[12]攀岭，溪石渐幽。二十里，暮抵天封寺。卧念晨上峰顶，以朗霁为缘[13]，盖连日晚霁，并无晓晴。及五更梦中，闻明星满天，喜不成寐。

初三日　　晨起，果日光烨烨[14]，决策向顶[15]。上数里，至华顶庵；又三里，将近顶，为太白堂，俱无可观。闻堂左下有黄经洞，乃从小径。二里，俯见一突石，颇觉秀蔚。至则一发僧[16]结庵于前，恐风自洞来，以石甃[17]塞其门，大为叹惋。复上至太白，循路登绝顶。荒草靡靡[18]，山高风冽，草上结霜高寸许，而四山回映，琪花玉树[19]，玲珑弥望[20]。岭角山花盛开，顶上反不吐色，盖为高寒所勒耳。

仍下华顶庵，过池边小桥，越三岭。溪回山合，木石森丽，一转一奇，殊慊[21]所望。二十里，过上方广[22]，至石梁[23]，礼佛昙花亭，不暇细观飞瀑。下至下方广，仰视石梁飞瀑，忽在天际。闻断桥、珠帘尤胜，僧言饭后行犹及往返，遂由仙筏桥向山后。越一岭，沿涧八九里，水瀑从石门泻下，旋转三曲。上层为断桥，两石斜合，水碎迸石间，汇转入潭；中层两石对峙如门，水为门束，势甚怒；下层潭口颇阔，泻处如阈[24]，水从坳中斜下。三级俱高数丈，各极神奇，但循级而下，宛转处为曲所遮，不能一望尽收。又里许，为珠帘水，水倾下处甚平阔，其势散缓，滔滔汩汩[25]。余赤足跳草莽中，揉[26]木缘崖，莲舟不能从。暝色四下，始返。停足仙筏桥，观石梁卧虹，飞瀑喷雪，几不欲卧。

初四日　天山一碧如黛[27]。不暇晨餐，即循仙筏上昙花亭，石梁即在亭外。梁阔尺余，长三丈，架两山坳间。两飞瀑从亭左来，至桥乃合流下坠，雷轰河陨[28]，百丈不止。余从梁上行，下瞰深潭，毛骨俱悚[29]。梁尽，即为大石所隔，不能达前山，乃还。过昙花，入上方广寺。循寺前溪，复至隔山大石上，坐观石梁。为下寺僧促饭，乃去。饭后，十五里，抵万年寺，登藏经阁。阁两重，有南北经两藏[30]。寺前后多古杉，悉三人围，鹤巢于上，传声嘹呖[31]，亦山中一清响也。是日，余欲向桐柏宫，觅琼台、双阙，路多迷津[32]，遂谋向国清。国清去万年四十里，中过龙王堂。每下一岭，余谓已在平地，及下数重，势犹未止，始悟华顶之高，去天非远！日暮，入国清[33]，与云峰相见，如遇故知，与商探奇次第[34]。云峰言："名胜无如两岩[35]，虽远，可以骑行。先两岩而后步至桃源，抵桐柏，则翠壁、赤城，可一览收矣。”

初五日　有雨色，不顾，取寒、明两岩道，由寺向西门觅骑。骑至，雨亦至。五十里至步头，雨止，骑去。二里，入山，峰萦水映，木秀石奇，意甚乐之。一溪从东阳[36]来，势甚急，大若曹娥[37]。四顾无筏，负奴背而涉。深过于膝，移渡一涧，几一时。三里，至明岩。明岩为寒山[38]、拾得[39]隐身地，两山回曲，志[40]所谓八寸关也。入关，则四围峭壁如城。最后，洞深数丈，广容数百人。洞外，左有两岩，皆在半壁；右有石笋突耸，上齐石壁，相去一线，青松紫蕊，蓊苁[41]于上，恰与左岩相对，可称奇绝。出八寸关，复上一岩，亦左向。来时仰望如一隙，及登其上，明敞容数百人。岩中一井，曰仙人井，浅而不可竭。岩外一特石，高数丈，上岐立如两人，僧指为寒山、拾得云。入寺。饭后云阴溃散，新月在天，人在回岩顶上，对之清光溢壁。

初六日　凌晨出寺，六七里至寒岩。石壁直上如劈，仰视空中，洞穴甚多。岩半有一洞，阔八十步，深百余步，平展明朗。循岩右行，从石隘[42]仰登。岩坳有两石对耸，下分上连，为鹊桥，亦可与方广石梁争奇，但少飞瀑直下耳。还饭僧舍，觅筏渡一溪。循溪行山下，一带峭壁巉崖，草木盘垂其上，内多海棠紫荆，映荫溪色，香风来处，玉兰芳草，处处不绝。已至一山嘴，石壁直竖涧底，涧深流驶，旁无余地。壁上凿孔以行，孔中仅容半趾，逼身而过，神魄为动。自寒岩十五里至步头，从小路向桃源[43]。桃源在护国寺旁，寺已废，土人[44]茫无知者。随云峰莽行曲路中，日已堕，竟无宿处，乃复问至坪头潭。潭去步头仅二十里，今从小路，反迂回三十余里。宿信桃源误人也。

初七日　　自坪头潭行曲路中三十余里，渡溪入山。又四五里，山口渐夹，有馆曰桃花坞。循深潭而行，潭水澄碧，飞泉自上来注，为鸣玉涧。涧随山转，人随涧行。两旁山皆石骨，攒[45]峦夹翠，涉目成赏，大抵胜在寒、明两岩间。涧穷路绝，一瀑从山坳泻下，势甚纵横。出饭馆中，循坞东南行，越两岭，寻所谓“琼台”、“双阙”，竟无知者。去数里，访知在山顶。与云峰循路攀援，始达其巅。下视峭削环转，一如桃源，而翠壁万丈过之。峰头中断，即为双阙；双阙所夹而环者，即为琼台。台三面绝壁，后转即连双阙。余在对阙，日暮不及复登，然胜已一日尽矣。遂下山，从赤城后还国清，凡三十里。

初八日　　离国清，从山后五里登赤城[46]。赤城山顶圆壁特起，望之如城，而石色微赤。岩穴为僧舍凌杂，尽掩天趣。所谓玉京洞、金钱池、洗肠井，俱无甚奇。

① 癸丑：指明神宗万历四十一年（1613）。 ② 晦：阴历每月的最后一天。 ③ 宁海：明代县名，即今浙江宁海。 ④ 於菟（wū tú）：先秦时楚人称虎为於菟，后用作虎的别称。 ⑤ 奉化：明代县名，即今浙江奉化。 ⑥ 陟（zhì）：登高。 ⑦ 创变：更新变化。 ⑧ 山鹃：指山上的杜鹃花。 ⑨ 莲舟上人：徐霞客故乡江阴迎福寺僧人。佛家称有德行的僧人为上人。 ⑩ 阊门：江苏苏州城西北门。这里借指苏州。 ⑪ 盆中物：花盆中的景物，即盆景。 ⑫ 潦（lǎo）：路上的积水。 ⑬ 以朗霁为缘：有福分遇上晴朗的好天气。 ⑭ 烨烨（yè）：光照很亮。 ⑮ 顶：指华顶峰，为天台山主峰。众山环拱，形似莲花，华顶峰正当中心，由此得名。“华顶秀色”为“天台八景”之一。 ⑯ 发僧：留着头发修行的僧人。 ⑰ 甃（zhòu）：砌。 ⑱ 靡靡：形容草倒伏、衰败。 ⑲ 琪花玉树：古代传说中的奇花异树。这里说峰顶草木结霜如花，好像用珠玉雕成一般。 ⑳ 弥望：满眼。 ㉑ 慊（qiè）：满足。 ㉒ 方广：指方广寺。有上、下两寺。 ㉓ 石梁：石桥。是一块飞架于两山之间的巨石。瀑布自梁底喷坠，高数十丈。

"石梁飞瀑"为"天台八景"之一。 ㉔ 阈(yù):门槛。 ㉕ 汩汩(gǔ):形容水流动的声音或形状。 ㉖ 揉:搓。这里用作牵缠的意思。 ㉗ 黛:深青色。 ㉘ 隤(túi):崩溃。河隤,言水流坠落如河水决堤倾泻。 ㉙ 悚(sǒng):恐惧。 ㉚ 南北经两藏(zàng):指明洪武年间在南京刻的佛教《大藏经》(南藏)和明永乐年间在北京刻的《大藏经》(北藏)。藏,佛教经典的总称。 ㉛ 嘹呖(liǎo lì):形容声音清脆响亮。 ㉜ 迷津:使人迷惑的错误道路。 ㉝ 国清:国清寺。在天台山南麓。隋文帝开皇年间,天台宗创始人智顗创建。大雄宝殿东侧小院中有古梅一株,相传为智顗手植,树龄已有一千多年。 ㉞ 次第:次序。 ㉟ 两岩:指寒岩、明岩。 ㊱ 东阳:明代县名,即今浙江东阳。 ㊲ 曹娥:江名。源于天台山北麓,流经上虞注入杭州湾。 ㊳ 寒山:唐代诗僧,以隐居寒岩得名。有《寒山子诗集》。 ㊴ 拾得:据说为一弃儿,被国清寺僧人捡回收养,故名拾得。与寒山为友,也能作诗。 ㊵ 志:志书。后专指地方志。 ㊶ 蓊苁(wēng cōng):草木茂盛。 ㊷ 石隘:山崖间狭隘处。 ㊸ 桃源:在天台城西山中。溪畔有双女峰。传说东汉永平年间,刘晨、阮肇入山采药,在此遇二仙女。"桃源春晓"为"天台八景"之一。 ㊹ 土人：当地人。 ㊺ 攒(cuán)：聚集。 ㊻ 赤城：赤城山，以山上赤石屏列如城、望之如霞而得名。“赤城栖霞”为“天台八景”之一。

陶渊明自道：“少无适俗韵，性本爱丘山。”(《归园田居诗》)李白也说：“相看两不厌，只有敬亭山。”(《独坐敬亭山》)不过他们还只是以一个诗人的闲情逸趣，将山作为观赏的对象。至于不辞艰辛，不畏险难，投入整个身心，耗尽毕生心血，问奇于山川，探美于林泉，则必推徐霞客为第一人。徐霞客自称有“山癖”。他从小爱读奇书，向往远游，成年后更是“奇情郁然，玄对山水”，不愿在世俗的污浊中蝇营狗苟，只求在海阔天高中伸展个性。唐泰曾作诗赠徐霞客：“从此未须劳淡想，留君一坐即名山。”(《留先生小坐》)在他的身上，最集中地体现了山水昂首直上、百折不回的气概；在他的笔下，最真实地描述了山水雄奇秀丽的风姿。如果说一部《徐霞客游记》如同充满奇情异彩、包罗万象的山水长卷，那么《游天台山日记》便是其中第一幅绚丽的图景。

浙江沿海，千岩竞秀，万壑争流，令人应接不暇。东晋孙绰作《天台山赋》，誉之为“山岳之神秀者”。在唐代诗人李白、孟浩然等人的作品中，也都留下了吟咏天台山的诗篇。如李白《送友人寻越中山水》：“闻道稽山去，偏宜谢客才。千岩泉洒落，万壑树萦回。东海横秦望，西陵绕越台。湖清霜镜晓，涛白雪山来。八月枚乘笔，三吴张翰杯。此中多逸兴，早晚向天台。”而在现存的关于天台山的作品中，没有人比徐霞客的描写，更真实、也更生动了。他以时间发展的顺序为经，以地理位置的变换为纬，以各个景观为点，挥濡彩笔，勾勒渲染，有动有静，有声有色，真可谓文中有画，引人入胜。徐霞客在天台山中，人随涧行，涉目成赏，读他的日记，字字生色，段段称奇，水光山影，宛然在目。

唐代文学家柳宗元的《永州八记》，历来被认作游记文学的典范，其中《袁家渴记》有这么一段描写："每风自四山而下，振动大木，掩苒众草，纷红骇绿，蓊葧香气。冲涛旋濑，退贮溪谷，摇扬葳蕤，与时推移。"借风将山、树、花、草，一并收在水上，写得有性有情，有声有色。本文"一带峭壁巉崖，草木盘垂其上，内多海棠紫荆，映荫溪色，香风来处，玉兰芳草，处处不绝"这一段描述，同样绘声绘色地写出了一个香花掩映的佳境。其中有视觉感受到的枝叶倒映的形态美，有听觉感受到的清风徐来的音响美，有嗅觉感受到的花香沁人的气味美，有让作者喜形于色的情景美，更有让读者神往不已的意境美。寥寥数句，和柳文有异曲同工之妙。虽然没有柳文的奇情壮采，但更加简洁明白，生动自然。

徐霞客早年的游记，以搜奇访胜为主，文学性高于科学性，不像后来的游记，更多注意对山川地貌和水道源流的研讨，但从中仍能体现他天赋的对大自然敏锐而又深刻的观察和分析能力。如“岭角山花盛开，顶上反不吐色，盖为高寒所勒耳”这几句话，指出由于华顶海拔较高，势必天寒风大，抑制了花的生长，从而揭示了地形、气温、风速对植物生长的影响。在西方，直到 1806 年，德国学者洪堡考察安第斯山后，才提出相似的看法，但比徐霞客已晚了近二百年。

二、游雁宕山日记

万历四十一年(1613),徐霞客在游览天台山后,随即借道黄岩,前往邻近又一处胜地雁宕(荡)山。雁荡山在浙江乐清东北,知名于唐初,略迟于天台山,至宋初声名渐著,骎骎乎凌迈天台山之上,有“东南第一山”之誉。康有为甚至说:“雁荡山雄伟奇特,甲于全球。”雁荡山群峰奇丽,所谓鬼斧神工,常令诗人画家,对景兴叹,无从落笔。山上峰、石、洞、瀑,四美交辉。其中尤以“两灵一龙”(即形状奇伟、胜景叠出的灵峰,气势磅礴、环境清幽的灵岩,飞流直下、云水氤氲的大龙湫瀑布)最负盛名,合称“雁荡三绝”。雁荡山区域甚广,有奇峰百二,胜迹尤多。由于来去匆匆,徐霞客这次上山,并未遍游各处景观，特别是没能找到雁湖，留下了一个深深的遗憾。为此，他于崇祯五年(1632)四月，三游雁荡山，不辞艰险，终于登上雁顶，发现雁湖。钱谦益为徐霞客作传，在转述此事时，不禁叹道："其与人争奇逐胜，欲赌身命，皆此类也！"

自初九日[1]别台山，初十日抵黄岩[2]。日已西，出南门三十里，宿于八岙[3]。

十一日　二十里，登盘山岭。望雁山诸峰，芙蓉[4]插天，片片扑人眉宇。又二十里，饭大荆驿。南涉一溪，见西峰上缀[5]圆石，奴辈指为两头陀[6]，余疑即老僧岩，但不甚肖。五里，过章家楼，始见老僧真面目：袈衣秃顶，宛然兀立[7]，高可百尺。侧又一小童[8]伛偻[9]于后，向为老僧所掩耳。自章楼二里，山半得石梁洞。洞门东向，门口一梁，自顶斜插于地，如飞虹下垂。由梁侧隙中层级而上，高敞空豁。坐顷[10]之，下山。由右麓逾谢公岭[11]，渡一涧，循涧西行，即灵峰道也。一转山腋[12]，两壁峭立亘天，危峰乱叠，如削如攒，如骈笋[13]，如挺芝[14]，如笔之卓[15]，如幞[16]之欹[17]。洞有口如卷幕者，潭有碧如澄靛[18]者。双鸾、五老[19]，接翼联肩。如此里许，抵灵峰[20]寺。循寺侧登灵峰洞。峰中空，特立寺后，侧有隙可入。由隙历磴数十级，直至窝顶，则窅然[21]平台圆敞，中有罗汉诸像。坐玩至暝色，返寺。

十二日　　饭后，从灵峰右趾觅碧霄洞。返旧路，抵谢公岭下。南过响岩，五里，至净名寺路口。入觅水帘谷，乃两崖相夹，水从崖顶飘下也。出谷五里，至灵岩寺。绝壁四合，摩天劈地，曲折而入，如另辟一寰界。寺居其中，南向，背为屏霞嶂[22]。嶂顶齐而色紫，高数百丈，阔亦称[23]之。嶂之最南，左为展旗峰，右为天柱峰。嶂之右胁介于天柱者，先为龙鼻水。

龙鼻之穴从石罅[24]直上，似灵峰洞而小。穴内石色俱黄紫，独罅口石纹一缕，青绀[25]润泽，颇有鳞爪之状。自顶贯入洞底，垂下一端如鼻，鼻端孔可容指，水自内滴下注石盆。此嶂右第一奇也。西南为独秀峰，小于天柱，而高锐不相下。独秀之下为卓笔峰，高半独秀，锐亦如之。两峰南坳，轰然下泻者，小龙湫[26]也。隔龙湫与独秀相对者，玉女峰也。顶有春花，宛然插髻。自此过双鸾，即极于天柱。双鸾止两峰并起，峰际有"僧拜石"，袈裟伛偻，肖矣。由嶂之左胁，介于展旗者，先为安禅谷，谷即屏霞之下岩。东南为石屏风，形如屏霞，高阔各得其半，正插屏霞尽处。屏风顶有"蟾蜍[27]石"，与嶂侧"玉龟"相向。屏风南去，展旗侧褶[28]中，有径直上，磴级尽处，石阈限之。俯阈而窥，下临无地，上嵌崆峒[29]。外有二圆穴。侧有一长穴，光自穴中射入，别有一境，是为天聪洞，则嶂左第一奇也。锐峰叠嶂，左右环向，奇巧百出，真天下奇观！而小龙湫下流，经天柱、展旗，桥跨其上，山门[30]临之。桥外含珠岩在天柱之麓，顶珠峰在展旗之上。此又灵岩之外观也。

十三日　　出山门，循麓而右，一路崖壁参差，流霞映彩。高而展者，为板嶂岩。岩下危立而尖夹者，为小剪刀峰。更前，重岩之上，一峰亭亭插天，为观音岩。岩侧则马鞍岭[31]横亘于前。鸟道盘折，逾坳右转，溪流汤汤[32]，涧底石平如砥[33]。沿涧深入，约去灵岩十余里，过常云峰，则大剪刀峰介立[34]涧旁。剪刀之北，重岩陡起，是名连云峰。从此环绕回合，岩穷矣。龙湫之瀑[35]，轰然下捣潭中，岩势开张峭削，水无所着，腾空飘荡，顿令心目眩怖。潭上有堂，相传为诺讵那[36]观泉之所。堂后层级直上，有亭翼然[37]。面瀑踞坐久之，下饭庵中，雨廉纤[38]

不止，然余已神飞雁湖山[39]顶。遂冒雨至常云峰。由峰半道松洞外，攀绝磴三里，趋白云庵。人空庵圮[40]，一道人在草莽中，见客至，望望[41]去。再入一里，有云静庵，乃投宿焉。道人清隐，卧床数十年，尚能与客谈笑。余见四山云雨凄凄，不能不为明晨忧也。

十四日　　天忽晴朗，乃强清隐徒为导。清隐谓湖中草满，已成芜田，徒复有他行，但可送至峰顶。余意至顶，湖可坐得，于是人捉一杖，跻攀深草中，一步一喘，数里，始历高巅。四望白云，迷漫一色，平铺峰下。诸峰朵朵，仅露一顶，日光映之，如冰壶瑶界，不辨海陆。然海[42]中玉环[43]一抹，若可俯而拾也。北瞰山坳壁立，内石笋森森，参差不一。三面翠崖环绕，更胜灵岩。但谷幽境绝，惟闻水声潺潺，莫辨何地。望四面峰峦累累，下伏如丘垤[44]，惟东峰昂然独上，最东之常云，犹堪比肩。

导者告退，指湖在西腋一峰，尚须越三尖[45]。余从之，及越一尖，路已绝；再越一尖，而所登顶已在天半。自念《志》云："宕[46]在山顶，龙湫之水，即自宕来。"今山势渐下，而上湫[47]之涧，却自东高峰发脉，去此已隔二谷。遂返辙而东，望东峰之高者趋之，莲舟疲不能从。由旧路下，余与二奴东越二岭，人迹绝矣。已而山愈高，脊愈狭，两边夹立，如行刀背。又石片棱棱怒起，每过一脊，即一峭峰，皆从刀剑隙中攀援而上。如是者三，但见境不容足，安能容湖？既而高峰尽处，一石如劈，向惧石锋撩人，至是且无锋置足矣。踌躇崖上，不敢复向故道。俯瞰南面石壁下有一级，遂脱奴足布[48]四条，悬崖垂空，先下一奴，余次从之，意可得攀援之路。及下，仅容足，无余地。望岩下斗[49]深百丈，欲谋复上，而上岩亦嵌空三丈余，不能飞陟。持布上试，布为突石所勒，忽中断。复续悬之，竭力腾挽，得复登上岩。出险，还云静庵，日已渐西。主仆衣履俱敝，寻湖之兴衰矣。遂别而下，复至龙湫，则积雨之后，怒涛倾注，变幻极势，轰雷喷雪，大倍于昨。坐至暝始出，南行四里，宿能仁寺[50]。

十五日　　寺后觅方竹数握，细如枝；林中新条，大可径寸[51]，柔不中[52]杖，老柯斩伐殆[53]尽矣！遂从岐度四十九盘，一路遵海而南[54]，逾窑岙岭，往乐清。

①初九日：指明神宗万历四十一年(1613)四月初九。②黄岩：明代县名，即今浙江台州市黄岩区。③八岙(ào)：地名。岙，山间平地。④芙蓉：荷花。这里用以形容山峰秀丽。⑤缀：连接，附着。⑥头陀：行脚乞食的苦行僧。⑦兀(wù)立：独自直立。兀，高耸突出。⑧小童：指童子岩。⑨伛偻(yǔ lǚ)：弯腰曲背。⑩顷：顷刻，一会儿。⑪谢公岭：在雁荡山东外谷和东内谷的分界处。以南朝宋永嘉太守谢灵运曾来此游览而得名。

⑫ 山腋：指山侧的凹处。 ⑬ 骈笋：并生的竹笋。 ⑭ 挺芝：挺秀的灵芝。 ⑮ 卓：高而直。 ⑯ 幞(fú)：头巾。 ⑰ 攲(qī)：通“敧”，倾斜不正。 ⑱ 靛(diàn)：青色颜料。 ⑲ 双鸾、五老：山峰名。前者形如双鸾起舞，后者形似五老并肩。 ⑳ 灵峰：在东内谷，为雁荡山风景荟萃之处。顶峰巨石峭拔，与右边的倚天峰相合如掌。夜间望之又如夫妻相依，故一名夫妻峰。峰下观音洞为雁荡山第一大洞。山麓有灵峰寺。 ㉑ 窅(yǎo)然：幽邃深远。 ㉒ 屏霞嶂：又名灵岩。山崖壁立，形如屏风，五色相间，灿若云霞，故名。四周风景秀绝，为雁荡山景区的中心。山麓灵岩寺为雁荡山第二大寺。灵峰锐而富，灵岩简而壮，二者风光各有千秋。 ㉓ 称：相称。 ㉔ 罅(xià)：裂缝。 ㉕ 绀(gàn)：稍微带红的黑色。 ㉖ 小龙湫(qiū)：瀑布名，在卷图峰上。湫，瀑布落下的水潭。 ㉗ 蟾蜍(chán chú)：癞蛤蟆。 ㉘ 褶(zhě)：原指皮肤或衣服上的皱纹，这里指由于地壳运动，岩层受到压力形成波浪状的构造形式。 ㉙ 崆峒：山洞。 ㉚ 山门：佛寺的大门。 ㉛ 马鞍岭：绵亘于灵岩风景区和大龙湫风景区之间，为雁荡山东、西内谷的分界。从岭上向四面望去，景色美不胜收。 ㉜ 汤汤(shāng)：形容水大流急。 ㉝ 砥：磨刀石。

㉞ 介立：挺立。 ㉟ 龙湫之瀑：指大龙湫。瀑布从连云嶂凌空而下，落差190米，气势雄壮，并随季节、气候的变化呈现不同的景观。蔡元培誉之为天下瀑布之冠。 ㊱ 诺讵那：佛经中十六罗汉之一。相传他在唐初率弟子三百，从四川东来雁荡，见大龙湫瀑布，叹为观止，便在此坐化。 ㊲ 翼然：如鸟张开翅膀。 ㊳ 廉纤：细小。 ㊴ 雁湖山：又名雁湖岗，海拔近千米。山顶之湖即为雁荡，过去秋雁南归，多在此栖宿，由此得名。在岗顶可眺望东海。 ㊵ 圮（pǐ）：毁坏。 ㊶ 望望：惭愧的样子。 ㊷ 海：指东海。 ㊸ 玉环：山名。在今浙江玉环县的玉环岛上，与雁荡山隔海相望。 ㊹ 垤（dié）：小土丘。 ㊺ 尖：指山峰。 ㊻ 宕：指雁湖。 ㊼ 上湫：指大龙湫的上游。 ㊽ 足布：裹脚的布条。 ㊾ 斗：通“陡”。 ㊿ 能仁寺：始建于宋咸平年间，有“雁山第一刹”之称。寺中有一口大锅，据说重二万七千斤，堪称稀世遗物。 (51) 径寸：直径一寸。 (52) 中（zhòng）：适合，符合。 (53) 殆：近，几乎。 (54) 遵海而南：沿着（东）海边之路南行。

名山是自然的杰作。山崖的形态，往往由其地质结构、特殊的岩性和发育历史造成。同为东南名山，雁荡山与天台山就大不相同。东晋孙绰称天台山“壮丽”，北宋沈括说雁荡山“奇秀”，这是最早的评价，也是后人公认的特色。和天台山一样，雁荡山在远古也有过活跃的火山活动，至今在雁湖岗（即雁顶）仍可看到火山喷发的遗迹。雁荡山之奇，就在岩浆喷发、流动、冷却、凝固后，经过漫长的断层发育，以及风化和流水侵蚀作用，形成“雕镂百态”的奇秀景观。徐霞客一入雁荡，便敏锐地感到了这一点，他形容山路两旁，“危峰乱叠，如削如攒，如骈笋，如挺芝，如笔之卓，如幞之欹”，正是这种特殊山貌形象而又真切的写照。前人说雁荡山“奇谲善变，鬼斧神工”。这斧，是自然之斧；这工，是造化之工。

徐霞客游雁荡山，经过的景点甚多，忽登山径，忽涉溪流，忽对奇石，忽赏飞瀑，忽入古寺，忽探幽洞，铺叙缕述，殊为不易。但这篇游记依然写得有条不紊，清新明白，文字简洁但又包罗无遗，刻画逼真且又不乏性灵。文中有时用三言两语，便写出景物的特征，如以“绝壁四合，摩天劈地”描写灵岩，以“顶有春花，宛然插髻”形容玉女峰。有时又多方渲染，对景物作细腻的描绘，如从地形、规模、石色、岩纹，直写到何为龙鼻，如何滴水，来刻画“龙鼻水”这“嶂右第一奇观”。有时又大笔淋漓，对景物作笼盖式、全方位的描述，如写站在峰顶四望，峰峦俯伏，白云迷漫，远看海天一色，茫茫莫辨；近听幽谷清泉，窅然而去。通过对局部参差有致的描写，组成一幅整体和谐的山水画卷。

柳宗元至湖南永州，在游览钴鉧潭西小丘后，留下一段名言：“枕席而卧，则清泠之状与目谋，潆潆之声与耳谋，悠然而虚者与神谋，渊然而静者与心谋。”（《钴鉧潭西小丘记》）徐霞客对大龙湫的描写，虽与柳宗元笔下的小丘，动静有别，虚实不一，但就审美情趣而言，似乎心有灵犀，前后相通。他久坐亭中，面对飞瀑，这是景与目谋；飞湍瀑流，轰然喧豗，这是景与耳谋；腾空飘荡，目眩魄动，这是景与心谋；思逐流远，神飞峰顶，这是景与神谋。至于潭上有堂，相传为诺讵那观赏飞泉之处，则是他游记中所载的第一个传说，这时，眼前的景观已跨越时空的界限，与想像谋合了。

前人无不称赞徐霞客闻奇必赴、望险必探的精神和勇气。为了寻访雁湖，他来到绝无人迹的深山幽谷之中，在“刀背”上行走，在“剑隙”中找路，在毫无立足之处攀登。这是现存游记中所载的第一次历险，可见他的游览，从一开始就和那些吟风弄月、浅尝辄止者完全不同。

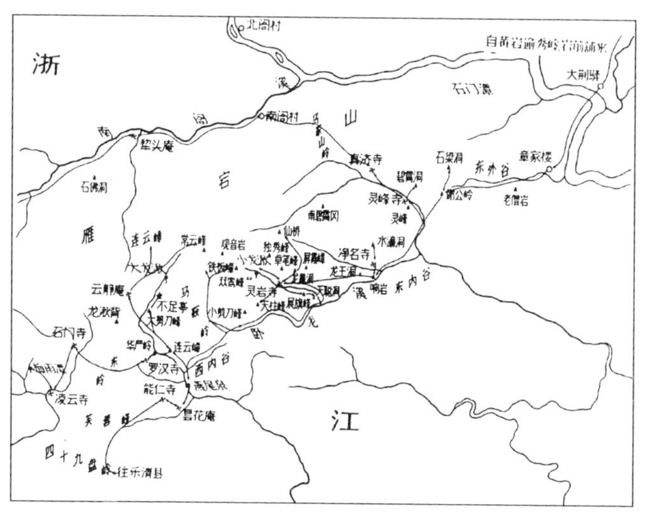

三、游黄山日记

黄山在今安徽黄山市境内，有天都、莲花等七十二峰。古称黟山，唐代定天下名山，因传说黄帝曾在此修道求仙，改名黄山。大自然对黄山似乎情有独钟。日本著名画家东山魁夷曾赞道："黄山居世界风景之魁，是当之无愧的。"不过，由于地处僻远，交通不便，这座"震旦中国第一名山"，在很长的一段时间内，一直"养在深闺人未识"。人类对黄山的认识，要比五岳晚得多。直到诗仙李白送温处士归黄山，才第一次向世人用文字展示了黄山的瑰姿："黄山四千仞，三十二莲峰。丹崖夹石柱，菡萏金芙蓉。"只是当时李白年事已高，不能深入山中，对黄山只有一个浮光掠影的印象。而与李白同时的山水诗人，似乎没人提到黄山。天下名山僧占多。根据现有的资料，最早来黄山结茅居住的是唐天宝年间的僧人志满；至中和年间，印度僧人麻衣在山中建造了翠微寺。而畅游黄山，则从唐代僧人岛云开始，传说他的足迹遍及黄山诸峰，写了不少诗篇，直到清代，游人仍可从崖壁上看到他的诗作。但真正使黄山名闻天下的还是徐霞客，万历四十四年（1616）二月，徐霞客自白岳山（齐云山）前往黄山，顶着严寒，游览八天，留下了这篇日记。

初二日[①]　自白岳[②]下山，十里，循麓而西，抵南溪桥。渡大溪，循别溪，依山北行。十里，两山峭逼如门，溪为之束。越而下，平畴[③]颇广。二十里，为猪坑。由小路登虎岭，路甚峻。十里，至岭。五里，越其麓。北望黄山诸峰，片片可掇[④]。又三里，为古楼坳。溪甚阔，水涨无梁，木片弥布一溪，涉之甚难。二里，宿高桥。

初三日　随樵者行，久之，越岭二重。下而复上，又越一重。两岭俱峻，曰双岭。共十五里，过江村。二十里，抵汤口[5]，香溪、温泉诸水所由出者。折而入山，沿溪渐上，雪且没趾。五里，抵祥符寺。汤泉[6]在隔溪，遂俱解衣赴汤池。池前临溪，后倚壁，三面石甃，上环石如桥。汤深三尺，时凝寒未解，而汤气郁然，水泡池底汩汩起，气本香洌。黄贞父谓其不及盘山[7]，以汤口、焦村孔道，浴者太杂遝[8]也。浴毕，返寺。僧挥印引登莲花庵，蹑雪循涧以上。涧水三转，下注而深泓者，曰白龙潭；再上而停涵石间者，曰丹井。井旁有石突起，曰"药臼"，曰"药铫[9]"。宛转随溪，群峰环耸，木石掩映。如此一里，得一庵，僧印我他出，不能登其堂。堂中香炉及钟鼓架，俱天然古木根所为。遂返寺宿。

初四日　兀坐[10]听雪溜竟日。

初五日　云气甚恶，余强卧至午起。挥印言慈光寺颇近，令其徒引。过汤池，仰见一崖，中悬鸟道[11]，两旁泉泻如练[12]。余即从此攀跻上，泉光云气，撩绕衣裾。已转而右，则茅庵上下，磬[13]韵香烟，穿石而出，即慈光寺也。寺旧名"硃砂庵"。比丘[14]为余言："山顶诸静室[15]，径为雪封者两月。今早遣人送粮，山半雪没腰而返。"余兴大阻，由大路二里下山，遂引被卧。

初六日　天色甚朗。觅导者各携筇[16]上山，过慈光寺。从左上，石峰环夹，其中石级为积雪所平，一望如玉。疏木茸茸中，仰见群峰盘结，天都[17]独巍然上挺。数里，级愈峻，雪愈深，其阴处冻雪成冰，坚滑不容着趾。余独前，持杖凿冰，得一孔置前趾，再凿一孔，以移后趾。从行者俱循此法得度。上至平冈，则莲花[18]、云门诸峰，争奇竞秀，若为天都拥卫者。由此而入，绝巘[19]危崖，尽皆怪松悬结。高者不盈丈，低仅数寸，平顶短鬣[20]，盘根虬干[21]，愈短愈老，愈小愈奇，不意奇山中又有此奇品也！

松石交映间，冉冉[22]僧一群从天而下，俱合掌言："阻雪山中已三月，今以觅粮勉到此。公等何由得上也？"且言："我等前海[23]诸庵，俱已下山，后海山路尚未通，惟莲花洞可行耳。"已而从天都峰侧攀而上，透峰罅而下，东转即莲花洞路也。余急于光明顶[24]、石笋矼[25]之胜，遂循莲花峰而北。上下数次，至天门。两壁夹立，中阔摩肩，高数十丈，仰面而度，阴森悚骨。其内积雪更深，凿冰上跻，过此得平顶，即所谓前海也。由此更上一峰，至平天矼[26]。矼之兀突独耸者，为光明顶。由矼而下，即所谓后海也。盖平天矼阳[27]为前海，阴[28]为后海，乃极高处，四面皆峻坞，此独若平地。前海之前，天都莲花二峰最峻，其阳属徽之歙[29]，其阴属宁之太平[30]。

余至平天矼，欲望光明顶而上。路已三十里，腹甚枵[31]，遂入矼后一庵。庵僧俱踞石向阳。主僧曰智空，见客色饥，先以粥饷，且曰："新日太皎，恐非老晴[32]。"因指一僧谓余曰："公有余力，可先登光明顶而后中食，则今日犹可抵石笋矼，宿是师处矣。"余如言登顶，则天都、莲花并肩其前，翠微、三海门[33]环绕于后，下瞰绝壁峭岫，罗列坞中，即丞相原也。顶前一石，伏而复起，势若中断，独悬坞中，上有怪松盘盖。余侧身攀踞其上，而浔阳[34]踞大顶相对，各夸胜绝。下入庵，黄粱已熟。饭后，北向过一岭，踯躅菁莽[35]中，入一庵，曰狮子林[36]，即智空所指宿处。主僧霞光，已待我庵前矣。遂指庵北二峰曰："公可先了此胜。"从之。俯窥其阴，则乱峰列岫，争奇并起。循之西，崖忽中断，架木连之，上有松一株，可攀引而度，所谓接引崖也。度崖，穿石罅而上，乱石危缀间，构木为石，其中亦可置足，然不如踞石下窥更雄胜耳。下崖，循而东，里许，为石笋矼。矼脊斜亘，两夹悬坞中。乱峰森罗，其西一面即接引崖所窥者。矼侧一峰突起，多奇石怪松。登之，俯瞰壑中，正与接引崖对瞰，峰回岫转，顿改前观。下峰，则落照拥树，谓明晴可卜，踊跃归庵。霞光设茶，引登前楼。西望碧痕一缕，余疑山影。僧谓："山影夜望甚近，此当是云气。"余默然，知为雨兆也。

初七日　　四山雾合。少顷，庵之东北已开，西南腻[37]甚，若以庵为界者，即狮子峰亦在时出时没间。晨餐后，由接引崖践雪下。坞半一峰突起，上有一松裂石而出，巨干高不及二尺，而斜拖曲结，蟠翠三丈余，其根穿石上下，几与峰等，所谓"扰龙松[38]"是也。攀玩移时，望狮子峰已出，遂杖而西。是峰在庵西南，为案山[39]。二里，蹑其巅，则三面拔立坞中，其下森峰列岫，自石笋、接引两坞迤逦[40]至此，环结又成一胜。

登眺间，沉雾渐爽，急由石笋矼北转而下，正昨日峰头所望森阴径也。群峰或上或下，或巨或纤，或直或欹，与身穿绕而过。俯窥辗顾[41]，步步生奇，但壑深雪厚，一步一悚。行五里，左峰腋一窦[42]透明，曰"天窗"。又前，峰旁一石突起，作面壁状，则"僧坐石"也。下五里，径稍夷[43]，循涧而行。忽前涧乱石纵横，路为之塞。越石久之，一阙新崩，片片欲堕，始得路。仰视峰顶，黄痕一方，中间绿字宛然可辨，是谓"天牌"，亦谓"仙人榜"。又前，鲤鱼石；又前，白龙池，共十五里，一茅出涧边，为松谷庵旧基。再五里，循溪东西行，又过五水，则松谷庵[44]矣。再循溪下，溪边香气袭人，则一梅亭亭正发，山寒稽雪[45]，至是始芳。抵青龙潭，一泓深碧，更会两溪，比白龙潭势既雄壮，而大石磊落，奔流乱注，远近群峰环拱，亦佳境也。还餐松谷，往宿旧庵。余初至松谷，疑已平地，及是询之，须下岭二重，二十里方得平地，至太平县共三十五里云。

初八日　拟寻石笋奥境[46]，竟为天夺[47]，浓雾迷漫。抵狮子林，风愈大，雾亦愈厚。余急欲趋炼丹台，遂转西南。三里，为雾所迷，偶得一庵，入焉。雨大至，遂宿此。

初九日　逾午少霁。庵僧慈明，甚夸西南一带峰岫不减石笋矼，有"秃颅朝天"、"达摩面壁"诸名。余拉浔阳蹈乱流至壑中，北向即翠微诸峦，南向即丹台诸坞，大抵可与狮峰竞驾[48]，未得比肩[49]石笋也。雨踵至，急返庵。

初十日　晨雨如注，午少停。策杖二里，过飞来峰，此平天矼之西北岭也。其阳坞[50]中，峰壁森峭，正与丹台环绕。二里，抵台。一峰西垂，顶颇平伏。三面壁翠合沓[51]，前一小峰起坞中，其外则翠微峰、三海门蹄股拱峙[52]。登眺久之。东南一里，绕出平天矼下。雨复大至，急下天门。两崖隘肩[53]，崖额飞泉，俱从人顶泼下。出天门，危崖悬叠，路缘崖半[54]，比后海一带森峰峭壁，又转一境。“海螺石”即在崖旁，宛转酷肖，来时忽[55]不及察，今行雨中，颇稔[56]其异，询之始知。已趋大悲庵，由其旁复趋一庵，宿悟空上人处。

十一日　上百步云梯。梯磴插天，足趾及腮[57]，而磴石倾侧岭岈[58]，兀兀[59]欲动，前下时以雪掩其险，至此骨意俱悚。上云梯，即登莲花峰道。又下转，由峰侧而入，即文殊院、莲花洞道也。以雨不止，乃下山，入汤院，复浴。由汤口出，二十里抵芳村，十五里抵东潭，溪涨不能渡而止。黄山之流，如松谷、焦村，俱北出太平[60]；即南流如汤口，亦北转太平入江；惟汤口西有流，至芳村而巨，南趋岩镇，至府[61]西北与绩溪[62]会。

① 初二日：指明神宗万历四十四年(1616)二月初二。② 白岳：即位于安徽省休宁的白岳山，又名齐云山。 ③ 平畴：平坦的田野。 ④ 片片可掇(duō)：言群峰如同片片花瓣，似乎随手可以拾取。 ⑤ 汤口：即今汤口镇，在黄山南麓，其北为黄山大门。 ⑥ 汤泉：又名汤池，今称黄山温泉。泉水含有朱砂，有香味，无硫磺气味，可饮可浴。 ⑦ 盘山：又名徐无山，在今天津蓟县城西北。 ⑧ 杂遝(tà)：多而乱。⑨ 铫(diào)：一种有柄的小型烧具，形状和现在的壶相似。⑩ 兀坐：枯坐。 ⑪ 鸟道：言山路险绝，仅能让飞鸟通过。⑫ 两旁泉泻如练：指人字瀑。泉水流至崖顶，为一巨石阻挡，分左右流下，构成“人”字形瀑布。练，白绢。 ⑬ 磬(qìng)：礼佛时用的一种敲击乐器。 ⑭ 比丘：梵语，指僧人。⑮ 静室：指佛徒居住修持的屋舍。 ⑯ 筇(qióng)：竹名，可以为杖，故杖也称作筇。 ⑰ 天都：峰名，海拔 1810 米。古称“群仙所都”，由此得名。气势磅礴，为黄山三大主峰中最险峻者。前人有诗云：“任他五岳归来客，一见天都也叫奇。”⑱ 莲花：峰名，海拔 1860 米，为黄山最高峰。山形如莲花绽

开,由此得名。 ⑲ 巘(yǎn):山峰。 ⑳ 鬣(liè):兽类须毛,指松针。 ㉑ 虬干:言枝干弯曲,形状如同虬龙。 ㉒ 冉冉:缓缓行走的样子。 ㉓ 前海:黄山多云海,故又称"黄海",按方位分为东、西、前、后、天五海。前海在南,后海在北,天海居中。 ㉔ 光明顶:黄山三大主峰之一,海拔1840米。为黄山看日出、见佛光、观云海的最佳处。 ㉕ 石笋矼:在今黄山北海宾馆东北。这一带石笋林立,争妍竞丽,千姿百态,妙不可言。前人以其与雁荡山大龙湫、庐山瀑布,并称天下三奇。 ㉖ 平天矼:又名平天冈,居黄山之中,为黄山前、后海和南、北部的分界处。 ㉗ 阳:山的南面。 ㉘ 阴:山的北面。 ㉙ 徽之歙:明代徽州府,治所在歙县(今属安徽)。 ㉚ 宁之太平:明代宁国府,治所在宣城(今属安徽)。太平为宁国府属县。 ㉛ 枵(xiāo):空。枵腹即空腹。 ㉜ 新日太皎,恐非老晴:清晨的太阳太白亮,恐怕不会久晴。 ㉝ 三海门:在平天矼西。据说石壁每隔百步有一缺口,共三处,石势高峻,状若金刚武士。 ㉞ 浔阳:徐霞客之叔翁。古人称岳丈为翁,浔阳或许为徐霞客岳丈的兄弟。 ㉟ 菁(jīng)莽:茂密的竹丛。 ㊱ 狮子林:即今北海宾馆旧址。 ㊲ 腻:言雾气浓重。 ㊳ 扰龙松:是一株长在石峰顶上的老松,有“帝松”、“黄山第一松”之称。此景今名“梦笔生花”。 ㊴ 案山：划地分界的山峰。 ㊵ 迤逦(yǐ lǐ)：一作迤逦。曲折连绵。 ㊶ 俯窥辗顾：低头环顾。 ㊷ 窦：洞穴。 ㊸ 夷：平坦。 ㊹ 松谷庵：在黄山北部叠嶂峰下。原名松古草堂,后建为禅林。 ㊺ 稽雪：积雪。稽,停留。 ㊻ 奥境：幽深之境。 ㊼ 竟为天夺：结果因天气失去了机会。 ㊽ 竞驾：争美。 ㊾ 比肩：相并,并立。 ㊿ 阳坞：南面的山坞。 51 合沓：重叠。 52 蹄股拱峙：像脚蹄和大腿那样拱卫对峙。 53 隘肩：靠得很紧。 54 路缘崖半：路沿着半山腰延伸。 55 忽：疏忽。 56 稔：本意为庄稼成熟,引申为熟悉,这里是察觉的意思。 57 足趾及腮(sāi)：上面人的脚趾,碰到下面人的脸。腮,面颊。 58 峆岈(hān xiā)：形容山势幽深。 59 兀兀：形容摇动的样子。 60 太平：明代县名。治今安徽黄山市。 61 府：指明代徽州府城歙县(今属安徽)。 62 绩溪：即今练江。

怪石、奇松、云海、温泉,是黄山四绝,也是徐霞客在本文中着重描写的对象。山之骨在石,黄山为怪石荟萃之地。明人有一联,极写黄山山石之奇：“人间有石皆奴仆,天下无山可弟兄。”在这篇《游记》中,生动而又具体地描写了黄山怪石和险峰的有机结合,如在峰旁突起的“僧坐石”,崖旁宛转酷肖的“海螺石”,“下分上并”的牌楼石,“圆头秃顶”的罗汉石等,特别是那高踞莲花峰顶的大石,居然悬空相隔二丈,显示了大自然不可思议的伟力。这些奇石怪石,无不惟妙惟肖,呼之欲出,而又千变万化,不可思议。《游记》中对黄山花岗岩地貌、石林地貌(石笋矼)的自然特征,也都作了逼真、形象的描述。

黄山无石不松,无松不石,松因石而刚,石得松而韵。徐霞客一再说:“绝巘危崖,尽皆怪松悬结”,“裂石而出”,夭矫离奇,不可名状,指出黄山松大多立足巉岩峭壁之上,扎根嶙峋怪石之中。他描写扰龙松“其根穿石上下,几与峰等”,已揭示了黄山松依山势生长的特点,并对黄山松奇特的造型也作了生动的描绘:“斜抱曲结,幡翠三丈”,“盘根虬干,愈短愈老,愈小愈奇。”在他的笔下,这些寄命石髓、饱经风霜、身处绝境、自强不息的松树,充满了旺盛的生命力。

黄山古有“黄海”之称，山间云兴霞蔚，如惊涛拍岸，雪浪排空，妙在非海，而确又似海。在黄山，峰恃云变幻，云依峰作态。黄山有不少峰石，就以置身云海之中，而成为奇观，如“猴子观海”、“十八罗汉朝南海”等。与峰石不同，云海是一种流动的景观，在自然界，没有比云海更奇谲变幻的。徐霞客这次游黄山，虽也写了“泉光云气，撩绕衣裾”，但未作过多的描述，到重游黄山时，便大不相同。他独上天都峰，环顾群山，“时出为碧峤，时没为银海”，对“予至其前，则雾徙于后；予越其右，则雾出于左”这样一种活动的奇景，惊叹不已。在这些描述中，黄山云海似真似幻、瞬息万变、波起峰涌、气象万千的壮观，都淋漓尽致地展现出来。

“嵩阳若与黄山并，犹欠灵砂一道泉。”（《游黄山》）宋人朱彦这二句诗，后来屡屡被用于对黄山的赞美。徐霞客两次游黄山，一入山门，便去汤池洗澡，对“时凝寒未解，而汤气郁然，水泡池底汩汩起，气本香冽”的泉水也作了介绍。不过温泉在他心目中的位置，显然不能同石、松、云三者相比，对黄山温泉的成因、功效，这时也缺乏足够的认识。在这两篇游记中，他都没有提到黄山温泉又名“灵泉”，也没有提起有关的种种传说，倒颇能体现一种实事求是的态度。

在徐霞客离开黄山那一天，他考察了黄山溪流的分布和流向，这是《游记》中第一次关于水系源流的记载，和今天的地图进行比较，居然完全相合，特别是他注意到黄山为长江、新安江水系的分水岭，值得重视。

四、游黄山日记(后)

徐霞客第一次游黄山,正值天寒地冻之时,大雪纷飞,浓雾迷漫,因道路难行,未能尽兴饱览黄山的雄姿秀色,特别是像天都峰、莲花峰、文殊院这些胜地,都未能登临游赏。前人说:“不到天都峰,等于一场空。”“不到文殊院,不见黄山面。”这对徐霞客来说,无疑是一个极大的遗憾。两年后,即在万历四十六年(1618)九月,他游罢庐山,兴不可遏,从旧路再上黄山。这次重游,使徐霞客获得审美、求知、探险三方面的满足,也使世人看到了关于黄山最富于激情又最忠实于自然的描写。据清闵麟嗣所编的《黄山志》,有人问徐霞客:“先生游迹遍及四海,以为何处景物最奇?”徐霞客答道:“薄海内外无如徽之黄山,登黄山天下无山,观止矣!”这几句话,辗转流传,成为名言:“五岳归来不看山,黄山归来不看岳。”虽然徐霞客未能实现在黄山度过晚年的心愿,但他用绚丽的彩笔,展现了一个无比瑰丽的自然王国,引人入胜,令人神往。黄山能凌驾五岳,享誉天下,徐霞客功不可没。

戊午[①]九月初三日　出白岳榔梅庵,至桃源桥。从小桥右下,陡甚,即旧向黄山路[②]也。七十里,宿江村。

初四日　十五里,至汤口。五里,至汤寺,浴于汤池。扶杖望硃砂庵而登。十里,上黄泥冈。向时[③]云里诸峰,渐渐透出,亦渐渐落吾杖底。转入石门,越天都之胁[④]而下,则天都、莲花二顶,俱秀出天半。路旁一岐东上,乃昔所未至者,遂前趋直上,几达天都侧。复北上,行石罅[⑤]中。石峰片片夹起;路宛转石间,塞者[6]凿之，陡者级之[7]，断者架木通之，悬者植梯[8]接之。下瞰峭壑阴森，枫松相间，五色纷披，灿若图绣。因念黄山当生平奇览，而有奇若此，前未一探，兹游快且愧矣！

时夫仆[9]俱阻险[10]行后，余亦停弗上，乃一路奇景，不觉引余独往。既登峰头，一庵翼然，为文殊院[11]，亦余昔年欲登未登者。左天都，右莲花，背倚玉屏风，两峰秀色，俱可手擥。四顾奇峰错列，众壑纵横，真黄山绝胜处！非再至，焉知其奇若此？遇游僧[12]澄源至，兴甚勇。时已过午，奴辈适至。立庵前，指点两峰。庵僧谓："天都虽近而无路，莲花可登而路遥。只宜近盼天都，明日登莲顶。"余不从，决意游天都。挟[13]澄源、奴子仍下峡路。至天都侧，从流石[14]蛇行[15]而上。攀草牵棘，石块丛起则历块[16]，石崖侧削则援崖。每至手足无可着处，澄源必先登垂接。每念上既如此，下何以堪？终亦不顾。历险数次,遂达峰顶。惟一石顶壁起犹数十丈,澄源寻视其侧,得级,挟予以登。万峰无不下伏,独莲花与抗[17]耳。时浓雾半作半止,每一阵至,则对面不见。眺莲花诸峰,多在雾中。独上天都,予至其前,则雾徙于后;予越其右,则雾出于左。其松犹有曲挺纵横者;柏虽大干如臂,无不平贴石上,如苔藓然。山高风巨,雾气去来无定。下盼诸峰,时出为碧峤[18],时没为银海[19]。再眺山下,则日光晶晶,别一区宇也。日渐暮,遂前[20]其足,手向后据地[21],坐而下脱[22]。至险绝处,澄源并肩手相接。度险,下至山坳,暝色已合。复从峡度栈[23]以上,止文殊院。

初五日　平明,从天都峰坳中北下二里,石壁岈然[24]。其下莲花洞正与前坑石笋对峙,一坞幽然。别澄源,下山至前岐路侧,向莲花峰而趋。一路沿危壁西行,凡再降升,将下百步云梯，有路可直跻莲花峰。既陟[25]而磴绝，疑而复下。隔峰一僧高呼曰："此正莲花道也！"乃从石坡侧度石隙。径小而峻，峰顶皆巨石鼎峙，中空如室。从其中叠级直上，级穷洞转，屈曲奇诡，如下上楼阁中，忘其峻出天表[26]也。一里，得茅庐，倚石罅中。方徘徊欲升，则前呼道之僧至矣。僧号凌虚，结茅于此者，遂与把臂[27]陟顶。顶上一石，悬隔二丈，僧取梯以度。其巅廓然[28]，四望空碧，即天都亦俯首矣。盖是峰居黄山之中，独出诸峰上，四面岩壁环耸，遇朝阳霁色，鲜映层发[29]，令人狂叫欲舞。

久之，返茅庵，凌虚出粥相饷，啜一盂，乃下。至岐路侧，过大悲顶，上天门。三里，至炼丹台。循台嘴而下，观玉屏风、三海门诸峰，悉从深坞中壁立起。其丹台一冈中垂，颇无奇峻，惟瞰翠微之背[30]，坞中峰峦错耸，上下周映，非此不尽瞻眺之奇耳。还过平天矼，下后海，入智空庵,别焉。三里,下狮子林,趋石笋矼,至向年[31]所登尖峰上。倚松而坐,瞰坞中峰石回攒[32],藻缋[33]满眼,始觉匡庐石门[34],或具一体,或缺一面,不若此之闳博富丽也!久之,上接引崖,下眺坞中,阴阴觉有异。复至冈上尖峰侧,践流石,援棘草,随坑而下,愈下愈深,诸峰自相掩蔽,不能一目尽也。日暮,返狮子林。

初六日　别霞光,从山坑向丞相原。下七里,至白沙岭,霞光复至。因余欲观牌楼石,恐白沙庵无指者,追来为导。遂同上岭,指岭右隔坡,有石丛立,下分上并,即牌楼石也。余欲逾坑溯涧,直造其下。僧谓:“棘迷路绝,必不能行。若从坑直下丞相原,不必复上此岭;若欲从仙灯而往,不若即由此岭东向。”余从之,循岭脊行。岭横亘天都、莲花之北,狭甚,旁不容足,南北皆崇峰夹映。岭尽北下,仰瞻右峰罗汉石,圆头秃顶,俨然二僧也。下至坑中，逾涧以上，共四里，登仙灯洞。洞南向，正对天都之阴。僧架阁连板于外，而内犹穹然[35]，天趣未尽刊[36]也。复南下三里，过丞相原，山间一夹地耳。其庵颇整，四顾无奇，竟不入。复南向循山腰行，五里，渐下，涧中泉声沸然，从石间九级下泻，每级一下有潭渊碧，所谓九龙潭[37]也。黄山无悬流飞瀑，惟此耳。又下五里，过苦竹滩[38]，转循太平县路，向东北行。

① 戊午：指明万历四十六年(1618)。 ② 旧向黄山路：指明万历四十四年(1616)二月首次游黄山所走之路。 ③ 向时：先前，原先。 ④ 胁：指山腰凹处。 ⑤ 石罅(xià)：指山崖间狭窄的孔道。 罅，缝隙。 ⑥ 塞者：堵塞之处。 ⑦ 级之：在这里开凿石级。 ⑧ 植梯：竖起梯子。 ⑨ 夫仆：夫指临时雇用的挑夫，仆指随身的家仆。 ⑩ 阻险：被险所阻。 ⑪ 文殊院：在玉屏峰(玉屏风)下，始建于明万历年间。今在原址建玉屏楼，为黄山接待中心之一。这里是云、山、松、石各景荟萃之地，附近有迎客松、送客松、陪客

松。 ⑫ 游僧:也叫十方僧、行脚僧,指没有固定寺院到处云游的和尚。 ⑬ 挟:带。 ⑭ 流石:山谷中被水流冲带下来的山石。 ⑮ 蛇行:像蛇那样曲折爬行。 ⑯ 历块:越过石块。 ⑰ 抗:抗衡,匹敌。 ⑱ 峤:高而锐的山。 ⑲ 银海:云海。 ⑳ 前:向前伸出。 ㉑ 据地:用手撑地。 ㉒ 下脱:向下滑落。 ㉓ 栈:栈道。在悬崖峭壁上凿孔架木而成的通道。 ㉔ 岈然:幽深的样子。 ㉕ 陟:登(山)。 ㉖ 天表:天上,天外。 ㉗ 把臂:握住对方的手臂。 ㉘ 廓然:空旷的样子。 ㉙ 鲜映层发:层层山峦,经阳光映照,闪发出鲜艳的色彩。 ㉚ 翠微之背:指青山的山脊。 ㉛ 向年:往年。 ㉜ 回攒:环绕簇聚。 ㉝ 藻缋(huì):藻绘,指文采,这里借指景色优美。 ㉞ 匡庐石门:指庐山石门涧。 ㉟ 穹然:高大空旷的样子。 ㊱ 刊:削。这里用作“消除”的意思。 ㊲ 九龙潭:在黄山景区东南隅,罗汉峰和香炉峰之间。飞流九折而下,一折一潭,其势如九龙腾舞,下泻潭中,故名九龙瀑,又名九龙潭。 ㊳ 苦竹滩:今名苦竹溪,为黄山东部门户。

黄山以“奇”享誉天下。和徐霞客同一时代,有人面对这不可思议的奇观，在感叹之余，写了一副对联："岂有此理，说也不信；真正妙绝，到此方知。"奇，也是徐霞客对黄山最深刻的整体印象。他第一次游黄山，即称之为"奇山"，将黄山松称作"奇品"，称赞这里的峰石"争奇并起"，"俯窥辗顾，步步生奇"。他重游黄山，上山不久，就被那"一路奇景"，不知不觉地吸引过去，从而有了更深切的感受，在日记中作了更具体的描述。在这篇短短的游记中，"奇"字屡见不鲜，不仅峰奇石奇，松奇云奇，就连那石级岩洞，也"屈曲奇诡"，不同寻常。

"踏遍峨嵋与九疑，无兹殊胜幻迷离。任他五岳归来客，一见天都也叫奇。"这是一首无名氏所作的名诗。天都峰为黄山第一险峰，横空突兀，卓尔不群，雄深盘礴，气象峥嵘。登上天都峰，极目云天，无限风光，尽收眼底，令人有登峰造极之感。这座天然的金字塔形的险峰，既令人神往不已，也使人望而生畏。《黄山图经》写天都峰，有"飞鸟难落脚，猿猴愁攀登"之说，显然是从李白《蜀道难》诗化出。攀登天都峰，要比蜀道更加艰难。据现有的记载，唐代岛云和尚是第一个攀登天都峰的人,并留下了《登天都峰》诗。不过岛云的游访,只是空谷足音,并未引起反响,天都峰依然处在一派沉寂之中。万历四十二年(1614)"神僧"普门法师(惟安和尚)登上天都峰,成为开发天都峰的最大功臣。四年后,徐霞客也在根本无路的情况下(直到1934年,才在天都峰修凿了石磴),历经"手足无可着处"的险境,登上峰顶。这篇游记,第一次向世人全面、生动地描述了攀登天都峰的险难,以及站在峰顶所见的不同寻常的奇观。由于无路可走,下山竟比上山更加艰难,必须先将脚伸到前面,手向后撑在地上,坐着向下滑行,好不容易脱离险境。从此以后,徐霞客的名字就和黄山、和天都峰紧紧联系在一起。

第二天,徐霞客又乘兴攀登黄山主峰莲花峰。由于天都峰山势险峻,难以攀登,前人一直误以为它就是黄山最高峰,后人以讹传讹,竟成定论。即使在徐霞客之后,如清初著名的地理学家顾祖禹,在他那部享有盛誉的名著《读史方舆纪要》中,依然沿袭旧说,写道:"焦村而南,有数峰凌空,最高者曰天都、芙蓉、硃砂,而天都尤高。鸟道如线，上有名药，采者裹粮以上，三日始可达。”而徐霞客一上莲花峰顶，便发现“是峰居黄山之中，独出诸峰上”，“即天都亦俯首矣”。今天的科学测量，已证明徐霞客当年的目测判断，完全正确。这一方面显示了徐霞客敏锐的观察能力，同时也体现了他不迷信盲从、不随人短长的自主精神。

徐霞客在游赏黄山景物的同时，对在特殊自然条件下植物的生长状况，也表现出极大的兴趣。他注意到由于绝巘危崖这种险峻的地势，造成黄山松形状的变异。在写“扰龙松”时，他对树身随石蟠结、树根穿石上下这种奇特的形态，作了十分具体的描述。在天都峰顶，他还注意到在山高风大这样的自然条件下，形成了“柏虽大干如臂，无不平贴石上如苔藓”这样一种枝条平展的特殊姿态。徐霞客第一次游黄山，在松谷庵闻到梅花的清香，又立即想起山上由于地高气寒，积雪覆盖，连耐寒的梅花也难以开放。

五、游武彝山日记

如果说山是大地的骨骼，那么水就是大地的血脉。山得水而灵，水得山而媚。若论雄奇壮丽，武夷山(《徐霞客游记》作“武彝山”)远不能和黄山相比，但就兼山之奇秀和水之明丽而言，武夷山确非他山可比。“有声欲静三三水，无势不奇六六峰。”“三三秀水清如玉，六六奇峰翠插天。”徐霞客所游的武夷山，是狭义的武夷山，在今福建武夷山市，为一片海拔600米左右的山地，因传说神人武夷君曾居此而得名。武夷盈盈一溪，九折分明，溪旁群峰秀出，异彩纷呈，山光水色，掩映成趣，奇谲瑰丽，姿态横生，构成一幅碧水丹山交相辉映的天然画卷。南朝顾野王奉使入闽，面对如此佳境，叹道：“千岩竞秀，万壑争流，美哉河山，真人世之所罕觏！”武夷山真正为世人所重，是在宋朝，李纲、陆游、辛弃疾等人，都曾到此题咏，眷眷之意，溢于言表。朱熹曾在五曲隐屏峰下筑武夷精舍，所作《武夷棹歌》十首，至今赓和不绝。万历四十四年(1616)，徐霞客游罢黄山，经过浙江，前往福建，专程游访了武夷山。

二月二十一日[①] 出崇安[②]南门，觅舟。西北一溪自分水关[③]，东北一溪自温岭关[④]，合注于县南，通郡、省[⑤]而入海。顺流三十里，见溪边一峰横欹，一峰独耸。余咤[⑥]而瞩目，则欹者幔亭峰，耸者大王峰也。峰南一溪，东向而入大溪者，即武彝溪[⑦]也。冲祐宫[⑧]傍峰临溪。余欲先抵九曲，然后顺流探历[⑨]，遂舍宫不登，逆流而进。流甚驶，舟子跣[⑩]行溪间以挽舟[⑪]。第一曲，右为幔亭峰、大王峰，左为狮子峰、观音岩。而溪右之濒水者曰水光石，上题刻殆遍。二曲之右为铁板嶂、翰墨岩，左为兜鍪[12]峰、玉女峰。而板嶂之旁，崖壁峭立，间有三孔，作“品”字状。三曲右为会仙岩，左为小藏峰、大藏峰。大藏壁立千仞，崖端穴数孔，乱插木板如机杼。一小舟斜架穴口木末，号曰“架壑舟”[13]。四曲右为钓鱼台、希真岩，左为鸡栖岩、晏仙岩。鸡栖岩半有洞，外隘中宏，横插木板，宛然埘桀[14]。下一潭深碧，为卧龙潭。其右大隐屏、接笋峰，左更衣台、天柱峰者，五曲也。文公书院[15]正在大隐屏下。抵六曲，右为仙掌岩、天游峰，左为晚对峰、响声岩。回望隐屏、天游之间，危梯飞阁[16]悬其上，不胜神往。而舟亦以溜[17]急不得进，还泊曹家石。

登陆入云窝，排云穿石，俱从乱崖中宛转得路。窝后即接笋峰，峰骈[18]附于大隐屏，其腰横两截痕，故曰“接笋”。循其侧石隘，跻磴数层，四山环翠，中留隙地如掌者，为茶洞。洞口由西入，口南为接笋峰，口北为仙掌岩。仙掌之东为天游，天游之南为大隐屏。诸峰上皆峭绝，而下复攒凑[19]，外无磴道，独西通一罅[20]，比天台之明岩更为奇矫[21]也。从其中攀跻登隐屏，至绝壁处，悬大木为梯，贴壁直竖云间。梯凡三接，级共八十一。级尽，有铁索横系山腰，下凿坎受足。攀索转峰而西，夹壁中有冈介其间，若垂尾，凿磴以登，即隐屏顶也。有亭有竹，四面悬崖，凭空下眺，真仙凡夐[22]隔。仍悬梯下，至茶洞。仰视所登之处，崭然[23]在云汉[24]。

隘口北崖即仙掌岩。岩壁屹立雄展[25]，中有斑痕如人掌，长盈丈[26]者数十行。循崖北上至岭，落照侵松，山光水曲[27]，交加入览[28]。南转，行夹谷中。谷尽，忽透出峰头，三面壁立，有亭踞其首，即天游峰矣。是峰处九曲之中，不临溪，而九曲之溪三面环之。东望为大王峰，而一曲至三曲之溪环之。南望为更衣台，南之近者，则大隐屏诸峰也，四曲至六曲之溪环之。西望为三教峰，西之近者，则天壶诸峰也，七曲至九曲之溪环之。惟北向无溪，而山从水帘诸山层叠而来，至此中悬。其前之俯而瞰者，即茶洞也。自茶洞仰眺，但见绝壁干霄，泉从侧间泻下，初不知其上有峰可憩。其不临溪而能尽九溪之胜，此峰固应第一也。立台上，望落日半规[29]，远近峰峦，青紫万状。台后为天游观。亟辞去，抵舟已入暝矣。

二十二日　　登涯，辞仙掌而西。余所循者，乃溪之右涯，其隔溪则左涯也。第七曲右为三仰峰、天壶峰，左为城高岩。三仰之下为小桃源，崩崖堆错[30]，外成石门。由门伛偻而入，有地一区，四山环绕，中有平畦曲涧，围以苍松翠竹，鸡声人语，俱在翠微[31]中。出门而西，即为北廊岩，岩顶即为天壶峰。其对岸之城高岩矗然独上，四旁峭削如城。岩顶有庵，亦悬梯可登，以隔溪不及也。第八曲右为鼓楼岩、鼓子岩，左为大廪石、海蚱石。余过鼓楼岩之西，折而北行坞中，攀援上峰顶，两石兀立[32]如鼓，鼓子岩也。岩高亘[33]亦如城，岩下深坳一带如廊[34]，架屋横栏其内，曰鼓子庵。仰望岩上，乱穴中多木板横插。转岩之后，壁间一洞更深敞，曰吴公洞。洞下梯已毁，不能登。望三教峰而趋，缘山越磴，深木蓊苁[35]其上。抵峰，有亭缀[36]其旁，可东眺鼓楼、鼓子诸胜。山头三峰，石骨[37]挺然并矗。从石罅间蹑磴而升，傍崖得一亭。穿亭入石门，两崖夹峙，壁立参天，中通一线，上下尺余，人行其间，毛骨阴悚。盖三峰攒立，此其两峰之罅；其侧尚有两罅，无此整削。

已[38]下山，转至山后，一峰与猫儿石相对峙，盘亘亦如鼓子，为灵峰之白云洞。至峰头，从石罅中累级而上，两壁夹立，颇似黄山之天门。级穷，迤逦至岩下，因岩架屋，亦如鼓子。登楼南望，九曲上游，一洲中峙，溪自西来，分而环之，至曲复合为一。洲外两山渐开，九曲已尽。是岩在九曲尽处，重岩回叠，地甚幽爽。岩北尽处，更有一岩尤奇：上下皆绝壁，壁间横坳[39]仅一线，须伏身蛇行[40]，盘壁而度，乃可入。余即从壁坳行；已而坳渐低，壁渐危，则就[41]而伛偻；愈低愈狭，则膝行蛇伏，至坳转处，上下仅悬七寸，阔止尺五。坳外壁深万仞。余匍匐[42]以进，胸背相摩，盘旋久之，得度其险。岩果轩敞层叠，有斧凿置于中，欲开道而未就也。半晌，返前岩。更至后岩，方构新室，亦幽敞可爱。出向九曲溪，则狮子岩在焉。

循溪而返，隔溪观八曲之人面石、七曲之城高岩，种种神飞[43]。复泊舟，由云窝入茶洞，穹窿窈窕[44]，再至矣，再不能去！已由云窝左转，入伏羲洞，洞颇阴森。左出大隐屏之阳，即紫阳书院，谒先生[45]庙像。顺流鼓棹，两崖苍翠纷飞[46]，翻[47]恨舟行之速。已过天柱峰、更衣台，泊舟四曲之南涯。自御茶园登岸，欲绕出金鸡岩之上，迷荆丛棘，不得路。乃从岩后大道东行，冀[48]有旁路可登大藏、小藏诸峰，复不得。透出溪旁，已在玉女峰下。欲从此寻一线天，徬徨无可问，而舟泊金鸡洞下，迥不相闻。乃沿溪觅路，迤逦大藏、小藏之麓。一带峭壁高骞[49]，砂碛[50]崩壅，土人多植茶其上。从茗柯[51]中行，下瞰深溪，上仰危崖，所谓"仙学堂"、"藏仙窟"，俱不暇辨。

已至架壑舟，仰见虚舟[52]宛然，较前溪中所见更悉。大藏之西，其路渐穷。向荆棘中扪壁而上，还瞰大藏西岩，亦架一舟，但两崖对峙，不能至其地也。忽一舟自二曲逆流而至，急下山招之。其人以舟来受，亦游客初至者，约余返更衣台，同览一线天、虎啸岩诸胜。过余泊舟处，并棹顺流而下，欲上幔亭，问大王峰。抵一曲之水光石，约舟待溪口，余复登涯，少入，至止止庵。望庵后有路可上，遂趋之，得一岩，僧诵经其中，乃禅岩也。登峰之路，尚在止止庵西。仍下庵前西转，登山二里许，抵峰下，从乱箐[53]中寻登仙石。石旁峰突起，作仰企[54]状。鹤模石在峰壁罅间，霜翎朱顶[55]，裂纹如绘。旁路穷，有梯悬绝壁间，蹑而上，摇摇欲堕。梯穷得一岩，则张仙遗蜕[56]也，岩在峰半。觅徐仙岩，皆石壁不可通；下梯寻别道，又不可得；蹑石则峭壁无阶，投莽则深密莫辨。佣夫在前，得断磴，大呼得路。余裂衣不顾，趋就之，复不能前。日已西薄，遂以手悬棘[57]，乱坠而下，得道已在万年宫右。趋入宫，宫甚森敞。羽士[58]迎言："大王峰顶久不能到，惟张岩梯在。峰顶六梯及徐岩梯俱已朽坏。徐仙蜕已移入会真庙矣。”出宫右转，过会真庙。庙前大枫扶疏[59]，荫[60]数亩，围数十抱。别羽士，归舟。

二十三日　　登陆，觅换骨岩、水帘洞诸胜。命移舟十里，候于赤石街，余乃入会真观，谒武彝君及徐仙遗蜕。出庙，循幔亭东麓北行二里，见幔亭峰后三峰骈立，异而问之，三姑峰也。换骨岩即在其旁，望之趋。登山里许，飞流汩然下泻。俯瞰其下，亦有危壁，泉从壁半突出，疏竹掩映，殊有佳致。然业已上登，不及返顾，遂从三姑又上半里，抵换骨岩，岩即幔亭峰后崖也。岩前有庵。从岩后悬梯两层，更登一岩。岩不甚深，而环绕山巅如叠嶂。土人新以木板循岩为室，曲直高下，随岩宛转。循岩隙攀跻而上，几至幔亭之顶，以路塞而止。返至三姑峰麓，绕出其后，复从旧路下，至前所瞰突泉处。从此越岭，即水帘洞路；从此而下，即突泉壁也。余前从上瞰，未尽其妙，至是复造其下。仰望突泉，又在半壁之上，旁引水为碓[61]，有梯架之，凿壁为沟以引泉。余循梯攀壁，至突泉下。其坳仅二丈，上下俱危壁，泉从上壁堕坳中，复从坳中溢而下堕。坳之上下四旁，无处非水，而中有一石突起可坐。坐久之，下壁循竹间路，越岭三重，从山腰约行七里，乃下坞。穿石门而上，半里，即水帘洞。危崖千仞，上突下嵌，泉从岩顶堕下。岩既雄扩，泉亦高散，千条万缕，悬空倾泻，亦大观也！其岩高矗上突，故岩下构室数重，而飞泉犹落槛外。

先在涂[62]闻睹阁寨颇奇，道流[63]指余仍旧路，越山可至。余出石门，爱坞溪之胜，误走赤石街道。途人指从此度小桥而南，亦可往。从之，登山入一隘，两山夹之，内有岩有室，题额[64]乃“杜辖岩”，土人讹为睹阁耳。再入，又得一岩，有曲槛悬楼，望赤石街甚近。遂从旧道，三里，渡一溪，又一里，则赤石街大溪也。下舟，挂帆二十里,返崇安。

① 二月二十一日:指明神宗万历四十四年(1616)二月二十一日。 ② 崇安:明代县名,即今福建武夷山市。③ 分水关:在武夷山西北的分水岭上,为赣、闽二省的交界处。 ④ 温岭关:在武夷山西北的温岭附近,位于赣、闽二省的交界处。 ⑤ 郡、省:郡指建宁府城(治所在今福建建瓯)。省指福建省城福州。 ⑥ 咤:惊讶,诧异。 ⑦ 武彝溪:即九曲溪。流经星村入武夷山,折为九曲,至武夷宫前汇入崇溪。 ⑧ 冲祐宫:俗称武夷宫,在大王峰麓,为道教活动中心之一。 ⑨ 探历:寻访游历。 ⑩ 跣(xiǎn):赤脚。⑪ 挽舟:拉船向前。 ⑫ 兜鍪(dōu móu)峰:兜鍪,古代士兵的头盔。峰以形似而得名。 ⑬ 架壑舟:在九曲溪两岸和北山一些岩峰高处的悬崖壁洞中,可看到里面架有纵横的木条,上面放着船形的器具,称“架壑船”,俗称“悬棺”、“仙船”等,为当地古代岩棺葬的遗物。 ⑭ 埘桀(shí jié):埘,古代在墙上挖洞做成的鸡窝。桀,鸡栖的小木桩。 ⑮ 文公书院:宋孝宗淳熙年间,朱熹在五曲平林洲筑武夷精舍,从事著述讲学,长达十年之久。南宋末年扩建,称紫阳书院。明代改

称朱文公祠。 ⑯ 阁：阁道，即栈道。 ⑰ 溜：水流。 ⑱ 骈：并列对称。 ⑲ 攒凑：凑集并合。 ⑳ 罅（xia）：裂缝。这里指狭窄的通道。 ㉑ 奇矫：奇特。 ㉒ 夐（xiòng）：远。 ㉓ 崭然：形容高峻突出。 ㉔ 云汉：银河，这里指云霄，高空。 ㉕ 雄展：有力伸展。 ㉖ 盈丈：超过一丈长。 ㉗ 水曲：水湾。 ㉘ 入览：进入视野。 ㉙ 规：圆形的仪器，借指圆形。 ㉚ 堆错：堆叠交错。 ㉛ 翠微：指青山。 ㉜ 兀立：高高直立。 ㉝ 高亘：高突横贯。 ㉞ 一带如廊：就像一条长廊。 ㉟ 蓊苁（wéng cōng）：形容草木茂盛。 ㊱ 缀：连接。 ㊲ 石骨：山石嶙峋，形如骨，故称石骨。 ㊳ 已：随后。 ㊴ 横坳：指崖壁上横向的陷入部分。 ㊵ 伏身蛇行：趴着身体像蛇那样曲折爬行。 ㊶ 就：凑近，靠近。 ㊷ 匍匐（pú fú）：手足并用，伏地而行，即爬。 ㊸ 种种神飞：种种景观，令人神往。 ㊹ 穹窿窈窕：穹窿形容中间高耸，四周下垂的形状。窈窕形容深远。 ㊺ 先生：指朱熹。 ㊻ 苍翠纷飞：苍翠形容山林景色。因顺流船行迅速，从而景物向后飞逝，故说纷飞。 ㊼ 翻：反而。 ㊽ 冀：希望。 ㊾ 高骞（qiān）：形容峭壁拔地而起，势若腾空飞起。骞，高举，飞起。 ㊿ 碛（qì）：水中的沙堆。 51 茗柯：即茶树。 ㊾ 虚舟：空船。 ㊿ 箐：一种细竹，这里指竹林。 ⑤④ 仰企：踮起脚仰望。 ⑤⑤ 霜翎朱顶：雪白的羽毛，朱红的顶冠。 ⑤⑥ 张仙遗蜕(tuì)：在大王峰南壁半山腰的张仙洞，相传为汉人张垓遗体存放处。蛇、蝉等脱皮叫“蜕”，道家谓人死亡如蝉脱壳，故美称其修行者死去为蜕质。遗蜕即遗体。 ⑤⑦ 悬棘：拉着荆棘。 ⑤⑧ 羽士：道士的别称。因旧时道士多求成仙飞升，故称道士为羽士。 ⑤⑨ 扶疏：形容枝叶繁茂。 ⑥⓪ 荫：言树荫覆盖。 ⑥① 碓(duì)：一种舂谷的器具。这里指利用水力的水碓。 ⑥② 涂：通“途”，道路。 ⑥③ 道流：指道士。 ⑥④ 额：匾额，牌匾。

元至正年间，诗人萨都剌游武夷山，目击神驰，深有所感，不禁叹道：“非胸中有武夷，莫能状武夷之万一。非胸中具古今名人之才器，莫能别具吟啸之意趣。”徐霞客才器不让前人，其胸中所藏名山，又岂止一座武夷。摹山范水，人之所难，在他却有得心应手之妙。在这篇游记中，他抓住武夷九曲“水绕层峦合，山回碧玉流”这一地理特征，描述了在九曲游赏的胜景：眼前重岩叠嶂，似乎已无路可走；峰回溪转，又出现了一片新的天地，随着溪水潆洄，顾盼之间，峰石殊形，崖壁改观；山重水复，宛转得路，涉目成赏，移步见奇。当此"山光水曲，交加入览"，真令人"种种神飞"，"不胜神往"。

武夷山由红色砂砾岩堆叠而成，属典型的丹霞地貌。徐霞客的足迹，已遍及南方大部分属丹霞地貌的名山，并注意到这些地区共同的地貌特征，其中以武夷山最为典型。在以后的游览考察中，遇到这种地貌，他总会自然而然地与武夷山进行比较。

石涛作《武夷九曲图》，画面上远峰隐约，近树历历，山水氤氲，烟云杳霭，一叶扁舟，在溪上飘荡，充满闲逸之趣。去武夷山游览，始终给人一种闲适之感，无攀援之苦，将九曲泛舟与游览武夷等同起来。清代诗人袁枚说："凡人陆行则劳，水行则逸。然山游者往往多陆而少水。惟武夷两山夹溪，一小舟横曳而上，溪河湍激，助作声响。客或坐，或卧，或偃，或仰，惟意所适，而奇观尽获，洵游山者之最也。"（《游武夷山记》）但从徐霞客的游记看，要遍游武夷胜景，或者说，要真正发现武夷山的内在美，决非轻松的事。他游武夷山，固然也离不开溪上泛舟，但更多的时候，却是深入峰间岩中寻访。徐霞客在武夷山最有意义的游览是：他发现九曲尽头，有一岩“上下皆绝壁，壁间横坳仅一线”，尤其奇险，于是冒着粉身碎骨的危险，“膝行蛇伏”，乃至“匍匐以进，胸背相摩，盘旋久之，得度其险”。在游记中，他详细地记载了这次履险的经过。前人称赞徐霞客登不必有径，涉不必有津；危峦绝壑，可猿升鹤举；幽洞深穴，则蛇行而入。面对自然界的种种险阻，他总能根据不同的情况，采用各种独特的方式，度过一个又一个险境，得到常人永远不会有的收获。

中国的名山，都能将自然景观和人文景观融为一体。武夷山不仅以山明水秀吸引游客，还以其丰富的文物古迹闻名于世，其中最著名的便是古代岩棺葬的遗物“架壑舟”、朱熹所建的武夷精舍（即紫阳书院）和摩崖石刻，徐霞客在游记中都一一作了描述。他对充满神秘色彩的架壑舟，尤感兴趣，不仅像其他游客一样，坐在船上观赏，上岸后还独自“向荆棘中扪壁而上”，亲临传说中道人遗蜕之地，作仔细的考察。武夷山的山水文化，吸引着徐霞客，而徐霞客留下的身影，又为武夷山增添了光彩。

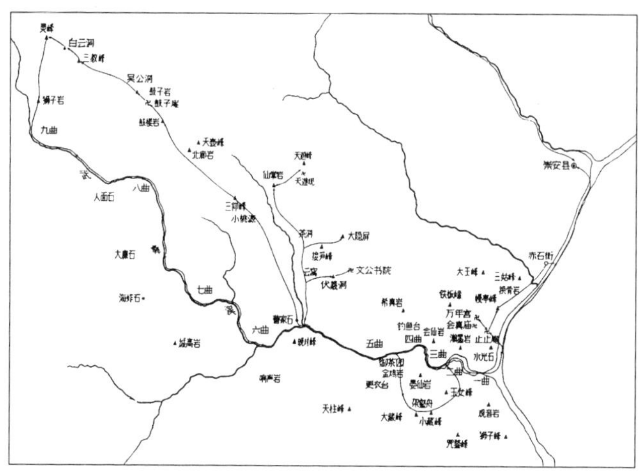

六、游庐山日记

庐山，又名匡山、匡庐，在江西九江城南，和黄山同样以景色奇丽著称，有“匡庐奇秀甲天下”的美誉。不过二者也有区别，相比较而言：黄山奇峻，庐山幽雅；黄山壮美，庐山秀丽；黄山风骨稜稜，庐山仪态飘逸；黄山以气魄取胜，庐山以情韵见长；黄山富阳刚之气，庐山得阴柔之趣；黄山如壮士，庐山似美人……从山下仰望庐山，青峰秀出，云气舒卷，当云蒸霞蔚之时，更觉超逸不群；在峰顶纵目远眺，晴川历历，云水苍茫，秀色可揽，满目生辉。虽然从整体上看，庐山的景色尚逊黄山，但由于其飞峙大江之滨，立足鄱阳湖畔，地理条件优越，故对庐山的开发，要比黄山早得多。周朝匡氏兄弟七人在此结庐隐居之事虽不可考，但司马迁游庐山，则有史可据。晋室南渡，庐山成了文人、隐士、达官、高僧的流连之地。庐山有别墅，就从王羲之在此筑室开始。和他同时的高僧慧远，编写过一本《庐山纪略》，堪称最早的山志。如果说“一生好入名山游”的李白，对黄山的了解尚属皮相，那么他对庐山确实怀有深情。苏轼一入庐山，便觉“山谷奇秀，平生所未见”，大有“眼前有景道不得”之意。徐霞客久慕庐山之名，但迟迟未能前往，直至万历四十六年(1618)，才偕族兄同游庐山，以慰平生之愿。

戊午[①]　　余同兄雷门、白夫，以八月十八日至九江。易[②]小舟，沿江南入龙开河，二十里，泊李裁缝堰。登陆，五里，过西林寺[③]，至东林寺[④]。寺当庐山之阴，南面庐山，北倚东林山。山不甚高，为庐之外廓[⑤]。中有大溪，自东而西，驿路[⑥]界其间，为九江之建昌[⑦]孔道。寺前临溪，入门为虎溪桥[⑧]，规模甚大，正殿夷毁[⑨]，右为三笑堂[⑩]。

十九日　出寺，循山麓西南行。五里，越广济桥，始舍官道，沿溪东向行。又二里，溪回山合，雾色霏霏如雨。一人立溪口，问之，由此东上为天池大道，南转登石门，为天池寺之侧径。余稔[11]知石门之奇，路险莫能上，遂倩[12]其人为导，约二兄径至[13]天池相待。遂南渡小溪二重，过报国寺，从碧条香蔼[14]中攀陟五里，仰见浓雾中双石屼[15]立，即石门也。一路由石隙而入，复有二石峰对峙。路宛转峰罅，下瞰绝涧诸峰，在铁船峰旁，俱从涧底矗耸直上，离立咫尺[16]，争雄竞秀，而层烟叠翠，澄映四外。其下喷雪奔雷[17]，腾空震荡，耳目为之狂喜。门内对峰倚壁，都结层楼危阙[18]。徽人邹昌明、毕贯之新建精庐，僧容成焚修[19]其间。从庵后小径，复出石门一重，俱从石崖上，上攀下蹑，磴穷则挽藤，藤绝置木梯以上。如是二里，至狮子岩。岩下有静室。越岭，路颇平。再上里许，得大道,即自郡城[20]南来者。历级而登,殿已当前,以雾故不辨。逼之[21],而朱楹彩栋,则天池寺也,盖毁而新建者。由右庑[22]侧登聚仙亭,亭前一崖突出,下临无地,曰文殊台。出寺,由大道左登披霞亭。亭侧岐路东上山脊,行三里。由此再东二里,为大林寺;由此北折而西,曰白鹿升仙台;北折而东,曰佛手岩。升仙台三面壁立,四旁多乔松,高帝御制周颠仙庙碑[23]在其顶,石亭覆之,制甚古。佛手岩穹然轩峙[24],深可五六丈,岩端石岐横出,故称"佛手"。循岩侧庵右行,崖石两层,突出深坞,上平下仄[25],访仙台遗址也。台后石上书"竹林寺"[26]三字。竹林为匡庐幻境,可望不可即;台前风雨中,时时闻钟梵声[27],故以此当之。时方云雾迷漫,即坞中景亦如海上三山[28],何论竹林[29]?还出佛手岩,由大路东抵大林寺。寺四面峰环,前抱一溪。溪上树大三人围,非桧非杉,枝头着子累累，传为宝树[30]，来自西域。向有二株，为风雨拔去其一矣。

二十日　　晨雾尽收。出天池，趋文殊台，四壁万仞。俯视铁船峰，正可飞舄[31]。山北诸山，伏如聚蚁[32]。匡湖[33]洋洋山麓，长江带之，远及天际。因再为石门游，三里，度昨所过险处，至则容成方持贝叶[34]出迎，喜甚，导余历览诸峰。上至神龙宫右，折而下，入神龙宫，奔涧鸣雷，松竹荫映，山峡中奥寂境也。循旧路抵天池下，从岐径东南行十里，升降于层峰幽涧；无径不竹，无阴不松，则金竹坪也。诸峰隐护，幽倍天池，旷则逊之。复南三里，登莲花峰侧，雾复大作。是峰为天池案山，在金竹坪则左翼也。峰顶丛石嶙峋[35]，雾隙中时作窥人态，以雾不及登。

越岭东向二里，至仰天坪，因谋尽汉阳之胜。汉阳[36]为庐山最高顶，此坪则为僧庐之最高者。坪之阴,水俱北流从九江;其阳,水俱南下属南康[37]。余疑坪去汉阳当不远,僧言中隔桃花峰,尚有十里遥。出寺,雾渐解。从山坞西南行,循桃花峰东转,过晒谷石,越岭南下,复上则汉阳峰也。先是遇一僧,谓峰顶无可托宿,宜投慧灯僧舍,因指以路。未至峰顶二里,落照盈山,遂如僧言,东向越岭,转而西南,即汉阳峰之阳也。一径循山,重嶂幽寂,非复人世。里许,蓊然竹丛中得一龛[38],有僧短发覆额,破衲[39]赤足者,即慧灯也,方挑水磨腐。竹内僧三四人,衣履揖客[40],皆慕灯远来者。复有赤脚短发僧从崖间下,问之,乃云南鸡足山[41]僧。灯有徒,结茅于内,其僧历悬崖访之,方返耳。余即拉一僧为导,攀援半里,至其所。石壁峭削,悬梯以度,一茅如慧灯龛。僧本山下民家,亦以慕灯居此。至是而上仰汉阳,下俯绝壁,与世夐[42]隔矣。暝色已合,归宿灯龛。灯煮腐相饷，前指路僧亦至。灯半月一腐[43]，必自己出，必遍及其徒。徒亦自至，来僧其一也。

二十一日　别灯，从龛后小径直跻汉阳峰。攀茅拉棘，二里，至峰顶。南瞰鄱湖，水天浩荡；东瞻湖口[44]，西盼建昌，诸山历历，无不俯首失恃[45]。惟北面之桃花峰，铮铮比肩，然昂霄逼汉[46]，此其最矣。下山二里，循旧路，向五老峰[47]。汉阳、五老，俱匡庐南面之山，如两角相向，而犁头尖[48]界于中，退于后，故两峰相望甚近。而路必仍至金竹坪，绕犁头尖后，出其左胁，北转始达五老峰。自汉阳计之，且三十里。余始至岭角，望峰顶坦夷，莫详五老面目。及至峰顶，风高水绝，寂无居者。因遍历五老峰，始知是山之阴，一冈连属；阳则山从绝顶平剖，列为五枝，凭空下坠者万仞，外无重冈叠嶂之蔽，际目[49]甚宽。然彼此相望，则五峰排列自掩，一览不能兼收；惟登一峰，则两旁无底。峰峰各奇不少让，真雄旷之极观也！

仍下二里，至岭角。北行山坞中，里许，入方广寺，为五老新刹。僧知觉甚稔三叠[50]之胜，言道路极艰，促余速行。北行一里，路穷，渡涧。随涧东西行，鸣流下注乱石，两山夹之，丛竹修枝，郁葱上下，时时仰见飞石，突缀其间，转入转佳。既而涧旁路亦穷，从涧中乱石行，圆者滑足，尖者刺履。如是三里，得绿水潭。一泓深碧，怒流倾泻于上，流者喷雪，停者毓黛[51]。又里许，为大绿水潭。水势至此将堕，大倍之，怒亦益甚。潭前峭壁乱耸，回互逼立，下瞰无底，但闻轰雷倒峡之声，心怖目眩，泉不知从何坠去也。于是涧中路亦穷，乃西向登峰。峰前石台鹊起[52]，四瞰层壁，阴森逼侧。泉为所蔽，不得见，必至对面峭壁间，方能全收其胜。乃循山冈，从北东转。二里，出对崖，下瞰，则一级、二级、三级之泉，始依次悉见。其坞中一壁，有洞如门者二，僧辄指为竹林寺门云。顷之，北风自湖口吹上，寒生粟起[53]，急返旧路，至绿水潭。详观之，上有洞翕然[54]下坠。僧引入其中，曰："此亦竹林寺三门之一。"然洞本石罅夹起，内横通如"十"字，南北通明，西入似无底止。出，溯[55]溪而行，抵方广，已昏黑。

二十二日　　出寺，南渡溪，抵犁头尖之阳。东转下山，十里，至楞伽院侧。遥望山左胁，一瀑从空飞坠，环映青紫，夭矫滉漾[56]，亦一雄观。五里，过栖贤寺，山势至此始就平。以急于三峡涧[57]，未之入。里许，至三峡涧。涧石夹立成峡，怒流冲激而来，为峡所束，回奔倒涌，轰振山谷。桥悬两岩石上，俯瞰深峡中，迸珠戛[58]玉。过桥，从岐路东向，越岭趋白鹿洞[59]。路皆出五老峰之阳，山田高下，点错[60]民居。横历坡陀[61]，仰望排嶂[62]者三里，直入峰下，为白鹤观。又东北行三里，抵白鹿洞，亦五老峰前一山坞也，环山带溪，乔松错落。出洞，由大道行，为开先道。盖庐山形势，犁头尖居中而少逊，棲贤寺实中处焉；五老左突，下即白鹿洞；右峙者，则鹤鸣峰也，开先寺当其前。于是西向循山，横过白鹿、栖贤之大道，十五里，经万松寺，陟一岭而下，山寺巍然南向者，则开先寺[63]也。从殿后登楼眺瀑，一缕垂垂，尚在五里外，半为山树所翳[64]，倾泻之势，不及楞伽道中所见。惟双剑[65]崭崭[66]众峰间，有芙蓉插天之态；香炉一峰，直[67]山头圆阜耳。从楼侧西下壑，涧流铿然泻出峡石，即瀑布下流[68]也。瀑布至此，反隐不复见，而峡水汇为龙潭，澄映心目。坐石久之，四山暝色，返宿于殿西之鹤峰堂。

二十三日　　由寺后侧径登山。越涧盘岭，宛转山半。隔峰复见一瀑，并挂瀑布之东，即马尾泉也。五里，攀一尖峰，绝顶为文殊台。

孤峰拔起，四望无倚，顶有文殊塔。对崖削立万仞，瀑布轰轰下坠，与台仅隔一涧，自巅至底，一目殆无不尽。不登此台，不悉此瀑之胜。下台，循山冈西北溯溪，即瀑布上流也。一径忽入，山回谷抱，则黄岩寺据双剑峰下。越涧再上，得黄石岩。岩石飞突，平覆如砥。岩侧茅阁方丈，幽雅出尘。阁外修竹数竿，拂群峰而上，与山花霜叶，映配峰际。鄱湖一点，正当窗牖[69]。纵步溪石间，观断崖夹壁之胜。仍饭开先，遂别去。

① 戊午：指明神宗万历四十六年（1618）。 ② 易：换，改乘。 ③ 西林寺：始建于东晋太元年间，后屡建屡毁，现仅存殿宇一栋。苏轼《题西林壁》诗云："横看成岭侧成峰，远近高低各不同。不识庐山真面目，只缘身在此山中。" ④ 东林寺：中国佛教八大道场之一，净土宗（莲宗）的发祥地。东晋太元年间，高僧慧远在此讲学，创办白莲社。后建东林寺，盛极一时。 ⑤ 庐之外廓：庐山的外围。 ⑥ 驿路：古代设有

驿站的交通要道。 ⑦ 建昌：明代县名，县治在今江西永修西北的艾城。 ⑧ 虎溪桥：在东林寺前的虎溪上。传说慧远专心修行，送客不过虎溪桥。如过桥，他所驯养的老虎就会吼叫提醒他。 ⑨ 夷毁：毁成平地。 ⑩ 三笑堂：在东林寺内。一日，慧远送诗人陶渊明、道士陆修静出山门，不觉过虎溪，老虎立即吼叫不止，三人相视大笑。后世传为佳话，谓之"虎溪三笑"。 ⑪ 稔（rěn）：熟悉，早就知道。 ⑫ 倩：请，邀请。 ⑬ 径至：直接到。 ⑭ 碧条香蔼：青翠的枝条，清香的云气。 ⑮ 屼（wù）：形容山的光秃。 ⑯ 咫尺：古代以八寸为一咫。言距离很近。 ⑰ 喷雪奔雷：比喻瀑布的形状、声响。 ⑱ 危阙：高而险的牌坊。 ⑲ 焚修：焚香修道。 ⑳ 郡城：指九江府城，即今江西九江。 ㉑ 逼之：靠近它。 ㉒ 庑（wǔ）：古代正房对面和两侧的屋子。 ㉓ 周颠仙庙碑：传说明太祖（高帝）朱元璋建都南京，派使者来庐山寻访周颠（当时一个疯和尚，据说曾帮助过朱元璋），得知他已在此乘白鹿升天，于是建庭立碑，张扬此事。 ㉔ 穹然轩峙：穹言其大，轩言其高，即既大且高。 ㉕ 仄：狭窄。 ㉖ 竹林寺：传说中的庐山庙宇，为佛徒虚构之处，故徐霞客谓之"匡庐幻境"。 ㉗ 钟梵声：钟指佛寺中的敲钟声，梵指僧人的诵经声。 ㉘ 海上三山：传说中的东海三神山：蓬莱、瀛洲、方丈。是人们幻想中的仙境。 ㉙ 何论竹林：更不用说竹林寺了。 ㉚ 宝树：即今芦林湖西面的三宝树，两棵为柳杉，一颗为银杏。传说晋代僧人昙诜从西域带回树苗，亲手栽植在这里。 ㉛ 飞舄(xì)：飞过去。传说东汉明帝时，叶令王乔每逢初一、十五上朝，从不乘车骑马。太史发现每当他来，总有双凫从东南飞来，于是用网捕捉，只得一舄(一只鞋)。 ㉜ 螘："蚁"的本字。 ㉝ 匡湖：指鄱阳湖。 ㉞ 贝叶：贝多罗树叶，产于印度。古印度佛徒常用以写经，后称佛经为贝叶经。 ㉟ 嶙峋：山石突兀重叠。 ㊱ 汉阳：峰名。海拔1474米，为庐山最高峰。传说月白风清之夜，登上顶峰可望汉阳灯火，由此得名。 ㊲ 南康：明代府名，治所在星子(今属江西)。 ㊳ 龛：本是供佛之石室。这里指僧人居住的小屋。 ㊴ 衲：僧人的衣服常用许多碎布拼接而成，称为衲衣。 ㊵ 衣履揖客：整整衣服，接待客人。 ㊶ 鸡足山：在云南宾川城西北八十里，为西南佛教名山。 ㊷ 敻(xiòng)：远。 ㊸ 半月一腐：半个月吃一次豆腐。 ㊹ 湖口：明代县名，即今江西湖口。位于鄱阳湖出口处，与庐山隔湖相望。 ㊺ 俯首失恃：古人称幼而失母为失恃。这里说群山就像幼小的孤儿,低着头蜷缩在脚下。 ㊻ 汉:银汉,银河。 ㊼ 五老峰:在庐山东南,以形似五老轩然箕坐而得名。为庐山群峰中形态最美者。其中以第三峰最险,第四峰最高。李白游庐山,登五老峰,叹为天下奇观。 ㊽ 犁头尖:以峰形尖削似犁头,故名。 ㊾ 际目:眼界,视野。 ㊿ 三叠:三叠泉,又称三级泉、水帘泉,在庐山东谷会仙亭旁。泉水沿五老峰东脉,三折而下。前人谓“匡庐瀑布,首推三叠”。 51 毓黛:产生青黑色。毓,同“育”。 52 鹊起:趁势奋起。 53 粟起:身上起鸡皮疙瘩。 54 翕然:形容很快。这里说直通到下面。55 溯:逆着水流的方向走。 56 夭矫滉漾:夭矫形容水流曲折有气势。滉漾形容水波动荡。 57 三峡涧:在五老峰与大汉阳峰之间的栖贤谷中。涧水有来自各峰的九十九条山溪汇成,终年激流汹涌,水行石间,声如震雷。宋代苏辙等人到此游览,都比作长江三峡,由此得名。涧中有二十四潭,以玉渊潭最胜。 58 戛(jiá):撞击。 59 白鹿洞:在五老峰南山谷中。宋初扩为书院,为当时四大书院之一。著名学者朱熹、陆九渊、王守仁等曾先后在此讲学。 60 点错:点缀错杂。61 坡陀:也作“陂陀”,指倾侧不平之地。 62 排嶂:成排的山峰。 63 开先寺:在秀峰上。南唐中主李璟,十五岁时,曾在此筑台读书。清代改名秀峰寺。为庐山五大丛林之冠。 ㉞ 翳(yì)：遮蔽。 ㉟ 双剑：峰名。以两峰插天，形似双剑而得名。 ㊱ 崭崭：高峻，突出。 ㊲ 直：只是，简直是。 ㊳ 瀑布下流：指庐山开先西瀑，自黄岩山顶倾泻而下。李白《望庐山瀑布》所描写的，就是这处瀑布。 ㊴ 牖(yǒu)：窗。

苏轼游庐山，留下一句名言："不识庐山真面目，只缘身在此山中。"而徐霞客正是在深入庐山之后，看到了庐山的真面目。贴近自然的人生态度，使他迫不及待地深入山中；了解自然的求知欲望，又使他对庐山的面目有比常人更真切的了解。为了追随自然的召唤，他一上庐山，便舍夷就险，从曲折的峰石隙缝中，直上早就听说的险地石门；第二天兴犹未尽，重游石门，随后前往天池，成为已知的从这条险径登上天池的第一人。他的好奇心，和石门群峰"争奇竞秀"的景色交融；他的审美观，在"喷雪奔雷，腾空震荡"的壮观中升华；面对自然的奥秘，通过视听沟通，他获得快感，"为之狂喜"！

为了一识五老峰的真面目，徐霞客不仅登上"风高水绝,寂无居者"的峰顶,作居高临下的眺望,而且不辞辛劳,遍游五峰,在"峰峰各奇不少让"的景色之前,感到"真雄旷之极观"的惊喜。汉阳峰为庐山最高峰,但就景观而言,远不及五老峰雄奇,因此也就为游人所忽视。但徐霞客仍从小路攀茅拉棘,直上峰顶,放眼四顾,看到了群山俯首、水天浩荡的壮观。由于石台鹊起,峭壁森森,将三叠泉瀑布遮蔽,无法一览全景,他又在山中辗转得路,登上对面的峭壁,将三级飞瀑,尽收眼底。在游山的途程中,徐霞客发现山上更多的是幽雅秀丽的景观,对庐山的"奥寂之境",对那些清雅出尘的深涧幽谷,也作了不少描述。他用六天的时间,几乎遍游庐山,并将山上的景观、自身的感受,一一留在这篇游记之中。

"欻如惊电来,隐若白虹起";"飞流直下三千尺,疑是银河落九天"(《望庐山瀑布》)。这是李白从声色两个方面,对动态的瀑布,作尽情的赞美。瀑布,是徐霞客在这篇游记中描写最多的景观。"青山不墨千秋画,流水无弦万古琴"。这二句诗的美学意义,就在大自然不仅向人提供了视觉形象美,还让人获得听觉上的享受,不仅赋予景物静态美，还造成了景观的动态美。就名山而言，清泉淙淙、云海滚滚、松涛阵阵、林雀啾啾，都能使人的视听觉同时产生静态和动态的两重美感，而能让人在视觉和听觉上都得到最大满足的，无疑是瀑布。在这篇游记中，徐霞客写石门涧的瀑布，不仅写其色如“喷雪”，声若“奔雷”，也写它“腾空震荡”的动态；他写楞伽院旁的瀑布，“从空飞坠，环映青紫，夭矫滉漾”；写缧水潭的瀑布，“怒流倾泻”，“流者喷雪”，“停者毓黛”；写大绿水潭的瀑布，“但闻轰雷倒峡之声”……无不从声色、动静作综合的、形象的描绘，令人不仅如见其形，如闻其声，而且还感觉到它们飞动的气势。

这篇游记，同样反映出徐霞客对山形水系的重视。五老峰由砂页岩构成，崖壁森森，层理分明。徐霞客看到五老峰山南“从绝顶平剖，列为五枝”，凭空下坠，外无遮蔽，一峰高耸，两旁无底，这正是像五老峰这样的断层地带的典型特征，揭示了五老峰能成为“雄旷之极观”的地质上的原因。在仰天坪，他发现这个并不引人注意的地方，竟是庐山水系的分水岭。徐霞客在游罢白鹿洞,对庐山整体有了基本的了解后,又对庐山的地理形势,作了确切、扼要的说明。

当徐霞客来到佛手岩和三叠泉,都提及被佛教徒渲染神化的“竹林寺”。但他始终保持清醒的认识,指出这只是一个“可望不可即”的幻境,并以台前风雨进行联想,对所谓“钟梵声”作了合理的解释。徐霞客的兴趣,始终在石门涧、三叠泉、五老峰这些实实在在的景观,对传说中的幻境,并不在意,从中可见他的志趣和识见。

七、游九鲤湖日记

九鲤湖之行,起于万历四十八年(1620)端午后一日。徐霞客说他前往九鲤湖,是因为母亲年老,不便远游,只能就近观赏,其实不仅于此。徐氏自徐霞客祖父起家道中落,幸赖其母王孺人勤俭治家,方又振兴。这年徐母因疽病危。病愈后徐霞客特建晴山堂,取"晴转南山"之意。他是个孝子,久闻九仙托梦,十分灵验,于是特意前往,为母祈梦乞寿。只是徐霞客平素不信鬼神,此行实属病急乱投医,故不愿明言罢了。他离家入浙,溯钱塘江而上,抵达江山,随后翻过仙霞岭,进入福建。九鲤湖在福建仙游东北二十六里的万山之巅,是一个天然石湖。相传汉武帝时,有何氏兄弟九人,在此炼丹,丹成,湖中赤鲤化而为龙,何氏兄弟各乘一龙成仙飞去,由此得名。在前几篇游记中,徐霞客对瀑布已作了不少描述。九鲤湖的瀑布,又向他展示了一种前所未有的壮观。由于水流对花岗岩石壁的长期侵蚀,形成道道飞瀑,兼有林泉水石之胜,所谓“微体皆具”,即局部和整体都成佳景,比起其他瀑布都以一长取胜,更加难得。

初八日[1]　　出莆郡[2]西门,西北行五里,登岭,四十里,至莒溪,降陟不啻[3]数岭矣。莒溪即九漈[4]下流。过莒溪公馆,二里,由石步过溪。又二里,一侧径西向山坳,北复有一磴,可转上山。时山深日酷,路绝人行,迷不知所往。余意鲤湖之水,历九漈而下,上跻必有奇境,遂趋石磴道。芳叔[5]与奴辈惮高陟,皆以为误。顷之,境渐塞,彼益以为误,而余行益励。既而愈上愈高,杳无所极,烈日铄铄[6],余亦自苦倦矣。数里,跻岭头,以为绝顶也;转而西,山之上高峰复有倍此者。循山屈曲行，三里，平畴荡荡，正似武陵误入[7]，不复知在万峰顶上也。中道有亭，西来为仙游道，东即余所行。

南过通仙桥，越小岭而下，为公馆，为钟鼓楼之蓬莱石，则雷轰漈[8]在焉。涧出蓬莱石旁，其底石平如砺[9]，水漫流石面，匀如铺縠[10]。少下，而平者多洼，其间圆穴，为灶，为臼，为樽，为井，皆以丹名，九仙之遗也。平流至此，忽下堕湖中，如万马初发，诚有雷霆之势，则第一漈之奇也。九仙祠[11]即峙其西，前临鲤湖。湖不甚浩荡，而澄碧一泓，于万山之上，围青漾翠，造物之酝灵[12]亦异矣！祠右有石鼓、元珠、古梅洞诸胜。梅洞在祠侧，驾[13]大石而成者，有罅成门。透而上，旧有九仙阁，祠前旧有水晶宫，今俱圮。当祠而隔湖下坠，则二漈至九漈之水也。余循湖右行，已至第三漈，急与芳叔返。曰："今夕当淡神休力[14]，静晤[15]九仙。劳心目以奇胜[16]，且俟明日也。”返祠，往蓬莱石，跣足步涧中。石濑[17]平旷，清流轻浅，十洲三岛[18]，竟褰[19]衣而涉也。晚坐祠前，新月正悬峰顶，俯挹[20]平湖，神情俱朗，静中沨沨[21]，时触雷漈声。是夜祈梦[22]祠中。

初九日　辞九仙，下穷[23]九漈。九漈去鲤湖且数里，三漈而下，久已道绝。数月前，莆田祭酒[24]尧俞，令[25]陆善开复鸟道，直通九漈，出莒溪。悔昨不由侧径溯漈而上，乃纡从大道，坐失此奇。遂束装改途，竟出九漈。瀑布[26]为第二漈，在湖之南，正与九仙祠相对。湖穷而水由此飞堕深峡，峡石如劈，两崖壁立万仞。水初出湖，为石所扼，势不得出，怒从空坠，飞喷冲激，水石各极雄观。再下为第三漈之珠帘泉[27]，景与瀑布同。右崖有亭，曰观澜。一石曰天然坐，亦有亭覆之。从此上下岭涧，盘折峡中。峡壁上覆下宽，珠帘之水，从正面坠下；玉筋之水[28],从旁霭沸溢。两泉并悬,峡壁下削,铁障[29]四围,上与天并,玉龙双舞,下极潭际。潭水深泓澄碧,虽小于鲤湖,而峻壁环锁,瀑流交映,集奇撮胜,惟此为最!所谓第四漈也。

初至涧底,芳叔急于出峡,坐待峡口,不复入。余独缘涧石而进,踞潭边石上,仰视双瀑从空夭矫,崖石上覆如瓮[30]口。旭日正在崖端,与颓波[31]突浪,掩晕[32]流辉。俯仰应接,不能舍去。循涧复下,忽两峡削起,一水斜回,涧右之路已穷。左望有木板飞架危矶[33]断磴间,乱流[34]而渡,可以攀跻。遂涉涧从左,则五漈之石门[35]矣。两崖至是,壁凑仅容一线,欲合不合,欲开不开,下涌奔泉,上碍云影。人缘陟其间,如猕猿然,阴风吹之,凛凛欲堕。盖自四漈来,山深路绝,幽峭已极,惟闻泉声鸟语耳。

出五漈,山势渐开。涧右危嶂屏列,左则飞凤峰回翔对之,乱流绕其下,或为澄潭,或为倒峡。若六漈之五星[36]、七漈之飞凤[37]、八漈之棋盘石[38]、九漈之将军岩[39]，皆次第得名矣。然一带云蒸霞蔚[40]，得趣故在山水中，岂必刻迹而求[41]乎？盖水乘峡展[42]，既得自恣，其旁崩崖颓石，斜插为岩，横架为室，层叠成楼，屈曲成洞；悬则瀑，环则流，潴[43]则泉；皆可坐可卧，可倚可濯，荫竹木而弄云烟。数里之间，目不能移，足不能前者竟日。每下一处，见有别穴，必穿岩通隙而入，曲达旁疏，不可一境穷也！若水之或悬或渟[44]，或翼飞[45]叠注[46]，即匡庐三叠、雁宕龙湫，各以一长擅胜，未若此山微体[47]皆具也。

出九漈，沿涧依山转，东向五里，始有耕云樵石[48]之家，然见人至，未有不惊讶者。又五里，至莒溪之石步，出向道。

① 初八日：指明万历四十八年（1620）六月初八。② 莆郡：指莆田（今属福建），明代为兴化府治所。 ③ 不

啻：不仅，不止。啻，但，只，仅。 ④ 九漈（jì）：指九鲤湖的九级瀑布。福建沿海一带地区称瀑布为漈。 ⑤ 芳叔：名芳若，徐霞客族叔。 ⑥ 铄铄（shuò）：光芒闪烁，形容天气极热。 ⑦ 武陵误入：东晋陶渊明作《桃花源记》，言武陵（今湖南常德）渔人沿溪行舟，于无意中进入桃源仙境。徐霞客在这里借以形容自己在意外发现这处平野时的喜悦心情。 ⑧ 雷轰漈：九漈第一漈。瀑布猛泻湖中，声如轰雷，故名。 ⑨ 砺：磨刀石。 ⑩ 縠（hú）：绉纱。 ⑪ 九仙祠：奉祀何氏兄弟的祠堂，在九鲤湖西崖。 ⑫ 酝灵：化育灵秀。 ⑬ 驾：通“架”，支承。 ⑭ 淡神休力：心神清静，休养体力。 ⑮ 晤：神晤，言通过心神晤对。 ⑯ 劳心目以奇胜：言劳心疲目以求奇异的景致。 ⑰ 濑（lài）：湍急的水流。 ⑱ 十洲三岛：传说为神仙所居之地，在大海中。这里用以比喻水中的沙洲小岛。 ⑲ 褰（qiān）：揭起。 ⑳ 挹：汲取。 ㉑ 沨沨（fēng）：形容声音婉转悠扬。 ㉒ 祈梦：祈求九仙托梦。相传在九仙祠中做梦，甚为灵验，游人多来祈梦，指望交上好运。 ㉓ 穷：穷究。 ㉔ 祭酒：学官名。为古代最高学府国子监的主管官。 ㉕ 令：指仙游县令。 ㉖ 瀑布：指瀑布漈，在雷轰漈之西，若彩练飞舞，甚为壮观。 ㉗ 珠帘泉：即珠帘漈。水自瀑布漈潆洄而下约五百步，泻于悬崖之下，缀若流苏，晶若联珠，恍若垂帘。前人称为“九漈中最奇处”。 ㉘ 玉筯之水：玉筯漈，又名玉柱漈，水从岩上腾空直下，飞流如柱，晶莹似玉。 ㉙ 铁障：指苍黑色的山崖。 ㉚ 瓮（wèng）：一种腹大口小的陶器。 ㉛ 颓波：往下流的水势。 ㉜ 晕：日光通过云层经折射而形成的光圈。 ㉝ 矶：水边突出的岩石。 ㉞ 乱流：横渡。 ㉟ 石门：石门漈，距玉筯漈约里许。漈中有二石亭亭如门。 ㊱ 五星：五星漈，距石门漈约二里，五石相聚如星。 ㊲ 飞凤：飞凤漈，在九鲤湖前飞凤峰。水自观音龛上涌过，景色奇特。 ㊳ 棋盘石：指棋盘漈，漈中有一巨石，形若棋盘。 ㊴ 将军岩：指将军漈，漈中有两石耸立，如武夫当关。 ㊵ 云蒸霞蔚：形容景物绚丽多彩。 ㊶ 刻迹而求：所求拘泥于事物的形迹。 ㊷ 水乘峡展：水在峡谷乘势伸展。 ㊸ 潴（zhū）：水积聚处。 ㊹ 渟（tíng）：水停滞积聚。 ㊺ 翼飞：如鸟展翅。 ㊻ 叠注：两股水并流。 ㊼ 微体：局部和整体。 ㊽ 耕云樵石：在云中耕种，在山上砍柴。言生活在人迹罕至之境。

孔子说："智者乐水，仁者乐山。"年轻时的徐霞客似乎更多具备"仁者"的气质，对山的兴趣要比水大得多。诚如他在这篇游记中所言，其平生志趣，寄于峨眉、太华诸山，即使浙江的五泄、福建的九漈，在他心目中的地位，也远不能和名山乔岳相比。《徐霞客游记》的前面一部分，堪称一部中国名山游记，唯有本文主要写水。

虽然审美观照带着强烈的主观感情色彩，但作为审美对象的自然景观，也会通过其形态、声音、光色、气味的作用，影响审美主体（人）的情趣和判断。徐霞客在游九鲤湖前，曾有过一个"误入武陵"的戏剧性的遭遇，在游览九鲤湖时，更是时时处处感受意外的收获和快感。和崇山峻岭不同，水所体现的主要是流动美和声响美。在这篇游记中，徐霞客既写了水的宁静美："围青漾翠"，"深泓澄碧"；写了水的柔和美："漫流石面，匀如铺縠"，"石濑平旷，清流轻浅"；写了水光交映之美："旭日正在崖端，与颓波突浪，掩晕流辉"；但写得更多、更精采的还是瀑布飞泻的动态美和喧腾的听觉美："怒从空坠，飞喷冲激"，"翼飞叠注"，"旁霭沸溢"，"双瀑从空天矫”，“飞堕深峡”，如“玉龙双舞，下极潭际”，又“如万马初发，诚有雷霆之势”……充分表现出“瀑流交映，集奇撮胜”的“雄观”，发出“造物之酝灵亦异矣”的感叹，甚至认为连庐山三叠泉、雁荡山大龙湫这样的名胜，和九漈相比也有所不及。

也许是九漈之美出乎自称有“山癖”的徐霞客的意料，他从“飞湍瀑流争喧豗，砯崖转石万壑雷”中看到了不同于巉岩崖壁的气势和气概。这篇游记的感情色彩十分强烈，字里行间，都流露出一种欣欣然而乐的情致。文笔清隽，富有活力，情景描写生动传神，不仅惟妙惟肖地写出了自然景物的奇秀，同时淋漓尽致地表现出人的情趣。在即将结束对九漈的游赏时，作者面对眼前旖旎的景观，在几里路之内，居然整日目不转睛，流连忘返，从中领悟游人的情趣，是从山水本身获得的，而不必拘泥于景物的形迹，留下了一段被丁文江誉为“辞意俱佳”的表述，从中既可见徐霞客的“天真”，也可见他的“兴赏”。至此，他对自然美已从感觉上升到感悟；从身所盘桓，目所绸缪，上升到应目会心，形神相接。已不是将自然景观仅仅作为一个对象作客观的描述，同时也是抒写人身与大自然融为一体的体验。游览时的“涉目成胜”，化成写作时的涉笔成趣。由于直叙情景，未尝刻意相求，反而天趣旁流。

八、游嵩山日记

五岳为群山冠冕，既是帝王登封之处，也是游人神往之地。早在童年时代，徐霞客已有遍游五岳之志，“中心藏之，何日忘之”。万历三十七年（1609），徐霞客二十四岁，即已上泰山，拜孔林；明熹宗天启三年（1623），继游嵩、华。嵩山，古名嵩高，为五岳之中岳，在河南登封城北，由太室、少室两群山峰组成。从现有的材料看，五岳中最早被提出的就是嵩山。据说作于西周的《诗·大雅·崧高》，其中“崧高维岳，峻极于天”，就是赞美嵩山的。因嵩山地处天下中原，居天下之中，有“中天砥柱”之誉。就山势而言，绵亘起伏，蜿蜒无际，宛如横在中原大地的卧龙，故又有“嵩山如卧”之说。嵩山东接开封,西傍洛阳,名胜古迹,星罗棋布。在这五天的游览中,徐霞客几乎走遍嵩山所有名胜,并且深入人迹罕至之处,一一载之于笔。在他所写的名山游记中,这是较详尽的一篇。由于作者长于铺陈,善于剪裁,如画家写生,或浓或淡,或隐或显,故能于多中见整,繁而不乱,披文见景,历历在目。

二十日[①]　从小径南行二十五里,皆土冈乱垄。久之,得一溪。渡溪,南行冈脊中,下瞰则石淙[②]在望矣。余入自大梁[③],平衍[④]广漠,古称"陆海"[⑤],地以得泉为难,泉以得石尤难。近嵩始睹蜿蜒众峰。于是北流有景、须诸溪,南流有颍水,然皆盘伏土碛中。独登封东南三十里为石淙,乃嵩山东谷之流,将下入于颍。一路陂陀屈曲,水皆行地中,至此忽逢怒石。石立崇冈山峡间,有当关扼险之势。水沁入胁下[⑥],从此水石融和,绮变[⑦]万端。绕水之两崖，则为鹄立，为雁行；踞中央者，则为饮兕[8]，为卧虎。低则屿，高则台，愈高，则石之去水也愈远，乃又空其中而为窟，为洞。揆[9]崖之隔，以寻[10]尺计，竟水之过[11]以数丈计。水行其中，石峙于上，为态为色，为肤为骨，备极妍丽。不意黄茅白苇中，顿令人一洗尘目也！

登陇，西行十里，为告成镇[12]，古告成县地。测景台[13]在其北。西北行二十五里，为岳庙[14]。入东华门[15]时，日已下舂[16]，余心艳[17]卢岩，即从庙东北循山行。越陂陀数重，十里，转而入山，得卢岩寺。寺外数武[18]，即有流铿然[19]下坠石峡中。两旁峡色，氤氲[20]成霞。溯流造寺后，峡底矗崖，环如半规[21]，上覆下削。飞泉堕空而下，舞绡曳练，霏微[22]散满一谷，可当武彝之水帘。盖此中以得水为奇，而水复得石，石复能助水不尼[23]水，又能令水飞行，则比武彝为尤胜也。徘徊其下，僧梵音以茶点饷。急返岳庙，已昏黑。

二十一日　晨，谒岳帝[24]。出殿，东向太室[25]绝顶。按嵩当天地之中，祀秩[26]为五岳首，故称嵩高。与少室[27]并峙，下多洞窟，故又名太室。两室相望如双眉，然少室嶙峋，而太室雄厉称尊，俨若负扆[28]。自翠微[29]以上，连崖横亘，列者如屏，展者如旗，故更觉岩岩[30]。崇封[31]始自上古，汉武以嵩呼[32]之异，特加祀邑[33]。宋时逼近京畿[34]，典礼大备。至今绝顶犹传铁梁桥、避暑寨之名。当盛之时，固可想见矣。

太室东南一支，曰黄盖峰[35]。峰下即岳庙，规制宏壮。庭中碑石矗立，皆宋、辽以来者。登岳正道，乃在万岁峰[36]下，当太室正南。余昨趋卢岩时，先过东峰，道中见峰峦秀出，中裂如门，或指为金峰玉女沟，从此亦有路登顶，乃觅樵[37]预期为导，今遂从此上。近秀出[38]处，路渐折，避之，险绝不能径越[39]也。北就土山，一绂[40]仅容攀跻，约二十里，遂越东峰，已转出裂门之上。西度狭脊，望绝顶行。是日浓云如泼墨，余不为止。至是岚气愈沉，稍开则下瞰绝壁重崖，如列绡削玉，合则如行大海中。五里，抵天门。上下皆石崖重叠，路多积雪。导者指峻绝处为大铁梁桥。折而西，又三里，绕峰南下，得登高岩。凡岩幽者多不畅，畅者又少回藏映带[41]之致。此岩上倚层崖，下临绝壑，洞门重峦拥护，左右环倚台嶂。初入，有洞岈然，洞壁斜透；穿行数武，崖忽中断五尺，莫可着趾。导者故老樵，狷捷[42]如猿猴，侧身跃过对崖，取木二枝，横架为阁道。既度，则岩穹然上覆，中有乳泉、丹灶、石榻诸胜。从岩侧跻而上，更得一台，三面悬绝壑中。导者曰："下可瞰登封，远及箕、颍[43]。"时浓雾四塞，都无所见。出岩，转北二里，得白鹤观址。址在山坪，去险就夷[44]，孤松挺立有旷致。又北上三里，始跻绝顶[45],有真武[46]庙三楹[47]。侧一井,甚莹,曰御井,宋真宗避暑所濬也。

饭真武庙中。问下山道,导者曰:“正道从万岁峰抵麓二十里。若从西沟悬溜而下[48],可省其半,然路极险峻。”余色喜,谓嵩无奇,以无险耳,亟从之,遂策杖前。始犹依岩凌石,披丛条以降。既而从两石峡溜中直下,仰望夹崖逼天。先是峰顶雾滴如雨,至此渐开,景亦渐奇。然皆垂沟脱磴[49],无论不能行,且不能止。愈下,崖势愈壮,一峡穷,复转一峡,吾目不使旁瞬[50],吾足不容求息也。如是十里,始出峡,抵平地,得正道。过无极洞,西越岭,趋草莽中,五里,得法皇寺[51]。寺有金莲花,为特产,他处所无。山雨忽来,遂借榻僧寮[52]。其东石峰夹峙,每月初生,正从峡中出,所称“嵩门待月”也。计余所下之峡,即在其上,今坐对之,只觉云气出没,安知身自此中来也。

二十二日　出山，东行五里，抵嵩阳宫[53]废址。惟三将军柏[54]郁然如山，汉所封也；大者围七人，中者五，小者三。柏之北，有室三楹，祠二程先生[55]。柏之西，有旧殿石柱一，大半没于土，上多宋人题名，可辨者为范阳祖无择、上谷寇武仲及苏才翁数人而已。柏之西南，雄碑杰然，四面刻蛟螭甚精。右则为唐碑，裴迥[56]撰文，徐浩[57]八分书[58]也。又东二里，过崇福宫故址，又名万寿宫，为宋宰相提点[59]处。又东为启母石，大如数间屋，侧有一平石如砥。又东八里，还饭岳庙，看宋、元碑。

西八里，入登封县。西五里，从小径西北行。又五里，入会善寺，“茶榜”在其西小轩内，元刻也。后有一石碑仆墙下，为唐贞元《戒坛记》，汝州刺史陆长源撰文，河南陆郢书。又西为戒坛[60]废址，石上刻镂极精工，俱断委草砾[61]。西南行五里，出大路，又十里，至郭店。

折而西南，为少林[62]道。五里，入寺，宿瑞光上人房。

二十三日　云气俱尽。入正殿，礼佛毕，登南寨。南寨者，少室绝顶，高与太室等，而峰峦峭拔，负“九鼎莲花”之名。俯环其后者为九乳峰，蜿蜒东接太室，其阴则少林寺在焉。寺甚整丽，庭中新旧碑[63]森列成行，俱完善。夹墀[64]二松，高伟而整，如有尺度[65]。少室横峙于前，仰不能见顶，游者如面墙而立，辄[66]谓少室以远胜[67]。余昨暮入寺，即问少室道，俱谓雪深道绝，必无往。凡登山以晴朗为佳。余登太室，云气涨漫，或以为仙灵见拒，不知此山魁梧，正须止露半面。若少室工于掩映[68]，虽微云岂宜点滓[69]？今则霁甚，适逢其会，乌可阻也！乃从寺南渡涧登山，六七里，得二祖[70]庵。山至此忽截然土尽而石，石崖下坠成坑。坑半有泉，突石飞下，亦以“珠帘”名之。余策杖独前，愈下愈不得路，久之乃达。其岩雄拓不如卢岩，而深峭过之。岩下深潭泓碧，僵雪[71]四积。再上，至炼丹台。三面孤悬，斜倚翠壁，有亭曰小有天，探幽之屐[72]，从未有抵此者。过此皆从石脊仰攀直跻，两旁危崖万仞，石脊悬其间，殆无寸土，手与足代匮[73]而后得升。凡七里，始跻大峰。峰势宽衍[74]，向之危石，又截然忽尽为土。从草棘中莽莽南上，约五里，遂凌南寨顶，屏翳[75]之土始尽。南寨实少室北顶，自少林言之，为南寨云。盖其顶中裂，横界南北，北顶若展屏，南顶列戟峙，其前相去仅寻丈，中为深崖，直下如剖。两崖夹中，坑底特起一峰，高出诸峰上，所谓摘星台也，为少室中央。绝顶与北崖离倚[76]，彼此斩绝不可度。俯瞩其下，一丝相属[77]。余解衣从之，登其上，则南顶之九峰森立于前，北顶之半壁横障于后，东西皆深坑，俯不见底，罡风[78]乍至，几假翰[79]飞去。

从南寨东北转，下土山，忽见虎迹大如升。草莽中行五六里，得茅庵，击石炊所携米为粥，啜三四碗，饥渴霍然去。倩[80]庵僧为引龙潭道。下一峰，峰脊渐窄，土石间出，棘蔓翳之，悬枝以行，忽石削万丈，势不可度。转而上跻，望峰势蜿蜒处趋下，而石削复如前。往复不啻数里，乃迂过一坳，又五里而道出，则龙潭沟也。仰望前迷路处，危崖欹石，俱在万仞峭壁上。流泉喷薄其中，崖石之阴森崭巀[81]者，俱散成霞绮。峡夹涧转，两崖静室如蜂房燕垒。凡五里，一龙潭沉涵凝碧，深不可规[82]以丈。又经二龙潭，遂出峡，宿少林寺。

二十四日　从寺西北行，过甘露台，又过初祖庵[83]。北四里，上五乳峰，探初祖洞[84]。洞深二丈，阔杀[85]之，达摩九年面壁处也。洞门下临寺，面对少室。地无泉，故无栖者。下至初祖庵，庵中供达摩影石[86]。石高不及三尺，白质黑章[87]，俨然[88]胡僧[89]立像。中殿六祖[90]手植柏，大已三人围，碑言自广东置钵中携至者。夹墀二松亚少林。少林松柏俱修伟，不似岳庙偃仆盘曲，此松亦然。下至甘露台，土阜矗起，上有藏经殿。下台，历殿三重，碑碣[91]散布，目不暇接。后为千佛殿，雄丽罕匹。出饭瑞光上人舍。策[92]骑趋登封道，过镮辕岭[93]，宿大屯。

二十五日　　西南行五十里，山冈忽断，即伊阙[94]也。伊水[95]南来经其下，深可浮数石舟。伊阙连冈，东西横亘，水上编木桥[96]之。渡而西，崖更危耸。一山皆劈为崖，满崖镌佛[97]其上。大洞数十，高皆数十丈。大洞外峭崖直入山顶，顶俱刊小洞，洞俱刊佛其内。虽尺寸之肤，无不满者，望之不可数计。洞左，泉自山流下，汇为方池，余泻入伊川。山高不及百丈，而清流淙淙不绝，为此地所难。伊阙摩肩接毂[98]，为楚豫[99]大道，西北历关陕[100]。余由此取西岳道去。

① 二十日：指天启三年(1623)二月二十日。 ② 石淙：石淙河，古称平乐水或平乐涧。河水汇聚成潭，两岸峭壁陡立，林木苍翠。武则天当政时，曾来此大宴群臣，临流赋诗，称“石淙会饮”。 ③ 大梁：战国时魏国都城大梁，即后世开封(今属河南)。 ④ 平衍：平旷。 ⑤ 陆海：物产富饶、地势平坦的高地，古时特指关中一带。 ⑥ 胁下：指崖石凹陷处。⑦ 绮(qǐ)变：绮为有花纹或图案的丝织品。绮变指色彩、形状的变化。 ⑧ 兕(sì)：犀牛。 ⑨ 揆(kuí)：测度。⑩ 寻：古代以八尺为寻。 ⑪ 竟水之过：水从中流过。⑫ 告成镇：在登封东南，古为阳城县，相传大禹的封邑即在此地。 ⑬ 测景(yǐng)台：在告成镇周公祠前，相传为周公测日影以求地中之所。现存建筑为唐初天文学家僧一行观测日影时所建。 ⑭ 岳庙：即中岳庙，在登封城东北黄盖峰下。唐宋时规模最大，“飞甍映日，杰阁联云”。清乾隆年间又依北京紫禁城形式重修。庙内碑刻古物极多，为河南现存规模最大的寺庙建筑。 ⑮ 东华门：中岳庙门名。 ⑯ 下舂(chōng)：停止舂米。指夕阳将坠之时。 ⑰ 艳：羡慕。

⑱ 武：古人以六尺为一步，半步为武。 ⑲ 铿然：金石之声，此指瀑布声。 ⑳ 氤氲（yīn yūn）：形容烟云弥漫。 ㉑ 半规：半圆。 ㉒ 霏微：形容雾气如细雨迷漫。 ㉓ 尼：阻止。 ㉔ 岳帝：指中岳神。 ㉕ 太室：太室山，在嵩山东部，主峰峻极峰，海拔 1494 米。 ㉖ 祀秩：奉祀的规格等级。 ㉗ 少室：少室山，在嵩山西部，与太室山东西并峙。主峰御寨山（南寨），海拔 1512 米。 ㉘ 负扆（yī）：扆，画斧的屏风。古时天子接见诸侯时，背依（负）扆南向而立。 ㉙ 翠微：又名积翠峰，太室山三十六峰之一。 ㉚ 岩岩：高峻。 ㉛ 崇封：崇，尊崇。封，古时帝王筑坛祭天，报天之功，谓之“封”。 ㉜ 嵩呼：相传汉武帝刘彻登嵩山时，随行的官吏士卒在山中三次听到高呼“万岁”的声音，称作天意。 ㉝ 祀邑：汉武帝为了答谢岳神，下令划出三百户人家奉祀岳神，设立嵩高邑。 ㉞ 京畿：京城附近地区。 ㉟ 黄盖峰：在太室山东南。相传汉武帝登山时，峰顶有黄云盘聚如盖，故名。 ㊱ 万岁峰：传说汉武帝属下就是在这里听到欢呼“万岁”的声音，故名。 ㊲ 樵：熟悉山路的樵夫。 ㊳ 秀出：言山峰挺秀。 ㊴ 径越：直接过去。 ㊵ 一缕：一条线，形容路极其狭窄。 ㊶ 回藏映带：曲折隐蔽，相互衬托。 ㊷ 狷（juàn）捷：迅捷。

㊸ 箕、颍：箕，箕山，在太室山东南。颍，颍水，在登封西南。㊹ 去险就夷：离开险境而位于平坦之处。 ㊺ 绝顶：指峻极峰峰顶。 ㊻ 真武：本名“玄武”，为神话中的北方之神，宋代因避讳改称真武。 ㊼ 楹：屋一间为一楹，或称一列屋为一楹。 ㊽ 悬溜而下：从高处悬空滑下去。 ㊾ 垂沟脱磴：陡悬的山沟，没有石级。 ㊿ 旁瞬：向旁边看一眼。 (51) 法皇寺：又作法王寺，在嵩山玉柱峰下，号称“嵩前第一刹”。附近有嵩岳寺，寺内有塔。 (52) 寮：小屋。 (53) 嵩阳宫：即今嵩阳书院，位于太室山南麓。为宋代四大书院之一。 (54) 三将军柏：相传汉武帝游嵩山，见此三株柏树高大茂盛，封为大将军、二将军、三将军。今剩二株，为我国现存最古老、最粗壮的柏树。 (55) 二程先生：指宋代理学家程颢、程颐兄弟。二人都曾在嵩阳书院讲学。 (56) 裴迥：唐玄宗时人。现存的唐碑为李林甫撰文。 (57) 徐浩：唐玄宗时人，工书法。 (58) 八分书：书体名。字体似隶而体势多波磔。 (59) 提点：宋代有照管宫观的提点宫观和提举宫观。专为安置罢退的大臣和闲员而设，坐食俸禄而不管事。 (60) 戒坛：僧徒受戒的坛。(61) 断委草砾：言石碑断裂并被抛弃在荒草碎石之中。(62) 少林：寺名。在少室山北麓五乳峰下。为佛教禅宗祖庭，

以习武著称。 ⑬ 庭中新旧碑：少林寺现保存唐以来的碑碣三百余件，著名的有唐“太宗文皇帝御书碑”、吴道子“观音画像碑”、“达摩一苇渡江碑”等。 ⑭ 墀（chí）：台阶。 ⑮ 如有尺度：好像用尺量好似的。 ⑯ 辄：每每，往往。 ⑰ 以远胜：以远眺为佳。 ⑱ 工于掩映：言少室山的佳处在景物互相映衬。 ⑲ 微云岂宜点滓：东晋司马道子夜晚赏月，赞叹月亮明净，没有一点渣滓。当时在座的谢重说如果能有微云点缀就更好。司马道子说他居心不净，想滓秽（污染）太空。 ⑳ 二祖，即慧可。庵在少林寺西南的钵盂峰上。 ㉑ 僵雪：已板结而僵硬的雪。 ㉒ 屐（jī）：木底有齿的鞋。古人常用于登山游览时穿。 ㉓ 手与足代匮：手脚并用以补不足。 ㉔ 宽衍：宽广而平坦。 ㉕ 屏翳：屏为遮挡，翳为覆盖。 ㉖ 离倚：言两峰分开，但又靠得很近。 ㉗ 一丝相属：只有很少一点相连。 ㉘ 罡（gāng）风：即刚风，高空的烈风。 ㉙ 假翰：假，凭借。翰，鸟羽。言人几乎像长了翅膀那样飞去。 ㉚ 倩：请人帮忙。 ㉛ 崭嶻（jié）：形容山势高峻。 ㉜ 规：度量。 ㉝ 初祖庵：在少林寺西北三里，为纪念禅宗初祖达摩大师而建。内有达摩塑像、黄庭坚“祖源谛本碑”和蔡卞书“达摩面壁之庵”石刻。又称面壁庵。 ㉞ 初祖洞：

又称达摩洞,在五乳峰上。达摩为古印度南天竺王子,从海上漂流到中国,在这洞中修行,创建禅宗。 ㊽ 杀:少于,差一些。 ㊾ 达摩影石:相传达摩苦心修行,在洞中面壁九年,以至将自己的形象印在石壁之上。影石即面壁石,高约三尺,白底黑纹,隐隐可见一僧趺坐其中,酷似达摩之影。 ㊿ 白质黑章:白底黑纹。 88 俨然:很像。 89 胡僧:西域僧人。 90 六祖:禅宗第六代祖师慧能。唐初,慧能从广东以钵盂带回柏树幼苗一株,植于初祖庵大殿东南角。 91 碑碣:碑刻的总称,方的为碑,圆的为碣。 92 策:马鞭,用作动词,意为以鞭驱马。 93 轘(huán)辕岭:即轘辕山、崿岭,在今河南偃师东南。山上有轘辕关,相传为大禹治水时所凿。地势险要,为京洛八关之一。 94 伊阙:山名,在河南洛阳城南。传说为大禹治水时所凿,俗称龙门山。 95 伊水:又称伊川,伊河。 96 桥:作动词用,即搭成桥。 97 满崖镌(juān)佛:指龙门石窟,和甘肃敦煌的莫高窟、山西大同的云冈石窟、甘肃天水的麦积山石窟,合称中国四大石窟。镌,雕刻。 98 摩肩接毂(gǔ):行人肩碰着肩,车辆轮连着轮,形容街市繁荣。毂,车轮中心的圆木。 99 楚豫:指今湖北、河南地区。 100 关陕:指今河南、陕西相接地区。

中国名山，有的以地势险峻称雄，有的以景物绮丽见长，有的以寺观林立闻名，有的以文物荟萃著称，其中泰山、嵩山，文化蕴藏尤其丰富，堪称中原文明的缩影。故徐霞客写嵩山，和前几篇有所不同，所重不仅在景物，更多的是对历史文物的关注。但要对嵩山文物一一作详实的描述，殊为不易。由于岁月悠久，战乱频仍，不少遗址已非本来面目，何况上古传说也未必都可信。在这篇游记中，徐霞客着重描写的，是最能体现嵩山自然景色和文物价值之所在，是既能发思古之幽情，又能满足眼前观赏的景观。中岳庙、少林寺、嵩阳书院，是道、佛、儒三教文明在中原大地的结晶，是嵩山最引人瞩目的古建筑群，自然也就成了徐霞客描述的主要对象。

少林寺是禅宗祖庭，其初祖即来自古印度南天竺的高僧达摩。传说达摩在五乳峰石洞中面壁苦修九年（或说十年），以致将自己的身影印在石壁之上，这就是后来供在初祖庭内的“达摩影石”（面壁石）。或许是出于对达摩的敬仰，也许是被宗教幻象所迷惑，对这块影石的真伪，很少有人提出疑问。在徐霞客之前不久，魏校任河南督学，命工匠凿石检验，发现这块影石和达摩面壁洞中的石质全然不同，从而断定它是后人伪造的，还特意写了一篇文章，以破千古之惑。在这篇游记中，徐霞客没有从正面提出怀疑，但在他的描述中，时时透露此中消息。达摩面壁，乃静坐修行，但徐霞客所看到的影石，却是“立像”，而且石高不到三尺，与一个成人的形体显然不合。徐霞客指出这块影石“白质黑章”，据今人考证，这正是当地最常见的石英岩。这块影石在20世纪初火烧少林寺时被毁，现在安放在那里的影石，是一件复制品。

游览嵩山的人，在饱览人文景物的同时，对自然景观常会感到失望，认为两者间的反差过于鲜明，产生“嵩山无奇景”的看法。根据徐霞客的游历，可知险境实有待游人自己去发现。说嵩山无奇者，往往在中岳庙、少林寺这些景观前止步，没有往山的纵深处去寻找罢了。根据徐霞客的经验：“凡岩幽者多不畅，畅者又少回藏映带之致。”只有在凌危履险之后，才会得披奇抉奥之趣，所谓“奇从险极生，快自艰余获”。徐霞客是

个闻险则喜，知难更勇的人，当他听向导说，从四面山沟可悬空滑下去，只是路极险峻时，不禁喜形于色，甚至置生死于不顾，目不旁瞬，足不容息，滑过长达十里的惊险路程。到了平地，意外地发现刚才溜下的西沟，正是著名的嵩门。他还去了从未有人到达的“小有天”，登上少室绝顶南寨，狂风吹来，险些将他吹落深渊，但他游兴更浓，反说如借双翼飘然飞去。这正像前人所说的那样，是“以性灵游，以躯命游”了。正由于徐霞客敢于履人所不履，故能发现胜景，对一丘一壑，了如指掌。也正因为他是在执着的探险途程中寻美的，故他看到的美，描写的美，都具有壮丽的色彩，并为自身塑造了一个高蹈轩昂的形象。徐霞客发现了自然的奥秘，自然造就了徐霞客的风概。

在这次游览中，徐霞客对生态环境极为重视。他对当地水资源的记载，更有深刻的意义。他一到河南，就发现此地缺水，像伊阙那样清流淙淙不绝的景象，十分罕见。只是他关于“中原缺水”的警告，并未引起人们足够的重视，这种状况从未改变，反而愈来愈甚了。

九、游(华阴)太华山日记

徐霞客在离开嵩山后,经过伊阙、潼关,于三月直抵华山。华山以远望如华(古“花”字)而得名,古名“惇物山”,在今陕西华阴城南。五岳之说,定于西汉,最早只有东、西之岳(东岳泰山、西岳华山)。“西岳峥嵘何壮哉,黄河如丝天际来。”“西岳崚嶒竦处尊,诸峰罗列似儿孙。”自古以来,华山一直以险峻峭拔,雄踞众山之首,被誉为“奇险天下第一山”。其主峰嵯峨独上,一柱擎天,体势和嵩山不同,故有“华山如立”之说。华山背靠秦岭,面对黄河,气势磅礴,蔚为壮观;因地处关中,与古都长安为邻,人文景观丰富;还是道教独占的名山。自唐以来,前往华山的游者不绝。明初画家王履目睹华山秀色，乃知过去三十年学画，不过陈陈相因，于是屏去旧习，立意创新，作《华山图》四十幅，自序云："吾师心，心师目，目师华山。"

二月晦[1]　入潼关[2]，三十五里，乃税驾[3]西岳庙[4]。黄河从朔漠[5]南下，至潼关，折而东。关正当河、山隘口，北瞰河流，南连华岳，惟此一线为东西大道，以百雉[6]锁之。舍此而北，必渡黄河，南必趋武关[7]，而华岳以南，峭壁层崖，无可度者。未入关，百里外即见太华屼[8]出云表；及入关，反为冈陇所蔽。行二十里，忽仰见芙蓉[9]片片，已直造其下，不特[10]三峰[11]秀绝，而东西拥攒诸峰，俱片削层悬[12]。惟北面时有土冈，至此尽脱山骨[13]，竞发[14]为极胜处。

三月初一日　入谒西岳神[15]，登万寿阁。向岳南趋十五里，入云台观。觅导于十方庵。

由峪口[16]入,两崖壁立,一溪中出,玉泉院[17]当其左。循溪随峪行十里,为莎萝宫,路始峻。又十里,为青柯坪[18],路少坦。五里,过寥阳桥,路遂绝。攀锁[19]上千尺幢[20],再上百尺峡。从崖左转,上老君犁沟[21],过猢狲岭。去青柯五里,有峰北悬深崖中,三面绝壁,则白云峰也。舍之南[22],上苍龙岭[23],过日月岩。去犁沟,又五里,始上三峰足。望东峰[24]侧而上,谒玉女祠[25],入迎阳洞。道士李姓者,留余宿。乃以余晷[26]上东峰,昏返洞。

初二日　　从南峰[27]北麓上峰顶,悬南崖而下,观避静处[28]。复上,直跻峰绝顶。上有小孔,道士指为仰天池。旁有黑龙潭。从西下,复上西峰[29]。峰上石耸起,有石片覆其上如荷叶。旁有玉井甚深,以阁掩其上,不知何故。还饭于迎阳。上东峰,悬南崖而下,一小台峙绝壑中,是为棋盘台。既上,别道士,从旧径下，观白云峰，圣母殿在焉。下至莎萝坪，暮色逼人，急出谷，黑行三里，宿十方庵。出青柯坪左上，有柸渡庵、毛女洞；出莎萝坪右上，有上方峰，皆华之支峰也。路俱峭削，以日暮不及登。

初三日　行十五里，入岳庙。西五里，出华阴西门。从小径西南二十里，出泓峪，即华山之西第三峪也。两崖参天而起，夹立甚隘，水奔流其间。循涧南行，倏而[30]东折，倏而西转。盖山壁片削，俱犬牙错入，行从牙罅[31]中，宛转如江行调舱[32]然。二十里，宿于木柸。自岳庙来，四十五里矣。

① 二月晦：指明熹宗天启三年（1623）二月二十九日。② 潼关：故址在今陕西潼关城北风陵渡对岸的黄河边，雄踞陕西、山西、河南三省要冲，形势险要。③ 税驾：税，脱。驾，车马。税驾即停下来休息。④ 西岳庙：又名华岳庙，在华山下十里的岳镇东端。始建于汉武帝时。庙宇壮丽，碑石

很多。 ⑤ 朔漠:北方的沙漠。 ⑥ 百雉:古代城墙一雉长三丈,高一丈。百雉形容城墙既长且高。 ⑦ 武关:在陕西丹凤东南,为古代军事要地。 ⑧ 屼(wù):形容山峰高耸。⑨ 芙蓉:荷花的别名。这里形容华山各峰,秀若芙蓉。⑩ 不特:不仅,不但。特,只,但。 ⑪ 三峰:指华山的东峰、西峰和南峰。 ⑫ 片削层悬:言华山诸峰也都像花瓣,一片片削成,一层层挂着。 ⑬ 尽脱山骨:脱,裸露。山骨,旧说山以泥土为肌肤,以岩石为骨骼。这里说山上已脱尽泥土,岩石完全露了出来。 ⑭ 竞发:竞相呈现。 ⑮ 西岳神:华山之神,指主宰西方的白帝。 ⑯ 峪(yù)口:指华山峪的出口处。峪即山谷。 ⑰ 玉泉院:在华山北麓谷口,为北路登山必经之地。宋初道士陈抟曾在此隐居,后建为道观。 ⑱ 青柯坪:在西峰脚下,距华山谷口约二十里。从这里往上,道路艰险,过去游人至此,往往却步。坪,山间平地。 ⑲ 锁:供登山攀缘用的铁索。 ⑳ 千尺幢:在青柯坪东上三里,为一陡峭的石级小道,两壁削立千仞,素有“华山咽喉”之称。㉑ 老君犁沟:传说老子在华山修炼时,在北峰下一处最险的光坂上,用铁犁一夜开成这条小沟,以便通行,由此得名。㉒ 舍之南:离开这里往南。 ㉓ 苍龙岭:在北峰西南,横于两峰之间,长约1500米,宽仅1米。是从北峰前往南、中、东、西各峰的唯一通道。旁为幽壑深谷,杳不见底。岭高耸入云,如苍龙腾空,由此得名。 ㉔ 东峰:又名朝阳峰。峰顶有朝阳台,是观赏日出的佳处。 ㉕ 玉女祠:在中峰(玉女峰)顶。相传秦穆公时有萧史善吹箫,引起穆公女弄玉的爱慕,遂同隐于此,后建祠以为纪念。 ㉖ 余晷(guǐ):指傍晚的一段时间。晷,日影,因古人用测量日影来定时刻,故又用以比喻时间。 ㉗ 南峰:又名落雁峰,为华山最高峰,与东、西峰左右相接。 ㉘ 避静处:即贺老洞,又称贺老石室。传说元代道士贺元希曾在此筑"长空栈道",是华山最险要的地方。 ㉙ 西峰:又名莲花峰。山势挺拔,秀出云表。旁有巨石名斧劈石,传说为神话故事"宝莲灯"中沉香劈山救母处。 ㉚ 倏而:忽然。 ㉛ 牙罅(xià):牙缝。形容山路极狭。 ㉜ 调舱:言船调转方向,变换航向。

自然景物都通过其独特的外观来体现美的特征,这在中国名山中表现得尤其突出。就华山而言,便是在险峻的山势中体现崇高。虽然名山乔岳大都可笼统地冠以"险峻"二字,但和华山相比,则莫不俯首生愧,所谓

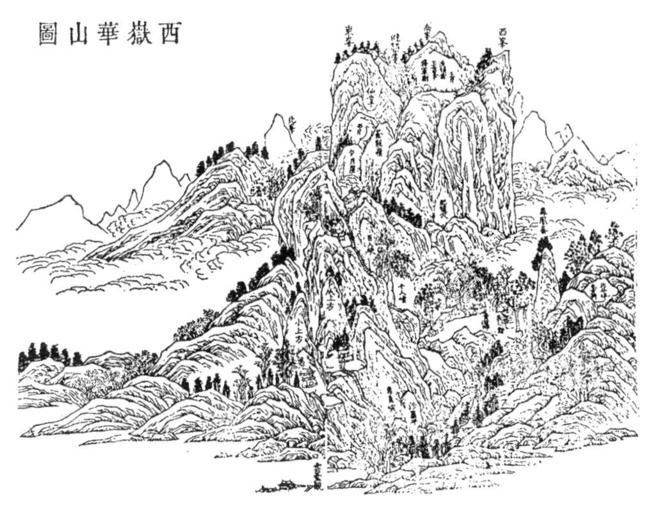

“卓杰三峰出,高奇四岳无”(张乔《华山》)。在很长的时期内,华山都无路可走,攀登华山,全靠牵藤结绳才得以上去。热衷标榜功德的秦始皇、汉武帝、武则天、唐玄宗等人,大搞封禅之典,但都经过家门前的华山不上,千里迢迢,远上泰山,主要原因就在华山路险,无法登临。敢于披逆鳞、祭鳄鱼、“忠犯人主之威,勇夺三军之帅”的韩愈,却被华山的险境难住了。传说他与友人登苍龙岭,见山高路窄,进退两难,而不知所措。自称“师华山"的王履,在登上苍龙岭后,作诗道当时窘况:"循背匐匍行,视敢纵横施? 惊魂及坠魄,往往随风吹。"(《苍龙岭》)故民间有"苍龙岭,金锁关,登山还比上天难"的歌谣。直到徐霞客死后半个世纪,即清康熙年间,陕西巡抚鄂海,见人在苍龙岭上,就像在鱼背上行走,一失足便无葬身之地,于是命石工凿石为级,开拓了从千尺幢到苍龙岭的道路。至于长空栈道、鹞子翻身等,由于地处僻远,形势就更加险峻了。

可以这样说:华山无路不遇险,无险不成景。攀登华山的过程,就是一个历险的过程,是人向自然挑战和与之搏斗的过程,始终扬起高亢、激越的旋律。宋代寇准曾作《华山》诗:"唯有天在上,更无云与齐。举头红日近,回首白云低。"而徐霞客正是那种"举足宜最高,不许云在上"(唐泰《医先生游鸡山》)的人。从某种意义上说,像华山这样的险境胜景,就是大自然为像徐霞客这样的畸人准备的。一心探奇历险、穷奥尽胜的徐霞客,必然会将他人眼中的畏途,看作是充满激情的历程。尽管徐霞客有"捷如青猿,健如黄犊"的体魄,有"穿棘则身如粉蝶,缘崖则影共猿鼯”的本领,要游遍华山,也不是一件容易的事,但他还是毫不犹豫地将重重险阻踩在脚下,仅用二天时间,就登上东峰、南峰、西峰这“天外三峰”,踏遍千尺幢、百尺峡、老君犁沟、苍龙岭等险地,甚至连直到今天仍少有人敢于度过的长空栈道、鹞子翻身,也不错过。其一往无前的勇气,确实令人感佩。

就文字看,这篇游记又有简洁有力之长。开篇写潼关,寥寥数语,便写出这座千古雄关险要的地形,无一字多余,但又添一字不得。文中写远望华山“屼出云表”,近看似“芙蓉片片”,四周簇拥的群峰,“片削层悬”,宛若青莲,都能抓住华山的地貌特征,有一语中的之妙。这篇游记的过于简略,虽还不能产生“此时无声胜有声”的艺术效果,但行文峻洁,删尽枝蔓,与华山倒也相称。

十、游太和山日记

天下名山僧占多。但也有例外，如武当山便是道教独占的圣地。武当拳术，与嵩山少林拳术，为佛、道二教武术的象征。传说武当山为道教北方尊神玄武（宋代改"玄"为"真"）帝的炼丹处，古人认为"惟真武之神足以当之，故称武当"。武当山位于今湖北十堰东南，丹江口西南。不过在明代以前，武当山的声望和地位，远不能和天台、峨嵋等佛教名山相比，它凌驾群山之上，是明成祖朱棣即位以后的事。朱棣原为北方藩王（燕王），在发动兵变时，利用神道设教，诡称得到玄武大帝的帮助，夺取帝位后，为报"感应之妙"，崇祀武当，加以尊号，改称太岳太和山，位在五岳之上。同时运用皇朝的力量，按照“政神合一”的意图进行布局，以八宫二观为明珠，一百四十里神道为绸带，建成一个既有皇家宫殿规模，又有道教宫观特色的庞大的建筑群。徐霞客对这当时的名胜首区，仰慕甚深，这次出游，即以“兼尽嵩、华，朝宗太岳”为期，故在离开华山后，立即赶到武当，一豁平生之怀。

十三日[①]　骑而南趋，石道平敞。三十里，越一石梁，有溪自西东注，即太和下流入汉者。越桥为迎恩宫，西向。前有碑大书“第一山”三字，乃米襄阳笔[②]，书法飞动，当亦第一。又十里，过草店，襄阳来道，亦至此合。路渐西向，过遇真宫，越两隘下，入坞中。从此西行数里，为趋玉虚[③]道；南跻上岭，则走紫霄[④]间道[⑤]也。登岭。自草店至此，共十里，为回龙观。望岳顶青紫插天，然相去尚五十里。满山乔木夹道，密布上下，如行绿幕[⑥]中。

从此沿山行，下而复上，共二十里，过太子坡。又下入坞中，有石梁跨溪，是为九渡涧下流。上为平台十八盘，即走紫霄登太和[7]大道；左入溪，即溯九渡涧，向琼台观及八仙罗公院诸路也。峻登十里，则紫霄宫在焉。紫霄前临禹迹池，背倚展旗峰，层台杰殿，高敞特异。入殿瞻谒[8]。由殿右上跻，直造展旗峰之西。峰畔有太子洞、七星岩，俱不暇问。共五里，过南岩[9]之南天门。舍之西，度岭，谒榔仙祠。祠与南岩对峙，前有榔树[10]特大，无寸肤[11]，赤干耸立，纤芽[12]未发。旁多榔梅树[13]，亦高耸，花色深浅如桃杏，蒂垂丝作海棠状。梅与榔本山中两种，相传玄帝插梅寄榔[14]，成此异种云。

共五里，过虎头岩。又三里，抵斜桥。突峰悬崖，屡屡而是，径多循峰隙上。五里，至三天门，过朝天宫，皆石级曲折上跻，两旁以铁柱悬索。由三天门而二天门、一天门，率[15]取径峰坳间,悬级直上。路虽陡峻,而石级既整,栏索钩连,不似华山悬空飞度也。太和宫在三天门内。日将晡[16],竭力造金顶,所谓天柱峰[17]也。山顶众峰,皆如覆钟峙鼎,离离[18]攒立;天柱中悬,独出众峰之表,四旁崭绝。峰顶平处,纵横止及寻[19]丈。金殿[20]峙其上,中奉玄帝及四将,炉案俱具,悉以金[21]为之。督以一千户、一提点,需索香金,不啻御夺[22]。余入叩匆匆,而门已阖,遂下宿太和宫。

十四日　　更衣上金顶[23]。瞻叩毕,天宇澄朗,下瞰诸峰,近者鹄峙[24],远者罗列,诚天真奥区[25]也！遂从三天门之右小径下峡中。此径无级无索,乱峰离立,路穿其间,迥觉[26]幽胜。三里余,抵蜡烛峰右,泉涓涓溢出路旁,下为蜡烛涧。循涧右行三里余,峰随山转,下见平丘中开,为上琼台观。其旁榔梅数株,大皆合抱,花色浮空[27]映山,绚烂岩际。地既幽绝,景复殊异。余求榔梅实[28]，观中道士噤[29]不敢答，既而曰：“此系禁物[30]。前有人携出三四枚，道流株连破家者数人。”余不信，求之益力，出数枚畀[31]余，皆已黝[32]烂，且订[33]无令人知。及趋中琼台，余复求之，主观[34]仍辞谢弗有。因念由下琼台而出，可往玉虚岩，便失南岩紫霄，奈何得一失二，不若仍由旧径上，至路旁泉溢处，左越蜡烛峰，去南岩应较近。忽后有追呼者，则中琼台小黄冠[35]以师命促余返。观主握手曰：“公渴求珍植，幸得两枚，少慰公怀。但一泄于人，罪立至矣。”出而视之，形侔[36]金橘，漉[37]以蜂液，金相玉质[38]，非凡品也。珍谢别去。复上三里余，直造蜡烛峰坳中。峰参差廉利[39]，人影中度[40]，兀兀[41]欲动。既度，循崖宛转，连越数重。峰头土石，往往随地异色。既而闻梵颂声[42]，则仰见峰顶遥遥上悬，已出朝天宫右矣。仍上八里，造南岩之南天门，趋谒正殿。右转入殿后，崇崖嵌空，如悬廊复道[43]，蜿蜒山半，下临无际，是名南岩，亦名紫霄岩，为三十六岩之最，天柱峰正当其面。自岩还至殿左，历级坞中，数抱[44]松杉，连阴挺秀。层台孤悬，高峰四眺，是名飞升台。暮返宫，贿[45]其小徒，复得榔梅六枚。明日再索之，不可得矣。

十五日　从南天门宫左趋雷公洞。洞在悬崖间。余欲返紫霄，由太子岩历不二庵，抵五龙。舆者[46]谓迂曲不便，不若由南岩下竹笆桥，可览滴水岩、仙侣岩诸胜。乃从北天门下，一径阴森，滴水、仙侣二岩，俱在路左，飞崖上突，泉滴沥于中，中可容室，皆祠真武。至竹笆桥，始有流泉声，然不随涧行。乃依山越岭，一路多突石危岩，间错于乱蒨[47]丛翠中，时时放榔梅花，映耀远近。过白云、仙龟诸岩，共二十余里，循级直下涧底，则青羊桥也。涧即竹笆桥下流，两崖蓊葱蔽日，清流延回[48]，桥跨其上，不知流之所去。仰视碧落[49]，宛若瓮口。度桥，直上攒天岭。五里，抵五龙宫，规制[50]与紫霄南岩相伯仲[51]。殿后登山里许，转入坞中，得自然庵。已还至殿右，折下坞中，二里，得凌虚岩。岩倚重峦，临绝壑，面对桃源洞诸山，嘉木尤深密，紫翠之色互映如图画，为希夷[52]习静[53]处。前有传经台，孤瞰壑中[54]，可与飞昇作匹。还过殿左，登榔梅台，即下山至草店。

华山四面皆石壁，故峰麓无乔枝异干；直至峰顶，则松柏多合三人围者；松悉五鬣[55]，实大如莲，间有未堕者，采食之，鲜香殊绝。太和则四山环抱，百里内密树森罗，蔽日参天；至近山数十里内，则异杉老柏合三人抱者，连络山坞，盖国禁[56]也。嵩、少[57]之间，平麓上至绝顶，樵伐无遗，独三将军树巍然杰出耳。山谷川原，候同气异[58]。余出嵩、少，始见麦畦青；至陕州[59]，杏始花，柳色依依向人；入潼关，则驿路既平，垂杨夹道，梨李参差矣；及转入泓峪[60]，而层冰积雪，犹满涧谷，真春风所不度[61]也；过坞底岔，复见杏花；出龙驹寨[62]，桃雨柳烟，所在都有。忽忆日已清明，不胜景物悴情[63]。遂自草店，越二十四日，浴佛[64]后一日抵家。以太和榔梅为老母寿[65]。

① 十三日：指明熹宗天启三年（1623）二月十三日。② 米襄阳笔：米芾，字元章，襄阳人。北宋书画家，书法与苏轼、黄庭坚、蔡襄合称“宋四家”。笔，笔迹。 ③ 玉虚：宫名。又名老营宫，在武当山主峰西北，为山上建筑群中最大的宫观之一。 ④ 紫霄：宫名。在天柱峰东北展旗峰下，为武当山保存较完整的宫观之一。 ⑤ 间道：小路。 ⑥ 绿幕：绿色的帷幕。 ⑦ 太和：宫名。在天柱峰山腰紫金城南天门外。宫内有元代铸造的铜殿一座，瑰丽精巧。 ⑧ 瞻谒：瞻仰拜见，以表敬意。 ⑨ 南岩：在紫霄宫西约五里处。古人有“路入南岩景更幽”之语。景色之美，为武当山三十六岩之冠。 ⑩ 榔树：据《本草纲目》，“榔乃榆树”，即榆树中榔榆

这一品种。 ⑪ 无寸肤：没有一点树皮。肤，指树皮。 ⑫ 纤芽：细芽。 ⑬ 榔梅树：据道家传说，真武帝在武当山折梅嫁接在榔树上，获得成功，产生一种新品种榔梅树。 ⑭ 插梅寄榔：即"嫁接"，把梅枝嫁接在榔树上。 ⑮ 率：大体，大致。 ⑯ 晡：申时，即午后三点至五点。 ⑰ 天柱峰：武当山主峰，高1612米，如一柱擎天，古人有"群峰朝大顶（金顶）"的说法。 ⑱ 离离：形容行列。 ⑲ 寻：古代长度单位，八尺为寻。 ⑳ 金殿：在天柱峰顶。建于明永乐十四年（1416），为铜铸鎏金、仿木构建筑。殿内供真武帝君，并悬挂着一颗鎏金明珠，称"避风仙珠"。虽经五百年风雨侵蚀，至今宏丽如初。 ㉑ 金：指铜。 ㉒ 御夺：强行夺取。 ㉓ 金顶：天柱峰峰顶。为朝观日出、夕看云海的佳处。若机缘凑巧，还可看到"金殿叠影"的奇观。 ㉔ 鹄峙：即鹄立，像天鹅那样引颈而立。 ㉕ 天真奥区：指保持自然原貌、未经污染的幽深之地。 ㉖ 迥觉：深深感到。 ㉗ 浮空：在空中荡漾。 ㉘ 实：果实。 ㉙ 噤（jìn）：闭口不言。 ㉚ 禁物：帝王专用、其他人禁用的东西。 ㉛ 畀（bì）：给予。 ㉜ 黝（yǒu）：浅黑色。 ㉝ 订：约定。 ㉞ 主观：即观主，主持观中事务的当家道士。 ㉟ 黄冠：道士所戴的黄色帽子，后用作道士的别称。 ㊱ 侔(móu):等同,相当。 ㊲ 漉(lù):润湿。这里为浸渍的意思。 ㊳ 金相玉质:相为外表,质为质地。形容物品精美。 ㊴ 廉利:棱角锋利,形容山峰峻削。㊵ 人影中度:人的形影从中度过。 ㊶ 兀兀:摇摇晃晃的意思。 ㊷ 梵颂声:即诵经声。梵,佛教用语,意为清净,寂灭。后来凡与佛有关的事统称梵。 ㊸ 复道:以楼阁架空连接的通道,因有上下两重通道,故称复道,俗称天桥。 ㊹ 数抱:言树粗壮,得数人合抱。 ㊺ 贿:贿赂。 ㊻ 舆者:轿夫。舆,肩舆,即轿。 ㊼ 蒨(qiàn):同"茜",茜草。 ㊽ 延回:延伸回旋。 ㊾ 碧落:道家称天空为碧落。 ㊿ 规制:规模与格式。 51 相伯仲:相仿,不相上下。 52 希夷:陈抟,五代后唐时隐居武当山。宋初入朝,太宗甚重之,赐号希夷先生。 53 习静:修炼。 54 孤瞰壑中:独自在上,俯视深壑。55 五鬣(liè):鬣指松针,即松叶一束五针。 56 国禁:朝廷下令封山育林,严禁采伐。 57 嵩、少:指嵩山、少室山。58 候同气异:节气相同,但气候(却会因地势差别而)不一样。 59 陕州:治所在今河南陕县。 60 泓峪:今名瓮峪,在陕西华县南。 61 春风所不度:唐王之涣《出塞》诗:"羌笛何须怨杨柳,春风不度玉门关。"这里借用其意。 62 龙驹寨：在商州东南，即今陕西丹凤县所在地，为陕西、河南间的交通重镇，古产名马。 ⑹ 悴情：伤情。 ⑹ 浴佛：指浴佛节，即佛诞节。每逢佛诞日，佛徒都要举行浴佛活动，以香汤灌洗佛像。中国旧时以农历四月初八为佛诞日。 ⑹ 寿：祝寿。

任何一处名胜，都包含着自然景观和人文景观这两个方面。前者是大自然在空间的创作标记，后者则是人类留在时间中的印痕。自然山水如果没有人类艺术的点缀，便缺少智慧和灵气；而人类艺术如果没有自然山水作背景，便失去了气魄和情趣。两者结合，正是“天人合一”这一富有中国特色的艺术精神的体现。因此，如何使建筑和山水和谐协调，通过人工的力量来显示，而不是破坏自然的美，成了人类如何开发自然的一个重要问题。

作为一个饱览山川之美的旅行家，徐霞客比谁都重视人工建筑和自然景观的关系。武当山的著名宫观，他都一一前往。值得注意的是，他对这些宫观富丽堂皇的外表，似乎视若无睹，在游记中未作任何描述。不少描写武当山的诗文，大肆渲染宫观的华丽，将自然景观作为这些建筑物的陪衬。徐霞客正相反，在他的笔下，自然景观始终是主体，林林总总的建筑物只不过是自然的点缀，他所注意的，是这些建筑在山川中的位置，和周围自然景物的关系。他写回龙观，所重在四周“乔木夹道，密布上下，如行绿幕中”。写琼台观，则为“花色浮空映山，绚烂岩际，地既幽绝，景复殊异”所陶醉。即使连金顶（金殿）这样建筑史中罕见的杰作，也仅以“悉以金为之”五个字草草带过，而强调其所处地势的险峻，高峙天柱峰顶，独出众峰之表，“诚天真奥区也”。武当三十六岩，以南岩景物最胜，南岩石殿，有“仙山楼阁”、“琼台玉宇”之称。徐霞客对这座石殿的规模结构，以及殿中著名的浮雕塑像，都只字未提，而是着力描写这里“崇崖嵌空，如悬廊复道，蜿蜒山半，下临无际”，殿旁“数抱松杉，连阴挺秀”，更有“层台孤悬，高峰四眺”，突出这座石殿所处的险峻的形势、幽雅的环境。一种“横空出世，玄妙超然”的意境，油然而起，令人悠然而思，不胜神往。这比那些眼睛只是盯着宫观的描写,高明何止百倍!

徐霞客一入湖北境内,就发现这里的自然环境,和山西、陕西大不相同。在最后一天的日记中,他对从嵩山到华山、再到武当山的气候和植被,作了简洁形象的比较,总结出一条物候学的变化规律,提出"山谷川原,候同气异"这样一个科学命题,即从平原到山地,因地势和纬度的差别,在同一时节,气候不同,使得植物的生长状况也不一样。在游览三座名山后,他考察三座山的植物生长状况和自然条件的关系时,还揭示了造成各地植被不同的人为的因素。文中指出武当山因为朝廷严禁砍伐,从而大树密布,参天蔽日,而嵩山由于人们滥加樵伐,而遭到自然的惩罚。在此,徐霞客已提出生态环境的保护问题,即人类如何与自然共处的问题。对这种现象,一般人都熟视无睹,不以为忧,徐霞客郑重其事地提了出来,这就使得他的游记,带有更多科学和现实的意义,具有更深刻的理性和历史的内容。

十一、游五台山日记

被称为“华北屋脊”的五台山，在今山西五台东北隅，东倚太行，西临滹沱，南护中原，北凌紫塞，因由五座山峰环抱而成，峰顶平坦如台，故称五台。危崖峥嵘，山谷窈窕，“岿巍敦厚，他山莫比”。山中九月积雪，盛夏凉爽，故又名清凉山。不过五台山驰誉遐迩，主要还在它同佛教的关系，据明代高僧镇澄编著的《清凉山志》，早在东汉明帝永平年间，印度高僧摄摩腾来华，便慧眼识五台，认定这里是“文殊化宇”，建造了仅迟于河南洛阳白马寺的大孚灵鹫寺（即今显通寺）。千百年来，五台山一直被看作文殊的道场，并以其富丽独特的文物景观，位于四大佛山（另外三座为峨嵋山、普陀山、九华山)之首。万历四十一年(1613),徐霞客在第一次游访天台、雁荡之前,曾渡海去普陀山;万历四十六年(1618),他在再游黄山后,又去了九华山,但都没留下日记。崇祯六年(1633),他北上进京,随后越过太行山,登上五台。虽然他早已“志在蜀之峨嵋”,但这一心愿似乎最终未能实现。

初五日[①]　进南关[②],出东关。北行十里,路渐上,山渐奇,泉声渐微。既而[③]石路陡绝,两崖巍峰峭壁,合沓攒奇,山树与石竞丽错绮[④],不复知升陟之烦也。如是五里,崖逼处复设石关二重。又直上五里,登长城岭[⑤]绝顶。回望远峰,极高者亦伏足下,两旁近峰拥护,惟南来一线有山隙,彻目百里[⑥]。岭之上,巍楼雄峙,即龙泉上关也。关内古松一株,枝耸叶茂,干云俊物[⑦]。关之西,即为山西五台县界。下岭甚平,不及所上十之一。十三里,为旧路岭,已在平地。有溪自西南来，至此随山向西北去，行亦从之。十里，五台水自西北来会，合流注滹沱河[8]。乃循西北溪数里，为天池庄。北向坞中二十里，过白头庵村，去南台止二十里，四顾山谷，犹不可得其仿佛。又西北二里，路左为白云寺。由其前南折，攀跻四里，折上三里，至千佛洞，乃登台间道。又折而西行，三里始至。

初六日　风怒起，滴水皆冰。风止日出，如火珠涌吐翠叶中。循山半西南行，四里，逾岭，始望南台在前。再上为灯寺，由此路渐峻。十里，登南台[9]绝顶，有文殊舍利塔[10]。北面诸台环列，惟东南、西南少有隙地[11]。正南，古南台在其下，远则盂县[12]诸山屏峙，而东与龙泉峥嵘接势。从台右道而下，途甚夷，可骑。循西岭西北行十五里，为金阁岭。又循山左西北下，五里，抵清凉石[13]。寺宇幽丽，高下如图画。有石为芝形，纵横各九步[14]，上可立四百人，面平而下锐，属于下石者无几。从西北历栈拾级而上，十二里，抵马跑泉。泉在路隅山窝间，石隙仅容半蹄，水从中溢出，窝亦平敞可寺，而马跑寺反在泉侧一里外。又平下八里，宿于狮子窠。

初七日　　西北行十里，度化度桥。一峰从中台下，两旁流泉淙淙，幽靓[15]迥绝。复度其右涧之桥，循山西向而上，路欹甚。又十里，登西台[16]之顶。日映诸峰，一一献态呈奇。其西面，近则闭魔岩[17]，远则雁门关[18]，历历可俯而挈[19]也。闭魔岩在四十里外，山皆陡崖盘亘，层累而上，为此中奇处。入叩佛龛，即从台北下，三里，为八功德水。寺北面，左为维摩[20]阁，阁下二石耸起，阁架于上，阁柱长短，随石参差，有竟不用柱者。其中为万佛阁，佛俱金碧旃檀[21]，罗列辉映，不啻万尊。前有阁二重，俱三层，其周庐环阁亦三层，中架复道，往来空中，当此万山艰阻，非神力不能运此。从寺东北行，五里，至大道。又十里，至中台[22]。望东台[23]、南台，俱在五六十里外，而南台外之龙泉，反若更近，惟西台、北台，相与连属。时风清日丽，山开列如须眉[24]。余先趋台之南，登龙翻石[25]。其地乱石数万，涌起峰头，下临绝坞，中悬独耸，言是文殊放光摄影处[26]。从台北直下者四里，阴崖悬冰数百丈，曰"万年冰"。其坞中亦有结庐者。初寒无几，台间冰雪，种种而是[27]。闻雪下于七月二十七日，正余出都时也。行四里，北上澡浴池。又北上十里，宿于北台[28]。北台比诸台较峻，余乘日色，周眺寺外。及入寺，日落而风大作。

初八日　　老僧石堂送余，历指诸山曰："北台之下，东台西，中台中，南台北，有坞曰台湾[29]，此诸台环列之概也。其正东稍北，有浮青[30]特锐者，恒山也。正西稍南，有连岚一抹者，雁门也。直南[31]诸山，南台之外，惟龙泉为独雄。直北俯内外二边[32]，诸山如蓓蕾，惟兹山之北护，峭削层叠，嵯峨之势，独露一班。此北台历览之概也。此去东台四十里，华岩岭在其中。若探北岳，不若竟由岭北下，可省四十里登降。"余颔[33]之。别而东，直下者八里，平下者十二里，抵华岩岭。由北坞下十里，始夷。一涧自北，一涧自西，两涧合而群峰凑，深壑中"一壶天"[34]也。循涧东北行二十里，曰野子场。南自白头庵至此，数十里内，生天花菜[35]，出此则绝种矣。由此，两崖屏列鼎峙，雄峭万状，如是者十里。石崖悬绝中，层阁杰起，则悬空寺也，石壁尤奇。此为北台外护山，不从此出，几不得台山神理云。

① 初五日：指明思宗崇祯六年（1633）八月初五。

② 南关：指龙泉关南关。下面东关为龙泉关东关。龙泉关在今河北阜平西隅。长城在关西二十里，有险要的隘口一百多处。 ③ 既而：随即。 ④ 竞丽错绮：竞献秀色，绮丽交错。 ⑤ 长城岭：在山西五台和河北阜平两地的交界处。因长城从上面经过而得名。龙泉关在其东侧。 ⑥ 惟南来二句：惟有从南面延伸过来的山岭，留出一处缺口，让人能放眼看到百里之外的景物。 ⑦ 干云俊物：指直上云霄的奇物。 ⑧ 滹(hū)沱河：海河上源之一。源出山西繁峙，周绕五台山，然后穿过太行山，流入河北。 ⑨ 南台：五台之一。又名锦绣峰。台顶形状像一个倒置的盂。为五台中最低的一台。台上有建于宋代的普济寺。 ⑩ 文殊舍利塔：文殊，菩萨名，佛教称他为释迦牟尼佛的左胁侍，专司“智慧”，塑像多骑狮子。舍利为梵文的音译，意为尸体或身骨。相传释迦牟尼遗体火化后结成珠状物，后来也指德行较高的僧人死后烧剩的零星骨骸。这里指埋葬文殊舍利的塔。 ⑪ 少有隙地：稍有空地。 ⑫ 盂县：在五台南面，今属山西。 ⑬ 清凉石：又称文殊床。传说为文殊从龙宫借来的歇龙石。落到五台后，改变了原来恶劣的气候，使五台山成为宜人的清凉山。附近有建于北魏的清凉寺。 ⑭ 步：古代长度名，其制不一，旧时营造尺以五

尺为一步。 ⑮ 靓(jìng):安静、优雅。 ⑯ 西台:五台之一。又名挂月峰。台顶平旷。有北魏孝文帝的人马迹和建于隋代的法雷寺。 ⑰ 闭魔岩:即秘密岩。在五台怀台镇西南的维屏山。因当地有龙洞,在夕阳反射时,能产生各种幻景,因而得名。 ⑱ 雁门关:在山西代县西北的雁门山腰。形势险要,为明代长城外三关之一。 ⑲ 挈(qiè):提。 ⑳ 维摩:维摩诘的简称,佛教菩萨名,与释迦牟尼同时,长于辩才。㉑ 旃(zān)檀:即檀香,一种名贵的香木。 ㉒ 中台:五台之一。又名翠岩峰。台顶平阔。有建于唐代的演教寺和舍利铁塔。 ㉓ 东台:五台之一,又名望海峰。台顶形若鳌背,可观日出。有建于隋代的望海寺。 ㉔ 开列如须眉:森然开张,如同须眉。 ㉕ 龙翻石:在中台南面。是一种特殊的冰缘地貌,遍地如断碑残碣,崎岖不平。 ㉖ 文殊放光摄影处:从台顶俯视云海,有时会出现人形黑影,四周围绕着七彩光环,过去被说成是文殊菩萨显影。 ㉗ 种种而是:到处都是。种种,件件,事事。 ㉘ 北台:五台之一。又名叶斗峰。海拔3058米,为华北第一高峰。台顶平广。有建于明代的灵应寺。㉙ 台湾:即今台湾镇,为五台山中心。镇上有许多大寺古刹,分青庙(和尚庙)、黄庙(喇嘛庙)二类。 ㉚ 浮青:浮现青色。 ㉛ 直南：正南。 ㉜ 内外二边：指山西北部的内外长城。 ㉝ 颔：点头表示同意。 ㉞ 一壶天：因两涧相合，群峰聚凑，人在山沟中行走，如同置身壶中，只能看到像壶口那么大的一块天。 ㉟ 天花菜：今名台山香菇，为山珍佳味。

五台山既是华北雄峰，又为佛教名山，无论自然景观还是人文景观，都异彩纷呈，令人瞩目。但上自帝王，下至村妇，几乎都被寺庙建筑遮蔽了视野，拜倒在佛像之前不能起步，将游五台与游寺院等同起来。就连徐霞客的朋友、同样好游的王思任，所作《游五台山记》，也局限于几座寺庙，大谈佛教传说，对五台山的水文地貌几乎只字未及。徐霞客正好相反，在游五台山的四天中，他日行百里，登临四台（惟东台因地处僻远，未能前往），但五台山最著名的显通寺等五大禅处，却都没去，即使沿途经过的一些寺院，似乎大多也过门而不入，至少在游记中未作描写，这和他对山水的关注，形成鲜明对照。文中稍作记载的只有清凉寺等少数几个地方。狮子窠是在徐霞客上五台前不久新建的一座十方寺院，

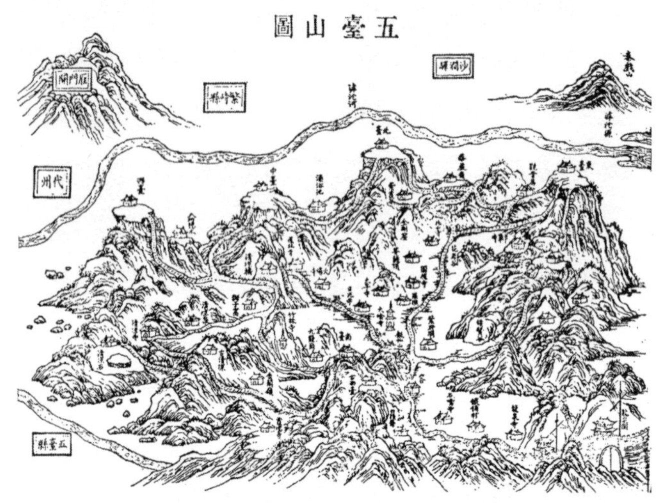

里面有琉璃高塔，十分著名。徐霞客初六那晚，就住在狮子窠，但对寺内的殿宇和佛塔，均只字未提，颇值得玩味。

五台山虽不像黄山那样，以奇石著称，但在中台南面的“龙翻石”，“乱石数万，涌起峰头，下临绝坞，中悬独耸”，气势盛大，形状奇特，堪称山石之最，因这里能看到佛光，被说成是文殊显圣之处。这实际上是高山冻土地带特有的地貌，称冻缘地貌（又称冻土地貌）。冻融作用对裸露的富有节理且硬度较大的块状基岩有很大的破坏作用。当石缝中的水冻结膨胀时,会产生很大的压力,使石缝扩大;冰融化后,水往更深处渗透,再冻结时,进一步扩大石缝,年复一年,经过季节性的冰冻和融化的交替作用,形成了像断碑残碣那样布满山冈的特殊地貌。此外,徐霞客还在清凉寺旁看到一块显然由风化作用造成的"面平而下锐"、"上可立四百人"的芝形石。这块石过去被说成是文殊的说法处,称"文殊床",为五台山的镇山之宝。

根据徐霞客的记载,当时五台山的气温,比现在要明显冷得多。农历七月二十七日,山下刚摆脱炎热的困扰,五台山就已下起大雪。八月初,居然已"滴水成冰"。即使在一日之内,一山之间,也因地势和时间的差异,气温明显不同。如他登上中台,眼前"风清日丽",但"台间冰雪,种种皆是"。他还写了在中台北坡,高达数百丈、终古不化的"万年冰"。这些记载,都已成了十分珍贵的气象资料。

十二、游恒山日记

被誉为“人天北柱”、“塞外第一名山”的北岳恒山，又名常山，东跨冀北原野，西控雁门关，南接五台山，北临朔方广漠，连绵数十里，内长城蜿蜒其上，地险山雄，为控关带水的绝塞名山，也是最早见于史籍的名山之一。主峰天峰岭，位于今山西浑源城南，海拔2017米，高居五岳之冠。崇祯六年（1633），徐霞客在游览五台山后，又去恒山。可能是因为急于赴漳州会晤黄道周，在山上仅留二天，便匆匆返回。徐霞客在外旅游，可分前后两个阶段：第一阶段遍访东南和中原名山胜景，后阶段便是中南、西南之行。恒山是他在中原游访的最后一处胜地，这篇游记，则是他前期描绘的山水长卷中最后一幅图景。

去北台七十里，山始豁然，曰东底山。台山北尽，即属繁峙[①]界矣。

初九日[②]　出南山。大溪从山中俱来者，别而西去。余北驰平陆[③]中，望外界之山，高不及台山十之四，其长缭绕如垣，东带平邢[④]，西接雁门，横而径者[⑤]十五里。北抵山麓，渡沙河，即为沙河堡。依山瞰流，砖甃[⑥]高整。由堡西北七十里，出小石口，为大同[⑦]西道；直北六十里，出北路口，为大同东道。余从堡后登山，东北数里，至峡口，有水自北而南，即下注沙河者也。循水入峡，与流屈曲，荒谷绝人。数里，义兴寨；数里，朱家坊；又数里，至葫芦嘴。舍涧登山，循嘴而上，地复成坞，溪流北行，为浑源[⑧]界。又数里，为土岭，去州尚六十里，西南去沙河，共五十里矣，遂止居民同姓家[9]。

初十日　循南来之涧北去三里，有涧自西来合，共东北折而去。余溯西涧入，又一涧自北来，遂从其西登岭，道甚峻。北向直上者六七里，西转，又北跻而上者五六里，登峰两重，造其巅，是名箭箪岭。自沙河登山涉涧，盘旋山谷，所值皆土魁荒阜[10]，不意至此而忽跻穹窿[11]，然岭南犹复阿蒙[12]也。一逾岭北，瞰东西峰连壁陨[13]，翠蜚[14]丹流。其盘空环映者，皆石也，而石又皆树[15]；石之色一也，而神理又各分妍；树之色不一也，而错综又成合锦。石得树而嵯峨倾嵌者，幕以藻绘[16]而愈奇；树得石而平铺倒蟠者，缘以突兀而尤古[17]。如此五十里，直下至阬底，则奔泉一壑，自南注北，遂与之俱出坞口，是名龙峪口，堡临之。村居颇盛，皆植梅杏，成林蔽麓。既出谷，复得平陆。其北又有外界山环之，长亦自东而西，东去浑源州三十里，西去应州[18]七十里。龙峪之临外界，高卑[19]远近，一如东底山之视沙河峡口诸山也。于是沿山东向，望峪之东，山愈嶙嶒[20]斗峭，问知为龙山。龙山之名，旧著于山西，而不知与恒岳比肩；至是既西涉其阃域[21]，又北览其面目，从不意中得之，可当五台桑榆之收[22]矣。

东行十里，为龙山大云寺，寺南面向山。又东十里，有大道往西北，直抵恒山之麓，遂折而从之。去山麓尚十里。望其山两峰亘峙，车骑接轸[23]，破壁而出[24]，乃大同入倒马[25]、紫荆[26]大道也。循之抵山下，两崖壁立，一涧中流，透罅而入，逼仄[27]如无所向，曲折上下，俱成窈窕[28]，伊阙双峰，武彝九曲，俱不足以拟之也。时清流未泛，行即溯涧。不知何年两崖俱凿石坎，大四、五尺，深及丈，上下排列，想水溢时插木为阁道者，今废已久，仅存二木悬架高处，犹栋梁之巨擘[29]也。三转，峡愈隘，崖愈高。西崖之半，层楼高悬，曲榭[30]斜倚，望之如蜃吐重台[31]者，悬空寺[32]也。五台北壑亦有悬空寺，拟此未能具体[33]。仰之神飞，鼓勇独登。入则楼阁高下，槛路屈曲。崖既矗削，为天下巨观，而寺之点缀，兼能尽胜[34]。依岩结构，而不为岩石累[35]者仅此。而僧寮[36]位置适序[37]，凡客坐禅龛[38]，明窗暖榻，寻丈之间，肃然中雅。既下，又行峡中者三四转，则洞门豁然，峦壑掩映，若别有一天者。又一里，涧东有门榜三重[39]，高列阜上，其下石级数百层承之，则北岳恒山庙[40]之山门也。去庙尚十里，左右皆土山层叠，岳顶杳不可见。止门侧土人家，为明日登顶计。

十一日　风翳[41]净尽，澄碧如洗。策杖登岳，面东而上，土冈浅阜，无攀跻劳。盖山自龙泉来，凡三重。惟龙泉一重峭削在内，而关以外反土脊平旷；五台一重虽崇峻，而骨石耸拔，俱在东底山一带出峪之处；其第三重自峡口入山而北，西极龙山之顶，东至恒岳之阳，亦皆藏锋敛锷[42]，一临北面，则峰峰陡削，悉现岩岩[43]本色。一里转北，山皆煤炭，不深凿即可得。又一里，则土石皆赤，有虬松离立道旁，亭曰望仙。又三里，则崖石渐起，松影筛阴[44]，是名虎风口。于是石路萦回，始循崖乘峭而上。三里，有杰坊[45]曰"朔方[46]第一山"，内则官廨[47]厨井俱备。坊右东向拾级上，崖半为寝宫[48]，宫北为飞石窟[49]，相传真定府恒山[50]从此飞去。再上，则北岳殿也。上负绝壁，下临官廨，殿下云级[51]插天，庑门[52]上下，穹碑[53]森立。从殿右上，有石窟倚而室之，曰会仙台。台中像群仙，环列无隙。

余时欲跻危崖，登绝顶[54]。还过岳殿东，望两崖断处，中垂草莽者千尺，为登顶间道，遂解衣攀蹑而登。二里，出危崖上，仰眺绝顶，犹杰然天半。而满山短树蒙密，槎枒[55]枯竹，但能钩衣刺领，攀践辄断折，用力虽勤，若堕洪涛，汩汩不能出。余益鼓勇上，久之棘尽，始登其顶。时日色澄丽，俯瞰山北，崩崖乱坠，杂树密翳。是山土山无树，石山则有；北向俱石，故树皆在北。浑源州城一方，即在山麓，北瞰隔山一重，苍茫无际；南惟龙泉，西惟五台，青青[56]与此作伍；近则龙山西亘，支峰东连，若比肩连袂[57]，下扼沙漠者。既而下西峰，寻前入峡危崖，俯瞰茫茫，不敢下。忽回首东顾，有一人飘摇于上，因复上其处问之，指东南松柏间。望而趋，乃上时寝宫后危崖顶。未几，果得径，南经松柏林。先从顶上望，松柏葱青，如蒜叶草茎，至此则合抱参天，虎风口之松柏，不啻百倍之也。从崖隙直下，恰在寝宫之右，即飞石窟也，视余前上隘，中止隔崖一片耳。下山五里，由悬空寺危崖出。又十五里，至浑源州西关外。

① 繁峙：明代县名，今属山西。 ② 初九日：指崇祯六年(1633)八月初九。 ③ 平陆：平野。 ④ 平刑：即平型关，在山西繁峙、灵丘两县交界处，为古长城关隘。 ⑤ 横而径者：从中间横穿过去。 ⑥ 甃(zhòu)：原指用砖砌成的井壁，这里泛指用砖砌成的墙壁。 ⑦ 大同：明代府名，治所在今山西大同。 ⑧ 浑源：明代州名，今山西浑源县。 ⑨ 同姓家：姓"同"的人家。 ⑩ 土魁荒阜：魁，小山。阜，土丘。⑪ 穹窿(qióng lóng)：窿同"隆"，中间高起成拱形的地势。⑫ 犹复阿蒙：三国东吴的吕蒙年轻时不读书，后来努力好学，鲁肃曾夸奖他说："我过去只知道你老弟会打仗，想不到你现在学识渊博，已经不是当年吴下的阿蒙了。"这里反用其意，说岭南依然只是一些小山土丘。 ⑬ 隤(tuí)：同"颓"，崩塌。⑭ 蜚：同"飞"。 ⑮ 石又皆树：有石的地方又都有树。⑯ 幕以藻绘：幕，覆盖。这里说石上有了树，就像添上彩绘。⑰ 缘以突兀而尤古：因为形状奇特而更显古雅。 ⑱ 应州：即今山西应县。 ⑲ 卑：低下。 ⑳ 嶙嶒(céng)：形容山高峻突兀。 ㉑ 阃(kǔn)域：领域。 ㉒ 桑榆之收：古人有"失之东隅，收之桑榆"的说法("东隅"指太阳升起的地方，傍晚日影落在桑树榆树上)。即在某个时候失去了一些东西，而

在另一个时候得到补偿。这里说游五台山有所不足,但意外地发现了龙山。 ㉓ 车骑(jì)接轸(zhěn):指车连着车,马连着马。轸,车后的横木。 ㉔ 破壁而出:言车似乎像潮水般冲破石壁,奔涌而出。 ㉕ 倒马:关名,在今河北唐县西北,明代与居庸关、紫荆关合称长城内三关。 ㉖ 紫荆:关名,在今河北易县西紫荆岭上。 ㉗ 逼仄(zè):也作"偪侧",狭窄。这里说狭窄得好像没有地方可通行。 ㉘ 窈窕:形容景物深远幽美。 ㉙ 巨擘(bò):擘,大拇指,比喻杰出的人或物。 ㉚ 榭(xiè):台上的屋子。 ㉛ 蜃(shèn)吐重台:即"海市蜃楼",也称"蜃景"。 ㉜ 悬空寺:在恒山大峡谷石门峪口古栈道对面的崖壁上,悬空三百余丈。相传创建于北魏后期。全寺有殿宇楼阁四十间,为恒山第一奇景。㉝ 拟此未能具体:形状仿造这里,但不够全面。具体,即具体而微,言二物相比,一方所有的,另一方也有,但较微弱。㉞ 兼能尽胜:还能使原有的景物更加突出。 ㉟ 累:妨碍。㊱ 僧寮:僧人住的小屋。 ㊲ 位置适序:位置安排也很合适。 ㊳ 客坐禅龛:客坐为招待客人的地方,禅龛为供奉佛像的小阁。坐,通"座"。 ㊴ 门榜三重:三道(门上的)匾额。这里指恒山庙山门牌坊上的匾额。 ㊵ 北岳恒山庙:在天峰岭南面的石壁下。始建于北魏，明代重修。朝殿廊前有恒山真迹图碑。 ㊶ 翳（yì）：白翳。中医指眼球角膜病变后留下的疤痕。这里借喻遮蔽天空的云雾。 ㊷ 藏锋敛锷：把锋芒掩盖起来，藏而不露。这里说看不到像刀刃那样险峻的山势。 ㊸ 岩岩：形容山势高峻。 ㊹ 松影筛（shāi）阴：阳光透过松叶的空隙，照射进来，将一片片阴影，照在地上。因风吹松动，阴影随之变化，就像从筛子中抖落一样。 ㊺ 杰坊：突出的牌坊。 ㊻ 朔方：北方。 ㊼ 官廨（xiè）：旧时官府办事的地方。 ㊽ 寝宫：原指帝、后住宿的宫殿，后来神庙也有寝宫，供神居住。这里指北岳神的寝宫。 ㊾ 飞石窟：在恒山舍身崖附近，为一个巨大的天然崩石凹壑。传说舜巡狩到曲阳西北，忽然有一块石头飞来，落到眼前。据说这块石头就是从这里飞去的，这石窟就是大石飞出后留下的痕迹。 ㊿ 真定府恒山：即河北曲阳的恒山。曲阳在明代属直隶真定府，传说因浑源恒山的飞石落在曲阳，于是恒山也迁到曲阳境内，另建北岳庙。故历史上曾出现两座恒山、两座北岳庙。 (51) 云级：高入云天的石级。 (52) 庑（wǔ）门：指正殿两侧廊屋的门。 (53) 穹碑：高大的石碑。 (54) 绝顶：指天峰岭峰顶。 (55) 槎枒（chá yā）：旁出的枝条。 (56) 青青：形容一片青翠之色。 ⑰ 比肩连袂(mèi):袂即衣袖。肩并肩,袖连袖,形容各座山峰紧密相连。

徐霞客这次北上,对五台山众多声名显赫的寺庙视而不见,惟独对恒山的悬空寺表现出极大的兴趣,称之为“天下巨观”。在他的名山游记中,有关寺院的描写,没有比悬空寺更具体的了。徐霞客对悬空寺情有独钟,是因为它上顶危岩,下临绝壑,高悬峡口,凌空欲飞,是巧夺天工的建筑艺术杰作,是将自然环境和人造景观完

美结合的典范，是既能产生惊险的刺激又可赏心悦目的地方。虽然他已遍访名山，但像悬空寺那样“依岩结构，而不为岩石累者”，却前所未见，抬头仰望，不觉神往。

恒山地处高寒，徐霞客对这里的植被状况尤其关注。在进恒山之前，他翻过箭筸岭，看到树石交辉的奇异景象，用游记中少见的骈词丽句，描写了石异理分妍、树错综成锦、石因树而奇、树以石而古这样一种罕见的情景。在离开恒山前，他登上顶峰，又发现“是山土山无树，石山则有，北向俱石，故树皆在北”这样一种奇特的现象。游记中还写到“山皆煤炭，不深凿即可得”，这也符合当地多煤的实际情况，山西八大煤田之一，就在恒山所在的浑源。

“江山留胜迹，我辈复登临。”（孟浩然《与诸子登岘山》）千百年来，登临名山的人不计其数，但又有几人能看到山的底蕴，写出山的精神？若论山岳的知己，必推徐霞客为第一人。当徐霞客从恒山归来，已遨游五岳中的四岳（除南岳衡山）、四大佛山中的三山（除四川峨嵋)。他深入山中,寻幽探胜,身披彩霞,影留清泉,倾听松韵,遥望瀑布,上攀危岩,下探深洞,出入寺院,流连碑碣。他又能置身山外,高瞻远瞩,大自山岭位置,远至溪水流向,高达摩天峻峰,广及遍地植被,快如气候变化,久如地貌形成,无不藏之于胸,了如指掌。他身与山相对,情与山相悦,神与山相接,心与山相通。这些日记既写出了山的形貌,也写出了山的精神,不仅写出山共有的风姿,也写出各自独有的魅力,篇篇生动有致,堪称一部立意高远、形象鲜明的游山学。游记中逐日计程,方位正确,虽道路曲折,景观众多,但写得有条不紊,历历在目,既是一幅大笔淋漓的长卷,又是一张绘制精细的地图,即使在今天看来,仍是这些名山最好的游览指南。从这个意义上说,徐霞客不仅是山岳地理学、也是旅游地理学的先驱。

十三、游北山三洞日记

北游五台、恒山，是徐霞客走访中原名山的最后一程。以后整整三年，他一直留在家中，未曾外出。三年家居，只是他前一阶段搜奇访胜的游赏告一段落，而不是他旅游生涯的结束。一个向大自然奥秘作更深更广探寻的计划，已在他心中酝酿成熟。徐霞客曾对陈函辉说："昔人志星官舆地，多以承袭附会，即江、河二经，山脉三条，自记载来，俱囿于中国一方，未测浩衍。"故"欲为昆仑海外之游"，前往当时还被视为畏途的黔滇地区。对他这次远行，亲朋都不理解，纷纷劝阻，甚至连他的好友陈继儒也劝他暂且缓一缓，"以安身立命为第一义"，"何必崎岖出入于颅山血海而始快乎山之奇游乎"！但徐霞客决心已定，于崇祯九年(1636)九月，放舟南行，和一僧一仆，开始了万里遐征。本文录自《浙游日记》，是他南行之初途经浙江金华的一段日记。北山又名金华山，在金华城北三十里。三洞指北山朝真洞、冰壶洞、双龙洞，合称金华三洞。

初九日[①] 早起，天色如洗。与王敬川同入兰溪西门[②]，即过县前[③]。县前如水[④]，盖县君初物故[⑤]也。为歙人项人龙，辛未进士。五日之内，与父与子三人俱死于痢。又东上苏坊岭，岭颇平，阛阓[⑥]夹之。东下为四牌坊，自苏坊至此，街肆颇盛，南去即郡治[⑦]矣。与王敬川同入歙人[⑧]面肆，面甚佳，因一人兼两人馔[⑨]。

仍出西门，即循城西北行，王犹依依，久之乃别。遂有冈陇[⑩]高下，十里至罗店。问三洞何在，则曰西，见尖峰前倚，则在东。因执土人详询之，曰："北山之半为鹿田寺。其东下之脉，南峙为芙蓉峰，即尖峰也，为郡龙[11]之所由；萃[12]其西下之脉，南结为三洞，三洞之西即兰溪[13]界矣。”时欲由三洞返兰溪，恐东有余胜[14]，遂望芙蓉而趋。自罗店东北五里，得智者寺[15]。寺在芙蓉峰之西，乃北山南麓之首刹也，今已凋落。而殿中犹有一碑，乃宋陆务观[16]为智者大师[17]重建兹寺所撰，而字即其手书。碑阴[18]又镌务观与智者手牍[19]数篇。碑楷牍行[20]，俱有风致，恨无拓工，不能得一通为快。寺东又有芙蓉庵，有路可登芙蓉峰。余以峰虽尖圆，高不及北山之半，遂舍之。仍由智者寺西北登岭，升陟峰坞，五里得清景庵。庵僧道修留饭，复引余由北坞登杨家山。山为北山南下之第二层，再下则芙蓉为第三层矣。绕其西，从两山夹中北透而上，东为杨家山，有居民数十家；西为白望山，为仙人望白鹿处。约共七里，则北山上倚于后，杨家山排列于前，中开平坞，巨石铺突，有因累级为台者[21]，种竹列舍，为朱开府之山庄也。朱名大典。其东北石累累愈多，大者如狮象，小者如鹿豕，俱蹲伏平莽中，是为石浪，即初平叱石成羊[22]处，岂今复化为石耶？石上即为鹿田寺，寺以玉女驱鹿耕田得名。殿前有石形似者，名驯鹿石。此寺其来已久，后为诸宦所蚕食，而郡公[23]张朝瑞海州人，创殿存羊，屠赤水[24]有《游纪》刻其间。余至已下午，问斗鸡岩在其东，即同静闻[25]二里东过山桥。山桥东下一里，两峰横夹，涧出其中，峰石皆片片排空赴涧[26]，形若鸡冠怒起，溪流奔跃其下，亦一胜矣。由岩东下数里，为赤松宫，乃郡城东门所入之道，盖芙蓉峰之东坑也。

斗鸡岩上有樵者赵姓居之，指北山之巅有棋盘石，石后有西玉壶[27]水从石下注，旱时取以为雩祝[28]，极著灵验。时日已下舂，与静闻亟从蓁莽中攀援而上。上久之，忽闻呼声，盖赵樵见余误而西，复指东从积莽中行。约直蹑[29]者二里，始至石畔。石前有平台，后耸叠块，中列室一楹，塑仙像于中，即此山之主。像后石室下有水一盆，盖即雩祝之水也。然其上尚有涧，泠泠从山顶而下。时日已欲堕，因溯流再跻，则石峡如门，水从中出，门上更得平壑，则所称西玉壶矣。闻其东尚有东玉壶，皆山头出水之壑。西玉壶之水，南下者由棋盘石而潜溢于三洞，北下者从里水源而出兰溪之北；东玉壶之水，南下者由赤松宫而出金华，东下者出义乌，北下者出浦江，盖亦一郡[30]分流之脊[31]云。玉壶昔又名盘泉，分耸于上者，今又称为三望尖[32]，文[33]之者为金星峰，总之所谓北山也。甫[34]至峰头，适当落日沉渊[35]，其下恰有水光一片承之，滉漾不定，想即衢江[36]西来一曲，正当其处也。夕阳已坠，皓魄[37]继辉，万籁[38]尽收，一碧如洗，真是濯骨玉壶[39]，觉我两人[40]形影俱异，回念下界碌碌，谁复知此清光！即有登楼舒啸[41]，酾酒[42]临江，其视余辈独蹑万山之巅，径穷路绝，迥然尘界之表[43]，不啻霄壤矣。虽[44]山精怪兽群而狎我，亦不足为惧，而况寂然不动，与太虚[45]同游也耶！

徘徊久之，仍下二里，至盘石。又从莽棘中下二里，至斗鸡岩。赵樵闻声，启户而出，亦以为居山以来所未有也。复西上一里，至山桥。又西二里，至鹿田寺。僧瑞峰、从闻以余辈久不至，方分路遥呼，声震山谷。入寺，浴而就卧。

初十日　　鸡鸣起饭，天色已曙。瑞峰为余束炬[46]数枚，与从闻分肩以从。从朱庄后西行一里，北而登岭。岭甚峻，约一里，有石耸突峰头。由石畔循北山而东，可达玉壶；由石畔逾峰而北，即朝真洞[47]矣。洞门在高峰之上，西向穹然，下临深壑。壑中居舍环聚，恍疑避秦[48],不知从何而入。询之,即双龙洞外居人也。盖北山自玉壶西来,中支至此而尽,后复生一支,西走兰溪。后支之层分而南者,一环而为龙洞坞,再环而为讲堂坞,三环而为玲珑岩坞,而金华之界,于是乎尽。玲珑岩之西,又环而为钮坑,则兰溪之东界矣;再环而为白坑,三环而为水源洞,而崇崖巨壑,亦于是乎尽。后支层绕中支,中支西尽,颓然[49]下坠:一坠而朝真辟[50]焉,其洞高峙而底燥;再坠而冰壶洼[51]焉,其洞深奥而水中悬;三坠而双龙窍[52]焉,其洞变幻而水平流。所谓三洞也,洞门俱西向,层累而下,各去里许,而山势崭绝,俯瞰仰视,各不相见,而洞中之水,实层注[53]焉。中支既尽,南下之脉复再起而为白望山,东与杨家山骈列于北山之前,而为鹿田门户者也。

朝真洞门轩豁[54],内洞稍洼而下。秉烛深入,左有一穴如夹室[55],宛转从之,夹穷而有水滴沥，然隙底仍燥，不知水从何去也。出夹室，直穷洞底，则巨石高下，仰眺愈穹，俯瞰愈深。从石隙攀跻下坠，复得巨夹，忽有光一缕自天而下。盖洞顶高盘千丈，石隙一规[56]，下逗[57]天光，宛如半月，幽暗中得之，不啻明珠宝炬矣。既出内洞，其左复有两洞，下洞所入无几，上洞宛转亦如夹室，右有悬窍[58]，下窥无底，想即内洞之深坠处也。

出洞，仍从突石峰头南下，里许，折而西北，又里许，得冰壶洞[59]，盖朝真下坠之次重[60]矣。洞门仰如张吻[61]，先投杖垂炬而下，滚滚不见其底；乃攀隙倚空入其咽喉[62]，忽闻水声轰轰。愈秉炬从之，则洞之中央，一瀑从空下坠，冰花玉屑，从黑暗处耀成洁采[63]。水坠石中，复不知从何流去。复秉炬四穷[64]，其深陷逾于朝真，而屈曲不及也。

出洞，直下里许，得双龙洞[65]。洞辟两门，瑞峰曰:"此洞初止一门。其南向者,乃万历间水倾崖石而成者。"一南向,一西向,俱为外洞。轩旷宏爽,如广厦高穹,阊阖[66]四启,非复曲房[67]夹室之观。而石筋[68]夭矫,石乳[69]下垂,作种种奇形异状,此"双龙"之名所由起。中有两碑最古,一立者,镌"双龙洞"三字,一仆者,镌"冰壶洞"三字,俱用燥笔[70]作飞白[71]之形,而不著姓名,必非近代物也。流水自洞后穿内门西出,经外洞而去。俯视其所出处,低覆仅余尺五,正如洞庭左衽之墟[72],须帖地而入,第[73]彼下以土,此下以水为异耳。瑞峰为余借浴盆于潘姥家,姥居洞口。姥饷以茶果。乃解衣置盆中,赤身伏水推盆而进隘[74]。隘五六丈,辄穹然高广,一石板平庋[75]洞中,离地数尺,大数十丈,薄仅数寸。其左则石乳下垂,色润形幻,若琼柱宝幢[76],横列洞中。其下分门剖隙,宛转玲珑。溯水再进,水窦愈伏[77],无可容入矣。窦侧石畔一窍如注,孔大仅容指，水从中出，以口承之，甘冷殊异，约[78]内洞之深广更甚于外洞也。要之，朝真以一隙天光[79]为奇，冰壶以万斛珠玑[80]为异，而双龙则外有二门，中悬重幄[81]，水陆[82]兼奇，幽明凑异[83]者矣。

① 初九日：指崇祯九年（1636）十月初九。 ② 兰溪西门：指金华西门，俗称兰溪门。 ③ 县前：指县衙门前。 ④ 如水：言人流来往不息，如同流水。 ⑤ 物故：去世。 ⑥ 阛阓（huán huì）：街市。 ⑦ 郡治：指金华府治。 ⑧ 歙人：歙县（今属安徽）人。 ⑨ 一人兼两人馔：一个人吃原来给二个人吃的面。 ⑩ 陇：通“垄”，丘垄。 ⑪ 郡龙：古时堪舆家（相风水的人）以山势为龙，称连绵起伏的山脉为龙脉。这里指金华府城所处的山脉。 ⑫ 萃：聚集。 ⑬ 兰溪：明代县名，今浙江兰溪市。 ⑭ 余胜：尚未游览的胜景。 ⑮ 智者寺：在金华城北凤凰山，有“金华第一刹”之称。 ⑯ 陆务观：南宋诗人陆游，字务观，号放翁。 ⑰ 智者大师：南朝梁武帝召楼约受戒，号智者大师，并在此建寺。

此处智者大师指南宋僧人仲玘。 ⑱ 碑阴：碑的背面。⑲ 手牍：亲笔信。 ⑳ 碑楷牍行：碑文为楷书，手牍为行书。㉑ 有因累级为台者：有一处以层层石级垒成平台的地方。㉒ 初平叱石成羊：传说晋人黄初平早年在北山牧羊，遇道士引至赤松山，居石室中长达四十年，改号赤松子。其兄上山寻找，只见白石，不见羊群，问羊何在？初平叱道："羊起！"周围白石都变为羊。 ㉓ 郡公：指知府。 ㉔ 屠赤水：明代文学家屠隆，字长卿，号赤水。 ㉕ 静闻：徐霞客故乡江阴迎福寺僧人。曾刺血写《法华经》，愿供于云南鸡足山，故随徐霞客西行，后因病死于广西途中。 ㉖ 排空赴涧：言峰石凌空而起，直至涧中。 ㉗ 西玉壶：一名金盆，在北山之巅棋盘石之后。㉘ 雩（yù）祝：古代祭天求雨的一种仪式。 ㉙ 直蹑：直走。㉚ 一郡：指金华府地区。 ㉛ 分流之脊：即分水岭。㉜ 三望尖：东玉壶上方有三峰尖立，故名。 ㉝ 文：文饰，雅称。 ㉞ 甫：始，刚。 ㉟ 渊：虞渊。神话传说中日落之处。㊱ 衢江：钱塘江上游支流，流经衢县。 ㊲ 皓魄：月光，这里借指月亮。 ㊳ 万籁（lài）：自然界的一切声音，籁，从空穴中发出的声响。 ㊴ 濯骨玉壶：言眼前景物像玉壶那样清冷净洁，使人感到洗濯到骨。 ㊵ 两人：指徐霞客和同行的静闻。 ㊶ 舒啸：放声呼啸。啸，古人的一种口技，类似吹口哨。 ㊷ 酾(shī)酒：斟酒。这里“登楼舒啸”和“酾酒临江”都写超然自得之情。 ㊸ 迥然尘界之表：远出尘世之外。表：外。 ㊹ 虽：即使。 ㊺ 太虚：指天地元气。 ㊻ 束炬：扎火把。 ㊼ 朝真洞：在北山山顶。因洞中有一石如观音，数石如群仙拱立，故名。洞口高敞，洞中曲折深长，杳不见底。深处顶端有一小孔，天光灿然，名为一线天。 ㊽ 恍疑避秦：恍，仿佛。东晋陶渊明作《桃花源记》，写一渔人误入桃花源，听村民说，先世在秦时因避乱到这里，多年来一直与外界隔绝往来。这里说令人怀疑是个像桃花源那样与世隔绝的地方。 ㊾ 颓然：崩塌的形状。 ㊿ 辟：开辟。 51 洼：凹陷。 52 窍：孔洞。这里为“贯通”的意思。 53 层注：一层层注入。 54 轩豁：高大开阔。 55 夹室：两侧的房屋。 56 规：指圆形的小孔。 57 逗：投射。 58 悬窍：陡直往下的洞穴。 59 冰壶洞：在朝真洞下行二里处。洞口小、肚大、身长，形似壶，洞中清冷如冰，故名。洞中有瀑布，甚为壮观。 60 次重(chóng)：又一层。 61 张吻：张口。 62 入其咽喉：言深入洞中。 63 耀成洁采：在黑暗中闪耀，发出洁白的光采。 64 四穷：向四面探望。 65 双龙洞：在冰壶洞下行二百米处。因有钟乳分悬洞口两侧，状若龙头，由此得名。有内外两洞，中间有一条暗河，过去被誉为水石奇观。 ㊻ 阊阖：天门。此指洞门。 ㊼ 曲房：深邃的密室。㊽ 石筋：指在石壁裂缝滴沥凝聚的岩溶。 ㊾ 石乳：石钟乳，又叫钟乳石。 ㊿ 燥笔：墨浓少水，笔头枯燥，用以作书，称为燥笔。 (71) 飞白：书体名，笔画中露出一丝丝白地，如用枯笔写成。 (72) 洞庭左衽之墟：洞庭，山名，在太湖中。左衽，左边衣襟。此指洞庭山左侧。墟，土丘，这里指不高的山峰。西洞庭山多石灰岩溶洞，甚低矮。 (73) 第：但，只是。(74) 隘：指连接内外洞的低矮狭窄的通道（暗河）。 (75) 庋（guǐ）：放置。 (76) 宝幢（chuáng）：宝盖。指形如伞状的岩溶。 (77) 水窦愈伏：水洞更加低伏。 (78) 约：大约。 (79) 一隙天光：指一线天。 (80) 万斛（hú）珠玑：指洞中瀑布。斛，量器名，容量本为十斗，后改为五斗。玑，不圆之珠。珠玑，泛指珠玉。 (81) 重幄：指形如重重帐幕的岩溶。 (82) 水陆：洞中暗河与洞中地面。 (83) 幽明凑异：明处暗处都聚集着奇异的景象。

对岩溶地貌的研究，是徐霞客在地理学上的主要贡献之一。他前期旅游,已在江苏宜兴的张公、善卷洞,河南嵩山的石淙,福建将乐的玉华洞,观赏了岩溶景观。西游之后,几乎有三分之二的时间在岩溶地区度过。据统计,《游记》中关于岩溶地貌的记载和论述有十多万字。如果说地表岩溶千姿百态,那么地下岩溶更是变幻莫测。溶洞是岩溶地区最有特色的地貌,也是最迷人的景观。对石灰岩溶洞的考察,是徐霞客在岩溶地貌研究中最重要的成果之一。徐霞客对洞穴有特别的兴趣,听到附近有奇洞异穴,便欣然而喜,非探不可。对溶洞的描述,是《浙游日记》最重要的内容。他三游浙江,主要就是考察了新城洞山的明洞、幽洞,金华北山的讲堂洞、朝真洞、冰壶洞、双龙洞,兰溪灵山的洞窗洞、白云洞、紫云洞、水源洞。文中描述了洞内惟妙惟肖、千姿百态的石钟乳景观,这也是在其他洞穴游记中所惯见的文字,徐霞客的描写并未显示其特色。他的高明之处在于不仅观赏形态,更注意考察结构。由于他游洞必先审山势,从而揭示了形成这些洞穴的自然条件及其独特的地理位置。金华三洞,是一个山体上位于不同层面的三级洞穴,即徐霞客所说的“层累而下,各去里许”。因山势陡峭,又造成了“俯瞰仰视,各不相见”的状况。他认为三洞的形成,是由于“中支西尽,颓然下坠”,已认识到这种地势是由地壳运动及地下水位的变化造成。他十分关注洞内的水文状况,提出“洞中之水,实层注焉”,即地下水是层层注入,上下相通的。他还写了冰壶洞中的洞穴瀑布、双龙洞中的地下水流……科学考察和艺术表现,在他的笔下已结成一体。

徐霞客所向往的是“结庐当遥岑,爱此山境寂。展开明月光,幻作流霞壁。壁上叠梅花,壁下飞香雪。冷然小有天,洵矣众香国”(《题小香山梅花堂诗》)这样一种清寂高远的意境。当他登上金华山顶峰,正值夕阳西沉,新月吐辉,天空一碧如洗,地面水光相接,众鸟归林,万籁俱寂,此时此地,宛如一个冰清玉洁的世界。独立峰头,手掬清光,在目所盘桓、身所绸缪中,心灵得到净化,情感得到升华,似觉身心与山川合一,形影与元气共游,一种脱胎换骨、超尘出俗、遗世独立、羽化登仙的感觉油然而起。俯仰宇宙,心游太玄,兴高意远,神思浩荡,写下了一段极为优美的文字。这是一种心凝形释、与万化冥合的意境,是物我皆失、融合无间的感受。徐霞客曾作诗:“造化已在手,香色俱陈迹。相对两忘言,寒光连太乙。”(《题小香山梅花堂诗》)所表现的也正是这种境界。

十四、游武功山日记

物华天宝，人杰地灵。初唐才子王勃留在南昌滕王阁的名句，也可看作江西全省的写照。徐霞客一生，三次入赣。第三次在崇祯九年(1636)十月十七日至十年正月初十，他从浙江常山进入江西，为万里遐征的一部分。本文录自《江右游日记》(古人习惯上坐北朝南看，故以东为左，以西为右，称江东为江左，江西为江右)。江西境内多山，这篇游记所写，主要也是山。赣东、赣中的名山，在这篇游记中，都一一作了记载。崇祯十年正月初一，徐霞客抵达位于永新西北的禾山，即打听去武功山的路，初三登上武功山。本文选录了初四游武功山的日记。武功山在今江西安福西北边沿地区，与萍乡接界，方圆八百余里。山势峻拔，主峰金顶（即白鹤峰），海拔1918米。相传晋时蜀人武氏夫妇来此修炼，因名武公山。南朝陈霸先平侯景之乱，自称在此得山灵佑助，改名武功。

初四日[①]　　闻夙霾[②]未开，僵卧久之。晨餐后方起，雾影倏开倏合。因从正道下，欲觅风洞石柱。直下者三里，渐见两旁山俱茅脊，无崖岫之奇，远见香炉峰顶亦时出时没，而半山犹浓雾如故。意风洞石柱尚在二三里下，恐一时难觅，且疑道流[③]装点之言[④]，即觅得亦无奇，遂仍返山顶，再饭茅庵。

乃从山脊西行，初犹漭漫，已而渐开。三里稍下，度一脊，忽雾影中望见中峰之北矗崖崭柱[⑤]，上刺层霄，下插九地[⑥]，所谓千丈崖。百崖丛峙回环，高下不一，凹凸掩映。隤北而下，如门如阙，如幢如楼，直坠壑底，皆密树蒙茸，平铺其下。然雾犹时时笼罩，及身至其侧，雾复倏开，若先之笼，故为掩袖之避，而后之开，又巧为献笑之迎者[7]。盖武功屏列[8]，东、西、中共起三峰，而中峰最高，纯石，南面犹突兀而已，北则极悬崖回崿之奇。使不由此而由正道，即由此而雾不收，不几谓武功无奇胜哉！共三里，过中岭之西，连度二脊，其狭仅尺五。至是南北俱石崖，而北尤崭削无底，环突多奇，脊上双崖重剖如门[9]，下陨至重壑。由此通道而下，可尽北崖诸胜，而惜乎山高路绝，无能至者。又西复下而上，是为西峰。其山与东峰无异，不若中峰之石骨稜嶒[10]矣。又五里，过野猪洼。西峰尽处，得石崖突出，下容四五人，曰二仙洞。闻其上尚有金鸡洞，未之入也。

于是山分两支，路行其中。又西稍下四里，至九龙寺。寺当武功之西垂[11]，崇山至此忽开坞成围，中有平壑，水带西[12]出峡桥，坠崖而下，乃神庙[13]时宁州禅师所开，与白云之开观音崖，东西并建者。然观音崖开爽下临[14]，九龙幽奥中敞[15]，形势固不若九龙之端密也；若以地势论，九龙虽稍下于顶，其高反在观音崖之上多矣。寺中僧分东西两寮，昔年南昌王特进山至此，今其规模尚整。西寮僧留宿，余见雾已渐开，强别之。出寺，西越溪口桥，溪从南下。复西越一岭，又过一小溪，二溪合而南坠谷中。溪坠于东，路坠于西，俱垂南直下。五里为紫竹林，僧寮倚危湍修竹间，幽爽兼得，亦精蓝[16]之妙境也。从山上望此，犹在重雾中；渐下渐开，而破壁飞流，有倒峡悬崖湍之势。又十里而至卢台，或从溪右，或从溪左，循度不一[17]，靡[18]不在轰雷倒雪中。但涧崖危耸，竹树翳密，悬坠不能下窥，及至渡涧，又复平流处矣。出峡至卢台，始有平畴一壑，乱流交涌畦间，行履沾濡[19]。思先日过相公岭，求滴水不得，此处地高于彼，而石山萦绕，遂成沃泽。盖武功之东垂，其山乃一脊排支分派⑳；武功之西垂，其山乃众峰耸石攒崖㉑，土石之势既殊，故燥润之分亦异也。夹溪四五家，俱环堵㉒离立，欲投托宿，各以新岁宴客辞。方徘徊路旁，有人一群从东村过西家，正所宴客也。中一少年见余无宿处，亲从各家为觅所栖，乃引至东村宴过者，唐姓家。得留止焉。是日行三十里。

① 初四日：指崇祯十年(1637)正月初四。 ② 夙霾(mái)：昨晚的阴霾。 ③ 道流：道士。 ④ 装点之言：言夸大其词。 ⑤ 崭柱：矗立的石柱。 ⑥ 九地：地下最深处。 ⑦ 若先之笼四句：(云雾)先前的笼罩，好像女子故意用衣袖遮脸回避，而后面的散开，又像巧妙地露出微笑来迎客。 ⑧ 屏列：像屏障那样排列。 ⑨ 重剖如门：像门那样分开。 ⑩ 稜嶒：同"崚嶒"，形容山势高峻。 ⑪ 垂：通"陲"，边地。 ⑫ 水带西：言水从西面绕过。 ⑬ 神庙：明万历帝朱翊钧，死后庙号为"神"。 ⑭ 开爽下临：开阔明

亮,居高临下。 ⑮幽奥中敞:幽深隐蔽,里面宽敞。⑯精蓝:即伽蓝,为佛教寺院的总称。 ⑰循度不一:沿着不同的路走。 ⑱靡:无。 ⑲沾濡:浸湿。 ⑳一脊排支分派:在一道山脊上分出各条支脉。 ㉑众峰耸石攒崖:众多山崖高耸聚集在一起。 ㉒环堵:四围土墙。

江西多山。山不在高,有景则名。但有不少危崖秀峰,由于地处僻远,与世隔绝,始终“养在深闺人未识”,等待着对大自然一往深情的人,来撩开其神秘的面纱。“期于必造之域,必穷其奥而后止”(杨名时《游记序一》),不使所经之处有遗胜,这是徐霞客远游的准则。为此,他常常费时费力,绕道而行。徐霞客一进入江西,便突发脓疮,行动不便,后来因为长时间的早行,膝盖肿痛,无法攀登。但他毫不介意,从不停息,甚至连除夕、正月初一这样的日子,依然在山间崎岖的小路上,蹀躞独行,跋涉不已。他万里遐征中的第一个春节,便是在江西永新的山中度过的。这种精神,当然不能被“不爱深山好风景,只缘终身在山中”的武功山道士理解了。

徐霞客十分注意地形和水文的关系，在将武功山东、西坡的水文状况进行比较后，得出“土石之势既殊，故燥润之分亦异”这样一个科学的论断。在表现手法上，这篇游记可称道的是在武功山千丈崖遇大雾的一段文字。在游黄山、庐山的日记中，徐霞客对高山云雾的变幻莫测、瑰丽多姿，已作了令人叹为观止的描写。在这里又翻空立意，戛戛独造，用拟人的手法，写云雾忽笼忽开，忽“故为掩袖之避”，忽“巧为献笑之迎”，如同一个调皮的少女，含情脉脉，与人嬉戏。不仅显示了作者丰富的想象，更表现出人与自然景物间的情感交流，借助移情作用，赋予景物以人格和灵性，通过使景物生命化、性情化，在文中注入活泼泼的情趣。

十五、游麻叶洞日记

崇祯十年(1637)正月十一日,徐霞客从江西踏上湖南地界,至闰四月初七,离开湖南进入广西。《楚游日记》便是这段游程的记录,里面对湖南迷人的自然景观、文化遗址、历史传说、风土人情都作了翔实的记载。本文录自《楚游日记》,是他到湖南不久的一次游洞经历。麻叶洞在湖南茶陵西境,北有上清洞,南有秦人洞。作为一个溶洞,它在南方众多洞穴中并不特出,但由于徐霞客这次特殊的游历,特别是由于这篇日记,麻叶洞成为一个被无畏者征服的险阻、一次动人的探险过程的写照,而为游人所关注和乐道。

十七日[1]　晨餐后，仍由新庵北下龙头岭，共五里，由旧路至络丝潭下。先是，余按志有"秦人三洞[2]，而上洞惟石门不可入"之文，余既以误导兼得两洞，无从觅所谓上洞者。土人曰："络丝潭北有上清潭，其门甚隘，水由中出，人不能入，入即有奇胜。此洞与麻叶洞俱神龙蛰[3]处，非惟难入，亦不敢入也。"余闻之，益喜甚。既过络丝潭，不渡涧，即傍西麓下。盖渡涧为东麓，云阳之西也，枣核故道[4]；不渡涧为西麓，大岭、洪碧之东也，出把七道。北半里，遇樵者，引至上清潭。其洞即在路之下、涧之上，门东向，夹如合掌。水由洞出，有二派[5]：自洞后者，汇而不流；由洞左者，乃洞南旁窦，其出甚急。既逾洞左急流，即当伏水而入。导者止供炬爇[6]火，无肯为前驱者。余乃解衣伏水，蛇行以进。石隙既低而复隘，且水没其大半，必身伏水中，手擎火炬，平出水上，乃得入。

西入二丈，隙始高裂丈余，南北横裂者亦三丈余，然俱无入处。惟直西一窦，阔尺五，高二尺，而水没其中者亦尺五，隙之余水面[7]者，五寸而已。计匍匐水中，必口鼻俱濡水，且以炬探之，贴隙顶而入，犹半为水渍。时顾仆[8]守衣外洞，若泅水入，谁为递炬者？身可由水，炬岂能由水耶？况秦人洞水，余亦曾没膝浸服，俱温然不觉其寒，而此洞水寒，与溪涧无异。而洞当风口，飕飗[9]弥甚。风与水交逼，而火复为阻，遂舍之出。出洞，披衣犹觉周身起粟，乃爇火洞门。久之，复循西麓随水北行，已在枣核岭之西矣。

去[10]上清三里，得麻叶洞。洞在麻叶湾，西为大岭，南为洪碧，东为云阳、枣核之支[11]，北则枣核西垂[12]。大岭东转，束涧下流，夹峙如门，而当门一峰，耸石屼突，为将军岭；涧捣其西，而枣核之支，西至此尽。涧西有石崖南向，环如展翅，东瞰涧中，而大岭之支，亦东至此尽。回崖[13]之下，亦开一隙，浅不能入。崖前有小溪，自西而东，经崖前入于大涧。循小溪至崖之西胁乱石间，水穷于下，窍启于上，即麻叶洞也。洞口南向，大仅如斗，在石隙中转折数级而下。初觅炬倩导[14]，亦俱以炬应[15]，而无敢导者。曰："此中有神龙。"或曰："此中有精怪。非有法术者，不能摄服[16]。"最后以重资觅一人，将脱衣入，问余乃儒者，非羽士[17]，复惊而出曰："予以为大师[18]，故欲随入；若读书人，余岂能以身殉耶？"余乃过前村，寄行李于其家，与顾仆各持束炬入。时村民之随至洞口数十人，樵者腰镰[19]，耕者荷锄，妇之炊者停爨[20]，织者投杼[21]，童子之牧者，行人之负载[22]者，接踵而至，皆莫能从。

余两人乃以足先入，历级转窦[23]，递炬而下，数转至洞底。洞稍宽，可以侧身矫首[24]，乃始以炬前向。其东西裂隙,俱无入处,直北有穴,低仅一尺,阔亦如之,然其下甚燥而平。乃先以炬入,后蛇伏以进,背磨腰贴[25],以身后耸[26],乃度此内洞之第一关。其内裂隙既高,东西亦横亘[27],然亦无入处。又度第二关,其隘与低与前一辙[28],进法亦如之。既入,内层亦横裂,其西南裂者不甚深。其东北裂者,上一石坳[29],忽又纵裂而起,上穹下狭,高不见顶,至此石幻异形,肤理顿换,片窍俱灵[30]。其西北之峡,渐入渐束,内夹一缝,不能容炬。转从东南之峡,仍下一坳,其底砂石平铺,如涧底洁溜[31],第干燥无水,不特免揭厉[32],且免沾污也。峡之东南尽处,乱石轰驾[33],若楼台层叠,由其隙皆可攀跻而上。其上石窦一缕,直透洞顶,光由隙中下射,若明星钩月,可望而不可摘也。层石之下,涧底南通,覆石低压,高仅尺许;此必前通洞外,涧所从入者,第不知昔何以涌流,今何以枯涧也，不可解矣。由层石下北循涧底入，其隘甚低，与外二关相似。稍从其西攀上一石隙，北转而东，若度鞍历峤[34]。两壁石质石色，光莹欲滴，垂柱倒莲，纹若镂雕，形欲飞舞。东下一级，复值[35]涧底，已转入隘关之内矣。于是辟成一衖[36]，阔有二丈，高有丈五，覆石平如布幄，涧底坦若周行[37]。北驰半里，下有一石，庋出如榻[38]，楞[39]边匀整；其上则莲花下垂，连络成帏，结成宝盖，四围垂幔，大与榻并，中圆透盘空，上穹为顶；其后西壁，玉柱圆竖，或大或小，不一其形，而色皆莹白，纹皆刻镂：此衖中第一奇也。又直北半里，洞分上下两层，涧底由东北去，上洞由西北登。时余所赍[40]火炬已去其七[41]，恐归途莫辨，乃由前道数转而穿二隘关，抵透光处，炬恰尽矣。穿窍而出，恍若脱胎易世。

洞外守视者，又增数十人，见余辈皆顶额[42]

称异,以为大法术人。且云:“前久候以为必堕异吻[43],故余辈欲入不敢,欲去不能。兹[44]安然无恙,非神灵摄服,安能得此!”余各谢之,曰:“吾守吾常,吾探吾胜耳[45]。烦诸君久伫,何以致[46]之!”然其洞但入处多隘,其中洁净干燥,余所见洞,俱莫能及,不知土人何以畏入乃尔[47]。乃取行囊于前村,从将军岭出,随涧北行十余里,抵大道。其处东向把七尚七里,西向还麻止三里。余初欲从把七附舟西行,至是反溯流逆上,既非所欲,又恐把七一时无舟,天色已霁,遂从陆路西向还麻。时日已下春,尚未饭,索酒市中。又西十里,宿于黄石铺,去茶陵西已四十里矣。是晚碧天如洗,月白霜凄,亦旅中异境,竟以行倦而卧。

① 十七日:指崇祯十年(1637)正月十七日。 ② 秦人三洞:秦人洞,在今湖南茶陵云阳山北侧,有上、中、下三洞,

水三伏三见。 ③ 蛰：蛰居，潜伏。 ④ 枣核故道：去枣核岭的老路。 ⑤ 二派：二股。 ⑥ 爇（ruò）：点燃，焚烧。⑦ 余水面：言高出水面。 ⑧ 顾仆：名行，徐霞客家仆。随徐霞客西行至鸡足山。 ⑨ 飕飗：形容风声。 ⑩ 去：距离。 ⑪ 支：支脉。 ⑫ 西垂：西端。 ⑬ 回崖：环转的山崖。 ⑭ 倩导：请向导。 ⑮ 俱以炬应：言都只肯供给火把。 ⑯ 摄服：摄，通"慑"。因畏惧威势而屈服。 ⑰ 羽士：道士。 ⑱ 大师：指能降服妖魔的大法师。 ⑲ 腰镰：腰插镰刀。 ⑳ 爨（cuàn）：烧火煮饭。 ㉑ 杼（zhù）：织布的梭子。 ㉒ 负载：挑担。 ㉓ 历级转窦：踏着一级级石阶转入洞中。 ㉔ 矫首：抬头。 ㉕ 背磨腰贴：背部擦着洞壁，腰部贴着地面。 ㉖ 以身后耸：下身向后翘起，用力向前挺进。 ㉗ 横亘：言贯通。 ㉘ 辙：车轮碾过的痕迹。一辙，犹言一样。 ㉙ 石坳：石的洼陷处。这里指凹陷的石洞。㉚ 石幻异形三句：言石形奇异多姿，石纹（肤理）顿时改变，每一小片每一小孔，都很神奇。 ㉛ 洁溜：光滑。 ㉜ 揭（qì）厉：《诗·邶风·匏有苦叶》："深则厉，浅则揭。"即水深时穿着衣服过河，水浅时提起衣服过河。这里仅指涉水。㉝ 轰驾：轰，高。驾，同"架"。言高叠，堆架。 ㉞ 若度鞍历峤(qiáo 桥):就像度过马鞍形的山石,又像越过尖峭的山峰。峤,山尖而高。 ㉟ 值:遇。 ㊱ 衖:同“弄”,小巷。 ㊲ 周行:大道,大路。 ㊳ 庋出如榻:像床那样安放着。 ㊴ 楞:棱角,边角。 ㊵ 赍(jī):携带。 ㊶ 已去其七:已用去十分之七。 ㊷ 顶额:以手加额,表示庆幸。 ㊸ 异吻:怪物之口。 ㊹ 兹:如今。 ㊺ 吾守吾常,吾探吾胜耳:我坚守我的信念,我探求我所向往的胜景罢了。 ㊻ 致:致谢。 ㊼ 乃尔:如此,这样。

徐霞客前后共探游了一百多个洞穴,其中最为人称道的,便是他初入湖南时所游的麻叶洞。在这篇日记中,他首先交代了麻叶洞所处的独特的地理位置,接着描述洞内曲折幽深如同迷宫的形态,写了时而狭窄(成“隘”),时而宽广(成“衖”),二者交替出现的洞穴通道和双层洞穴结构,写了穹形的洞顶、崩塌的天窗,写了“光莹欲滴,垂柱倒莲,纹若镂雕,形欲飞舞”的石钟乳、如同“明星钩月,可望而不可摘”的光影,并根据“覆石低压,高仅尺许”的洞底,即已经干涸的早先的暗河通道,对麻叶洞的形成作出判断,指出它实际上是由地下水的侵蚀而形成的溶洞,同时将洞内过去有水涌流而如今却已枯竭这一现象作为问题提出,以启迪后人进一步的思考和探索。

这些都是徐霞客对洞穴形态结构最典范的描述。本文之所以吸引人,主要在于对这次探洞过程气氛的渲染。在游洞之前,徐霞客通过当地人之口,点出这洞是“神龙蛰居”之地,从来没人敢进去,当他决定探洞时,甚至找不到一个肯作向导的人。听到有人要进洞,竟有数十人,抛下手中的事,从各处赶到洞口,到他出洞时,发现洞外的观望者又增加了数十人。通过这种强烈的反差,营造出一种神秘、紧张的气氛。特别是“樵者腰镰,耕者荷锄,妇之炊者停爨,织者投杼,童子之牧者,行人之负载者,接踵而至,皆莫能从”这几句话,将当地人的惊讶、好奇、兴奋、不安,绘声绘影、淋漓尽致地表现出来,不言险而险已尽在其中。徐霞客出洞后,面对那些额手称奇、惊喜不已的人们,说了这么一句话:“吾守吾常,吾探吾胜耳。”这九个字,是一部《游记》的点睛之笔，显示出一个探险者无所畏惧、坚守自己信念的情怀，凝结着徐霞客的人格和精神，字字千钧，掷地有声，与西方但丁的名言："跟随我，让人家去说长道短！要像一座卓立的塔，决不因为暴风而倾斜。"(《神曲·炼狱》)有着同样的警世砭俗的作用。

十六、湘江遇盗日记

崇祯十年(1637),徐霞客离开衡州(今湖南衡阳),乘船沿湘江上行,夜间在新塘站对岸停泊时,遭到一伙强盗的抢劫,随身所带旅资物品,顿时化为乌有。如果说,麻叶洞之险,出自当地人因无知造成的误传,游麻叶洞,只是一次有惊无险的探访,那么湘江遇盗则是一次实实在在的历险。本文录自《楚游日记》,是关于这次历险的真实、具体、生动的记录。

十一日[①]　　五更复闻雨声,天明渐霁。二十五里,南上钩栏滩,衡南[②]首滩也,江[③]深流缩,势不甚汹涌。转而西,又五里为东阳渡,其北岸为琉璃厂，乃桂府[4]烧造之窑也。又西二十里为车江，或作汉江。其北数里外即云母山[5]。乃折而东南行，十里为云集潭，有小山在东岸。已复南转，十里为新塘站。旧有驿，今废。又六里，泊于新塘站上流之对涯[6]。同舟者为衡郡[7]艾行可、石瑶庭，艾为桂府礼生[8]，而石本苏人[9]，居此已三代矣。其时日有余照[10]，而其处止有谷舟二只，遂依之泊。已而同上水者又五六舟，亦随泊焉。其涯上本无村落，余念石与前舱所搭徽人[11]俱惯游江湖，而艾又本郡人，其行止[12]余可无参与，乃听其泊。迨[13]暮，月色颇明。余念入春以来尚未见月，及入舟前晚，则潇湘[14]夜雨，此夕则湘浦月明，两夕之间，各擅一胜，为之跃然。已而忽闻岸上涯边有啼号声，若幼童，又若妇女，更余不止。众舟寂然，皆不敢问。余闻之不能寐，枕上方作诗怜之，有"箫管孤舟悲赤壁[15]，琵琶两袖湿青衫[16]"

之句，又有“滩惊回雁天方一[17]，月叫杜鹃更已三[18]”等句。然亦止虑有诈局，俟怜而纳之，即有尾其后以挟诈[19]者，不虞[20]其为盗也。迨二鼓[21]，静闻心不能忍，因小解[22]涉水登岸，静闻戒律[23]甚严，一吐一解，必俟登涯，不入于水。呼而诘[24]之，则童子也，年十四五，尚未受全发[25]，诡言出王阉[26]之门，年甫十二，王善酗酒，操大杖，故欲走避。静闻劝其归，且厚抚[27]之，彼竟卧涯侧。比[28]静闻登舟未久，则群盗喊杀入舟，火炬刀剑交丛而下。余时未寐，急从卧板下取匣中游资移之。越艾舱，欲从舟尾赴水，而舟尾贼方挥剑斫尾门，不得出，乃力掀篷隙，莽投之江中，复走卧处，觅衣披之。静闻、顾仆与艾、石主仆，或赤身，或拥被，俱逼聚一处。贼前从中舱，后破后门，前后刀戟乱戳，无不以赤体受之者。余念必为盗执，所持䌷[29]衣不便，乃并弃之。各跪而请命，贼戳不已，遂一涌掀篷入水。

入水余最后，足为竹纤所绊，竟同篷倒翻而下，首先及江底，耳鼻灌水一口，急踊而起。幸水浅止及腰，乃逆流行江中，得邻舟间避而至，遂跃入其中。时水浸寒甚，邻客以舟人被盖余，而卧其舟，溯流而上三四里，泊于香炉山，盖已隔江矣。还望所劫舟，火光赫然，群盗齐喊一声为号[30]而去。已而同泊诸舟俱移泊而来，有言南京相公[31]身被四创者。余闻之暗笑其言之妄，且幸乱刃交戟之下，赤身其间，独一创不及，此实天幸。惟静闻、顾奴不知其处，然亦以为一滚入水，得免虎口。资囊可无计矣[32]，但张侯宗琏[33]所著《南程续记》一帙[34]，乃其手笔，其家珍藏二百余年，而一入余手，遂罹[35]此厄，能不抚膺[36]！其时舟人父子亦俱被戳，哀号于邻舟。他舟又有石瑶庭及艾仆与顾仆，俱为盗戳，赤身而来，与余同被卧，始知所谓被四创者，乃余仆也。前舱五徽人俱木客[37]，亦有二人在邻舟，其三人不知何处。而余舱尚不见静闻，后舱则艾行可与其友曾姓者，亦无问处。余时卧稠人[38]中，顾仆呻吟甚。余念行囊虽焚劫无遗，而所投匣资或在江底可觅。但恐天明为见者取去，欲昧爽[39]即行，而身无寸丝，何以就岸。是晚初月甚明，及盗至，已阴云四布，迨晓，雨复霏霏。

十二日　　邻舟客戴姓者，甚怜余，从身分里衣、单裤各一以畀[40]余。余周身无一物，摸髻中犹存银耳挖一事，余素不用髻簪，此行至吴门，念二十年前从闽返钱塘江浒，腰缠已尽，得髻中簪一枝，夹其半酬饭，以其半觅舆，乃达昭庆金心月房。此行因换耳挖一事，一以绾发，一以备不时之需。及此堕江，幸有此物，发得不散。艾行可披发而行，遂至不救。一物虽微，亦天也。遂以酬之，匆匆问其姓名而别。时顾仆赤身无蔽，余乃以所畀裤与之，而自著其里衣，然仅及腰而止。旁舟子又以衲[41]一幅畀予，用蔽其前，乃登涯。涯犹在湘之北东岸，乃循岸北行。时同登者余及顾仆，石与艾仆并二徽客，共六人一行，俱若囚鬼。晓风砭骨[42]，砂砾[43]裂足，行不能前，止不能已。四里，天渐明，望所焚劫舟在隔江，上下诸舟，见诸人形状，俱不肯渡，哀号再三，无有信者。艾仆隔江呼其主，余隔江呼静闻，徽人亦呼其侣，各各相呼，无一能应。已而闻有呼予者，予知为静闻也，心窃喜曰："吾三人俱生矣。"亟欲与静闻遇。隔江土人以舟来渡余，及焚舟[44]，望见静闻，益喜甚。于是入水而行，先觅所投竹匣。静闻望而问其故，遥谓余曰："匣在此，匣中之资已乌有矣。手摹《禹碑》及《衡州统志》犹未沾濡也。"及登岸，见静闻焚舟中衣被竹笈[45]犹救数件，守之沙岸之侧，怜予寒，急脱身衣以衣予。复救得余一裤一袜，俱火伤水湿，乃益取焚余炽火以炙之。其时徽客五人俱在，艾氏四人，二友一仆虽伤亦在，独艾行可竟无踪迹。其友、仆乞土人分舟沿流捱觅[46]，余辈炙衣沙上，以候其音。时饥甚，锅具焚没无余，静闻没水取得一铁铫[47]，复没水取湿米，先取干米数斗，俱为艾仆取去。煮粥遍食诸难者，而后自食。迨下午，不得艾消息，徽人先附舟返衡，余同石、曾、艾仆亦得土人舟同还衡州。余意犹妄意艾先归也。土舟颇大，而操者一人，虽顺流行，不能达二十余里，至汉江已薄暮[48]。二十里至东阳渡，已深夜。时月色再明，乘月行三十里，抵铁楼门，已五鼓矣。艾使先返，问艾竟杳然[49]也。

先是，静闻见余辈赤身下水，彼念经笈在篷侧，遂留，舍命乞哀，贼为之置经。及破余竹撞[50]，见撞中俱书，悉倾弃舟底。静闻复哀求拾取，仍置破撞中，盗亦不禁。撞中乃《一统志》[51]诸书，及文湛持[52]、黄石斋[53]、钱牧斋[54]与余诸手柬，并余自著日记诸游稿。惟与刘愚公书稿失去。继开余皮厢[55]，见中有尺头[56]，即阖置[57]袋中携去。此厢中有眉公[58]与丽江木公[59]叙稿,及弘辨、安仁[60]诸书,与苍梧道[61]顾东曙[62]辈家书共数十通,又有张公宗琏所著《南程续记》,乃宣德[63]初张侯特使广东时手书,其族人珍藏二百余年,予苦求得之。外以庄定山[64]、陈白沙[65]字裹之,亦置书中。静闻不及知,亦不暇乞[66],俱为携去,不知弃置何所,真可惜也。又取余皮挂厢,中有家藏《晴山帖》六本,铁针、锡瓶、陈用卿壶,俱重物,盗入手不开,亟取袋中。破予大笥[67],取果饼俱投舡[68]底,而曹能始[69]《名胜志》三本、《云南志》[70]四本及《游记》合刻十本,俱焚讫[71]。其艾舱诸物,亦多焚弃。独石瑶庭一竹笈竟未开。贼濒行[72],辄放火后舱。时静闻正留其侧,俟其去,即为扑灭,而余舱口亦火起,静闻复入江取水浇之。贼闻水声,以为有人也,及见静闻,戳两创而去,而火已不可救。时诸舟俱遥避,而两谷舟犹在,呼之,彼反移远。静闻乃入江取所堕篷作筏，亟携经笈并余烬余诸物，渡至谷舟；冒火再入取艾衣、被、书、米及石瑶庭竹笈，又置篷上，再渡谷舟；及第三次，则舟已沉矣，静闻从水底取得湿衣三、四件，仍渡谷舟。而谷舟乘黑暗匿䌷衣等物，止存布衣布被而已。静闻乃重移置沙上，谷舟亦开去。及守余辈渡江，石与艾仆见所救物，悉各认去。静闻因谓石曰："悉是君物乎？"石遂大诟静闻，谓："众人疑尔登涯引盗。谓讯哭童也。汝真不良，欲掩[73]我之箧。"不知静闻为彼冒刃、冒寒、冒火、冒水，守护此箧，以待主者，彼不为德[74]，而反诟之。盗犹怜僧，彼更胜盗哉矣，人之无良如此！

十三日　　昧爽登涯，计无所之[75]。思金祥甫[76]为他乡故知，投之或可强留[77]。候铁楼门开，乃入，急趋祥甫寓，告以遇盗始末，祥甫怆然。初欲假数十金[78]于藩府[79]，托祥甫担当，随托祥甫归家取还，而余辈仍了西方大愿。祥甫谓藩府无银可借，询余若归故乡，为别措[80]以备衣装。余念遇难辄返，(缺)觅资重来，妻孥[81]必无放行之理，不欲变余去志，仍求祥甫曲济[82]。祥甫唯唯[83]。

① 十一日：指崇祯十年(1637)二月十一日。 ② 衡南：衡阳南面。 ③ 江：指湘江。 ④ 桂府：桂王府。明天启年间，在衡阳金鳌山雍王府旧址建桂王府。 ⑤ 云母山：当作"雨母山"。传说山上有祠坛，每次祈祷都会降雨，由此得名。⑥ 对涯：对岸。涯，水边。 ⑦ 衡郡：指衡州府。 ⑧ 礼生：祭祀时赞礼司仪的执事。 ⑨ 苏人：苏州人。 ⑩ 余照：余光，指残阳。 ⑪ 徽人：徽州府人。 ⑫ 行止：指船航行和停泊。 ⑬ 迨(dài)：等到。 ⑭ 潇湘：湖南境内的湘江，在零陵西与潇水合，称潇湘。 ⑮ 箫管孤舟悲赤壁：苏轼《前赤壁赋》："客有吹洞箫者……其声呜呜然，如怨如慕，如泣如诉……舞幽壑之潜蛟，泣孤舟之嫠妇。"这句写岸上妇童啼哭的悲痛。 ⑯ 琵琶两袖湿青衫：白居易《琵琶行》："座中泣下谁最多，江州司马青衫湿。"这句写自己听到啼哭声

的感伤。 ⑰ 天方一：天一方。言自己与家人在天各一方。这句写旅途的思乡之情。 ⑱ 更已三：已三更。 ⑲ 挟诈：挟持讹诈。 ⑳ 虞：预料。 ㉑ 二鼓：即二更。古时夜间报更用鼓，几更也叫几鼓。 ㉒ 小解：小便。 ㉓ 戒律：佛教徒所应遵守的戒规。 ㉔ 诘（jié）：追问。 ㉕ 全发：古时男子年十六留发，以示成人。 ㉖ 阉（yān）：被阉割的人。指宦官。 ㉗ 厚抚：好言好语安慰。 ㉘ 比：等到。 ㉙ 紬：同“绸”，绸子。 ㉚ 号：信号。 ㉛ 南京相公：相公，旧时对读书人的尊称。徐霞客为南京江阴人，故称为南京相公。 ㉜ 资囊可无计矣：钱财可不必计较了。计，计较。 ㉝ 张侯宗琏：张宗琏，江西吉水人。永乐进士，谪官常州同知，为解救无辜，疽发于背而死。天启四年，徐霞客在君山重修张宗琏庙。 ㉞ 一帙（zhì）：一套（书）。帙，以布帛制成的包书套子。 ㉟ 罹（lí）：遭遇。 ㊱ 抚膺（yīng）：捶胸，表示怅恨。 ㊲ 木客：做木材生意的旅客。 ㊳ 稠人：众人。 ㊴ 昧爽：黎明时分。 ㊵ 畀（bì）：给予。 ㊶ 衲（nà）：破布。 ㊷ 砭（biān）骨：刺骨。 ㊸ 砾（lì）：碎石。 ㊹ 及焚舟：到达被烧的船。 ㊺ 笈（jí）：书箱。 ㊻ 捱觅：同“挨觅”，逐一寻找。 ㊼ 铫（diào）：一种有柄的烹调器具。

㊽ 薄暮：傍晚。 ㊾ 杳(yǎo)然：毫无消息。 ㊿ 竹撞：用竹编制的盛物器具。 51《一统志》：指《大明一统志》，明天顺间官修的地理总志。 52 文湛持：文震孟，号湛持，长洲(今江苏苏州)人。 53 黄石斋：黄道周，号石斋，漳浦(今属福建)人。 54 钱牧斋：钱谦益，号牧斋，常熟(今属江苏)人。 55 厢：同"箱"。 56 尺头：绸缎衣料。 57 阖(hé)置：全部放入。 58 眉公：陈继儒，号眉公，华亭(今上海松江)人。 59 丽江木公：指云南丽江土知府木增。 60 弘辨、安仁：二人俱为云南鸡足山悉檀寺僧人。 61 苍梧道：苍梧兵备道。治所在苍梧(今广西梧州)。 62 顾东曙：名应旸，无锡(今属江苏)人。 63 宣德：明宣宗年号。 64 庄定山：庄昶，明成化进士，江浦(今属江苏)人。卜居定山(在江苏江阴东)二十余年，学者称定山先生。 65 陈白沙：陈献章，新会(今属广东)人。居白沙里，门人称白沙先生。 66 亦不暇乞：也来不及讨回。 67 笥(sì)：装衣物的方形竹器。 68 舡：同"船"。 69 曹能始：曹学佺，字能始，侯官(今福建福州)人。和徐霞客同时的地理学家。 70《云南志》：疑即唐樊绰所著的《蛮书》。是研究云南各民族历史地理的重要资料。 71 讫(qì)：完。 72 濒(bīn)行：临走时。

⑬ 掩：吞没。 ⑭ 不为德：不以为德，言不感激。 ⑮ 计无所之：想来无处可走。 ⑯ 金祥甫：徐霞客同乡，为桂王府书记。 ⑰ 强留：勉强收留。 ⑱ 金：银一两称一金。 ⑲ 藩府：指桂王府。 ⑳ 别措（cuò）：另外筹集（银钱）。 ㉑ 妻孥（nú）：妻子儿女。孥，儿女。 ㉒ 曲济：曲意周济。 ㉓ 唯唯：应诺声，表示答允。

徐霞客在湖南的一百多天，经历了他一生波折最大的旅程。本文是游记中非写景的最出色的文字，既怵目惊心，又凄切动人。特别是关于静闻个性品行的描写，凸显出一个心地善良、矢志不移的佛徒形象。文中没有孤立地描写静闻，而是将他放在遭遇大难这样一个特殊的环境之中，和周围的人事时时处处进行对照比较：如静闻对“童子”深切怜悯，而强盗对乘客却无比凶暴；其他乘客为了逃生纷纷跳入江中，惟独静闻冒死留在船上，从强盗的刀剑之下，抢救出经籍和一部分东西；为了能多抢救一些，他不顾身上的刀创，多次潜入水中，而那条谷船上的人却趁火打劫，在暗中将东西吞没；尤其是静闻“冒刃、冒寒、冒火、冒水”抢救出石瑶庭的一个竹笈，但石瑶庭非但不感激，反而诬陷辱骂静闻，人之无良，一至于此，读之令人扼腕。本文关于湘江遇难的记载，要言不烦，具体生动，叙事历历在目，写人栩栩如生，既展现出社会动荡不安的面貌，也揭示了各色人物面对险难的心态，堪称晚明社会生活的一个侧影。文中写遇难那天晚上，“初月甚明”，到强盗来时，已是“阴云密布”，至第二天早晨，“雨复霏霏”，将遇难前后景色的变化，与事情的发展、人物的遭遇融合起来，藉以影指一次突发的变故，烘托出一种凄惋的气氛。

清人奚又溥说：“非先生之奇，不能有此游之奇，亦不能成此书之奇。”（《游记序》）徐霞客之奇，不仅在他有“出尘之胸襟”、“济胜之支体”，更在他有那种“以性灵游，以躯命游”的精神和勇气。徐霞客出游，决不是为消遣。在他开始这次万里西行之前，曾致信陈继儒，留下一句名言：“漫以血肉，偿彼险巇。”他的行为，都是这个“偿”字的体现，而一个“偿”字，又充分显示了自觉、无畏的历险精神。由此他才能行误不悔，遇盗不慌，临危不惧，不避寒暑，不惮虎狼，栉风沐雨，忍饥受冻。在他的《游记》中，时时可看到一个在充满各种险难的道路上不停地攀登的孤独者的形象。湘江遭劫，使徐霞客丧失了所有的游资，但他不以为意，所可惜的只是将张宗琏的《南程续记》丢失。在脱险之后，也没像常人那样，消沉沮丧，甚至断然谢绝朋友们要他暂回家中的劝说，因为他知道一旦回到家中，“妻孥必无放行之理”。为了不变初衷，了却西行的大愿，慷慨陈辞：“吾荷一锸来，何处不可埋吾骨耶！”这正是徐霞客与众不同之处。

十七、游九疑山日记

勘察江源，是徐霞客万里西游的一个目的。在《溯江纪源》这篇论文中，徐霞客认为前人“不辨江源”，是由于“不审龙脉”，提出“龙远江亦远，脉长源亦长”。“江”指长江，“龙”即宋儒所说的中国三大龙之一的南龙，也就是和长江同样发源于昆仑山，相持南下，经云贵，入湖南，直至江浙的中国南方大山脉。他认为弄清南龙的走向，是探求长江正源的关键。五岭是南龙承上接下的一环。九疑山又名苍梧山，在今湖南宁远城南一百二十里处，正当五岭之中，因山有九峰，看起来很相似，行者疑惑，因而得名。故涉足潇湘山水，是他探讨长江正源的一个重要组成部分，是他在湖南考察的主要内容。自崇祯十年(1637)三月二十四日起,至四月一日,徐霞客在九疑山共住了八天,是他在西游旅程中探游时间最长的名山之一。本文录自《楚游日记》,详尽地记载了他游览玉琯岩、斜岩、三分石,摸清三分石下水流流向的经过。

二十四日[①] 雨止而云气蒙密。平明,由路亭西行,五里为太平营,而九疑司[②]亦在焉。由此西北入山,多乱峰环岫,盖掩口[③]之东峰,如排衙[④]列戟[⑤],而此处之诸岫,如攒队合围,俱中环成洞,穿一隙入,如另辟城垣。山不甚高,而窈窕回合,真所谓别有天地也。途中宛转之洞、卓立之峰、玲珑之石、喷雪惊涛之初涨、潆烟沐雨之新绿,如是十里,而至圣殿。圣殿者,即舜陵[⑥]也。余初从路岐望之,见颓垣一二楹,而路复荒没,以为非是,遂从其东逾岭而北。二里,遇耕者而问之,已过圣殿而抵斜岩[7]矣。

遂西面登山，则穹岩东向高张，势甚宏敞。洞门有石峰中峙，界门为两[8]，飞泉倾坠其上，若水帘然。岩之右，垂石纵横，岩底有泉悬空而下，有从垂石之端直注者，有从石窦斜喷者，众隙交乱[9]，流亦纵横交射于一处，更一奇也。其下复开一岩，深下亦复宏峻，然不能远入也。岩后上层复开一岩，圆整高朗，若楼阁然，正对洞门中峙之峰，两瀑悬帘其前[10]，为外岩最丽处。其下有池，潴[11]水一方，不见所出之处，而水不盈。池之左复开一门，即岩后之下层也。由其内坠级而下，即深入之道矣。余既至外岩，即炊米为饭，为深入计[12]。僧明宗也，曰："此间胜迹，近则有书字岩、飞龙岩，远则有三分石。三分石不可到，二岩君当先了之，还以余晷[13]入洞，为秉烛游[14]，不妨深夜也。"余颔之。而按志求所谓紫虚洞，则兹洞有碑称为紫霞，俗又称为斜岩，斜岩则唐薛伯高[15]已名之，其即紫虚无疑矣。求所谓碧虚洞、玉琯岩、高士岩、天湖诸胜，俱云无之。乃随明宗为导，先探二岩。

出斜岩北行，下马蹄石，其阴两旁巉石嵯峨，叠云耸翠，其内乱峰复环回成峒[16]。盖圣殿之后，即峙为箫韶峰[17]，箫韶之西即起为斜岩。山有岭界其间。岭北之水，西北流经宁远城，而下入于潇江[18]，即舜源水也。岭南之水，西北流经车头，下会舜源水而出青口，即潇水也。箫韶、斜岩之南北，俱乱峰环峒，独此二峰之间，则峡而不峒，盖有岭过脊于中[19]，北为宁远县治之脉[20]也。马蹄石南，其峒宽整，问其名，为九疑洞。余疑圣殿、舜陵俱在岭北，而峒在岭南，益疑之。已过永福寺故址，础石[21]犹伟，已犁为田。又南过一溪，即潇水之上流也。转而西共三里，入书字岩[22]。岩不甚深，后有垂石天矫，如龙翔凤翥[23]。岩外镌“玉琯岩”三隶[24]字，为宋人李挺祖笔。岩右镌“九疑山”三大字，为宋嘉定[25]六年知道州[26]军事莆田方信孺笔。其侧又隶刻汉蔡中郎[27]《九疑山铭》，为宋淳祐[28]六年郡守潼川李袭之属[29]郡人李挺祖书。盖袭之既新[30]其宫，因镌其铭于侧，以存古迹。后人以崖有巨书，遂以“书字”名，而竟失其实。始知书字岩之即为玉琯，而此为九疑山之中也。始知在箫韶南者为舜陵，在玉琯岩之北者为古舜祠。后人合祠于陵，亦如九疑司之退于太平营，沧桑之变[31]如此。土人云：永福（寺）昔时甚盛，中有千余僧常住，田数千亩，是云永福即舜陵。称小陵云：义以玉琯、舜祠相迫，钦癸绎扰，疏请合祠于陵。今舜陵左碑，俱从永福移出。后玉琯古祠既废，意寺中得以专享，不久，寺竟芜没，可为废古之鉴。

余坐玉琯中久之，因求土人导往三分石者。土人言：“去此甚远，俱瑶窟[32]中，须得瑶人为导。然中无宿处，须携火露宿乃可。”已而重购得一人，乃平地瑶[33]刘姓者，期[34]以明日晴爽乃行。不然，姑须[35]之斜岩中。乃自玉琯还，过马蹄石之东，入飞龙岩。岩从山半陷下，内亦宽广，如斜岩外层之南岩，有石坡中悬，而无宛转之纹。岩外镌“飞龙岩”三字，岩内镌“仙楼岩”三字，俱宋人笔。

出洞，复逾马蹄石，复共三里而返斜岩。明宗乃出火炬七枚，与顾仆分携之，仍爇炬前导。始由岩左之下层捱隙[36]历磴而下，水从岩左飞出，注与人争级，级尽路竟[37]，水亦无有。东向而入，洞忽平广。既而石田[38]鳞次[39]，水满其中，遂塍[40]上行，下遂坠成深壑。石田之右，上有石池，由池涉水，乃杨梅洞道也。舍之，仍东下洞底。既而涉一溪，其水自西而东，向洞内流。截流[41]之后，循洞右行，路复平旷，洞愈宏阔。有大柱端立中央，直近洞顶，若人端拱[42]者，名曰“石先生”。其东复有一小石竖立其侧，名曰“石学生”，是为教学堂。又东为吊空石，一柱自顶下垂，半空而止，其端反卷而大。又东有石莲花、擎天柱，皆不甚雄壮。于是过烂泥河，即前所涉之下流也。其处河底泥泞，深陷及膝，少缓，足陷不能拔。于是循洞左行，左壁崖片楞楞[43]下垂，有上飞而为盖者，有下庋而为台者，有中凹而为床、为龛者，种种各有名称，然俚[44]不足纪也。南眺中央有一方柱，自洞底屏立而上，若巨笏[45]然。其东有一柱，亦自洞底上穹，与之并起，更高而巨。其端有一石旁坐石莲上，是为观音座。由此西下，可北绕观音座后。前烂泥河水亦绕观音座下西来，至此南折而去。洞亦转而南，愈宏崇，游者至此辄止，以水深难渡也。余强明宗渡水，水深逾膝，然无烂泥河泞甚。既渡，南向行，水流于东，路循其西，四顾石柱，参差高下，白如羊脂，是为雪洞，以其色名也。又前为风洞，以其洞转风多也。既而又当南下渡河，明宗以从来导游，每岁不下百次，曾无至此者。故前遇观音座，辄抽炬竹插路为志[46]，以便归途。时余草履已坏，跣[47]一足行，先令顾仆携一緉[48]备坏者，以渡河水深，竟私置大士座下，不能前而返。约所入已三里余矣。闻其水潜出广东连州[49]，恐亦臆论，大抵入潇之流，然所进周通，正无底也。

还过教学堂，渡一重河，上石田，遂北入杨梅洞。先由石田涉石池，池两崖石峡如门，池水满浸其中，涉者水亦逾膝，然其下皆石底平整，四旁俱无寸土。入峡门，有大石横其隘。透隘入，复得平洞，宽平广博。其北有飞石平铺，若楼阁然，有隙下窥，则石薄如板，其下复穹然成洞，水从下层奔注而入，即前烂泥诸河之上流也。洞中产石，圆如弹丸，而凹面有猬纹[50]，“杨梅”之名以此。然其色本黄白，说者谓自洞中水底视，皆殷紫，此附会也。此洞所入水，即岩外四山洼注地中者。此坞东为箫韶峰，西即斜岩，南为圣殿西岭，北为马蹄石，皆廓高里降[51]，有同釜[52]底，四面水俱潜注，第[53]不见所入隙耳。出洞，已薄暮，烧枝炙衣，炊粥而食，遂卧岩中。终夜瀑声、雨声，杂不能辨，诘朝[54]起视，则阴雨霏霏也。

此岩之瀑，非若他处悬崖泻峡而下，俱从覆石之底，悬穿窦下注，若漏卮[55]然。其悬于北岩上洞之前者，二瀑皆然而最大；其悬于右岩洼洞之上者，一瀑而有数窍，较之左瀑虽小，内有出自悬石之端者一，出于石底之窦而斜喷者二，此又最奇也。

……

二十八日　五鼓，饭而候明。仍过玉琯南觅导者。其人始起炊饭，已[56]乃肩火具前行。即从东上杨子岭，二里登岭，上即有石，人立而起[57],兽蹲而龙蝘[58],其上皆盘突。从岭上东南行坳中,三里,皆奇石也。下深窝,有石崖嵌削[59],青玉千丈[60],四面交流,捣入岩洞,坠巨石而下,深不可测,是名九龟进岩,以窝中九山如龟,其水皆向岩而趋也。其岩西向,疑永福旁透崖而出者,即此水也。又东南二里,越一岭,为蟠龙峒水口。峒进东尚深,内俱高山瑶。又登岭一里,为清水潭。岭侧有潭,水甚澄澈。其东下岭,韭菜原道也。又东南二里,渡牛头江。江水东自紫金原来,江两崖路俱峭削,上下攀援甚艰。时以流贼出没,必假道[61]于此,土人伐巨枝横截崖道,上下俱从树枝,或伏而穿其胯[62],或骑而逾其脊[63]。渡江即东南上半边山,其东北高山为紫金原,山外即蓝山县治矣。其西南高山为空寮原,再南为香炉山。空寮原山上有白石痕一幅,上自山巅,下至山麓,若悬帛然,土人谓之“白绵绌”。香炉山在玉琯岩南三十里、三分石西北二十里,高亚于三分石,顶有澄潭,广二三亩,其中石笋两枝,亭亭出水面三丈余,疑即志所称天湖也。第志谓在九疑麓，而此在山顶为异，若山麓则无之。由半边山上行五里，稍下为狗矢窝。于是复上，屡度山脊，狭若板筑[64]，屡跻山顶，下少上多，共东南五里而出鳌头山。先是积雾不开，即半边、鳌头诸山，近望不及，而身至辄现。至是南眺三分石，不知所在。顷之而浓云忽开，瞥然闪影[65]于高峰之顶，与江山县[66]江郎山[67]相似。一为浙源[68]，一为潇源，但江郎高矗山半，此悬万峰绝顶为异耳。半边、鳌头二山，其东北与紫金夹而为牛头江，西南与空寮、香炉夹而为潇源江，即三分石水。此乃两水中之脊也。二水合于玉琯东南，西下鲁观与蒲江合，始胜如叶之舟[69]而出大洋焉。由鳌头东沿岭半行，二里始下。三里下至烂泥河，始得水而炊，已下午矣。由烂泥河东五里逾岭，岭侧小路为冷水坳，盗之内薮也。下岭三里为高梁原，乃蓝山[70]西境，亦盗之内薮也。此岭乃蓝山、宁远分界，在三分石之东，水亦随之。

余往三分石，下烂泥河，于是与高梁原分

道。折而西南行，又上一岭，山花红紫斗色，自鳌头山始见山鹃蓝花。至是又有紫花二种，一种大，花如山茶；一种小，花如山鹃，而艳色可爱。又枯树间蕈黄白色，厚大如盘。余摘袖中，夜至三分石，以箐穿而烘之，香正如香蕈。山木干霄[71]。此中山木甚大，有独木最贵，而楠木次之。又有寿木，叶扁如侧柏，亦柏之类也。巨者围四、五人，高数十丈。潇源水侧渡河处倒横一楠，大齐人眉，长三十步不止。闻二十年前，有采木之命，此岂其遗材耶！上下共五里而抵潇源水。其水东南从三分石[72]来，至此西去，而经香炉山之东北以出鲁观者。乃绝流南渡，即上三分岭麓。其岭峻削不容足，细径伏深箐中，俯首穿箐而上，即两手挽之以移足。其时箐因夙雾[73]淋漓，既不能矫首其上，又不能平行其下，惟资之[74]为垂空之绠练[75]，则甚有功焉。如是八里，始渐平。又南行岭上二里。时夙雾仍翳[76]，望顶莫辨，而晚色渐合，遂除箐依松，得地如掌。山高无水，有火难炊。命导者砍大木积而焚之，因箐为茵[77]，因火为帏，为度宵计[78]。既暝，吼风大作，卷火星飞舞空中，火焰游移，倏忽奔突数丈，始以为奇观。既而雾随风阵，忽仰明星，忽成零雨[79]，拥伞不能，拥被渐湿，幸火威猛烈，足以敌之。五鼓雨甚，亦不免淋漓焉。

①二十四日：指崇祯十年(1637)三月二十四日。②九疑司：即九疑巡检司，为掌管当地治安的机构。③掩口：地名，即掩口营。④排衙：旧时长官升座，陈设仪仗，僚属依次参见，分立两旁，称"排衙"。⑤列戟：戟即门戟，木制，无刃。旧时宫庙、官府及显贵之家排列在门前架上。⑥舜陵：即舜庙。传说舜南巡，死于苍梧之野，葬于九疑山舜源峰下。明洪武间在此建庙。⑦斜岩：又名紫霞洞，在九疑山箫韶峰西南。岩壁由紫红色的砂页岩堆成，高十余丈，在阳光照耀下，灿若晚霞，由此得名。⑧界门为两：将门一分为二。⑨众隙交乱：众多石缝交错杂乱。⑩悬帘其前：悬挂在前面形成水帘。⑪潴：水停聚。⑫为深入计：考虑如何深入探游。⑬余晷(guǐ)：剩余的时间。晷，日影，引申为日光。⑭秉烛游：这里说拿着火把在暗中探游。

⑮ 薛伯高：唐元和间官道州刺史，游九疑山，改紫霞岩名斜岩。 ⑯ 峒：山洞。 ⑰ 箫韶峰：在舜陵北。传说峰上曾有箫管吹奏“韶乐”之音，由此得名。 ⑱ 潇江：即潇水。源出九疑山，往北流至零陵入湘江。下面的潇水指潇江（水）上游。⑲ 盖有岭过脊于中：这是因为有岭脊从中穿过。 ⑳ 县治之脉：县治所在的山脉。 ㉑ 础石：柱子底下的石礅，即基石。 ㉒ 书字岩：在斜岩东南。传说西王母曾来此献玉琯，故又名玉琯岩。 ㉓ 龙翔凤翥（zhù）：龙飞凤舞。翥，向上飞。 ㉔ 隶：字体，即隶书。 ㉕ 嘉定：南宋宁宗年号。嘉定六年为公元1213年。 ㉖ 知道州：知，主持，主管。道州，治所在今湖南道县，宁远为其属县。 ㉗ 蔡中郎：东汉文学家、书法家蔡邕，曾官中郎将。 ㉘ 淳祐：南宋理宗年号。淳祐六年为公元1246年。 ㉙ 属：通“嘱”，嘱托，嘱咐。㉚ 新：新修，新建。 ㉛ 沧桑之变：《神仙传·麻姑》：“麻姑自说云，接侍以来，已见东海三为桑田。”后称为“沧海桑田”，比喻世事变迁之大。 ㉜ 瑶窟：瑶族人聚住的地方（洞窟）。㉝ 平地瑶：相对山地瑶而言，指生活地区靠近平地的瑶民。㉞ 期：约定时间。 ㉟ 须：等待，停留。 ㊱ 捱隙：靠着石缝。捱，通“挨”。 ㊲ 竟：完毕，言走到尽头。 ㊳ 石田：

多石不可耕种之田。 ㊴ 鳞次：像鱼鳞那样依次排列。 ㊵ 塍(chéng)：田埂。 ㊶ 截流：渡度水流。 ㊷ 端拱：端坐拱手。 ㊸ 楞楞：即“棱棱”，有棱角。 ㊹ 俚：粗俗。 ㊺ 笏(hù)：也叫手板、朝板。古时大臣上朝时手中所执的狭长的板子，用玉、象牙或竹片制成，用以记事。 ㊻ 志：标记。 ㊼ 跣(xiǎn)：赤脚。 ㊽ 一緉：一双。緉，古时用以计算鞋子。 ㊾ 连州：治所在今广东连州市。 ㊿ 猬纹：刺猬遇敌时卷曲成球，身多纹路，称猬纹。 51 廓高里降：外围高，里面低。廓，外周，外部。 52 釜：锅。 53 第：但，只是。 54 诘朝：明旦，明天早晨。 55 漏卮：漏斗。卮，古代的一种盛酒器。 56 已：完毕。 57 人立而起：言石像人那样起立。 58 蝘：依文意，疑为“蟠”字之误。 59 嵌削：同“嵌巉”。形容山势险峻。 60 青玉千丈：言溪水如同千丈青玉。 61 假道：借道。 62 伏而穿其胯：趴在地上从它（树枝）的下面穿过。 63 骑而逾其脊：跨在它（树枝）的上面越过。 64 板筑：原指筑墙的用具，这里借指土墙。 65 瞥(piē)然闪影：言山影在眼前一闪。 66 江山县：今属浙江，位于浙江和江西的交界处。 67 江郎山：俗称三爿石，在江山城东南五十里。三石拔地如笋，摩云插天，石呈五色。 68 浙源：

浙江的源头。 ⑲ 始胜如叶之舟：才能航行小船。 ⑳ 蓝山：明代县名，今属湖南，与九疑山相邻。 ㉑ 干霄：直上云霄。 ㉒ 三分石：即舜峰，为九疑山主峰，众峰所朝宗，在斜岩东五十里，宁远城南一百里。三峰并峙，相距各五里，峰顶有三股清泉涌出，为潇水的发源处。 ㉓ 夙雾：昨夜的雾。 ㉔ 资之：利用它。 ㉕ 繘（jú）练：井上汲水用的绳索。 ㉖ 翳：遮蔽。 ㉗ 茵：坐垫。 ㉘ 度宵计：作过夜的打算。 ㉙ 忽仰明星二句：一会儿因雾散抬头可看到明星，一会儿又因雾重下起绵绵细雨。

徐霞客在湖南南部的最大收获，是经过实地考察，弄清了三分石的真相。三分石在五岭深处，是高山瑶居住的地方，人迹罕至。为了寻找三分石，他多次迷路，费尽周折，以至席地帏天，风餐露宿，备尝艰辛，方得如愿。前人讹传三分石“东南之水下广东，西南之水下广西，西北之水下湖广”，徐霞客历尽坎坷，终于来到三分石下的涧谷，方才明白三分石得名，是由于“石分三歧”，即石的上部叉成三峰；三分石下的水，最后都注入湘江，从而解决了地理学中的一宗悬案。

徐霞客这次南下，主要活动地区为永州府。永州为世所知，在很大程度上是由于柳宗元谪居于此。但柳宗元只写了永州府城附近的一些景观，真正将永州地区、将潇湘山水完整地展现在世人眼前的，只有徐霞客。潇湘山水，烟云缥缈，洞壑幽深，奇峰嵯峨，古木参天，是神话的王国、异人的福地，这在徐霞客的游记中，都充分反映出来。当他进入九疑山中，只见"途中宛转之洞、卓立之峰、玲珑之石、喷雪惊涛之初涨、濛烟沐雨之新绿，如是十里"，真可谓别有天地非人间。九疑山也由石灰岩构成，掩口营东面的山峰，"如排衙列戟"，而九疑司一带的山峰，又"如攒队合围，俱石峰森罗"，"窈窕回合"，都是典型的峰林地貌。山上溶洞尤多，据说有一百多个，徐霞客秉烛夜游的斜岩，便是山中最著名的石灰岩溶洞。《游记》中写了奇特的地下水流："岩底有泉悬空而下，有从垂石之端直注者，有从石窦斜喷者，众隙交乱，流亦纵横交射于一处。"写了斜岩支洞杨梅洞中更为奇特的飞瀑："非若他处悬崖泻峡而下，俱从覆石之底，悬穿窦下注，若漏卮然。”这种惟独幽深之境才会有的景貌，只有在徐霞客那样乐于探幽的人的笔下才会出现。

十八、游七星岩日记

早在唐代，桂林即以风景旖旎名扬中原。“水作青罗带，山如碧玉簪。”韩愈《送桂州严大夫》中的这二句诗，已成为桂林山水最形象的写照。柳宗元为裴行立作《訾家洲亭记》，也说桂林多灵山，拔地而起，林立四野。桂林山山皆空，无山不洞，无洞不奇。洞内通道曲折幽深，石乳奇异多姿，呈现出岩溶地貌特有的绚丽景观。一条曲折如带、温柔如玉的漓江，将峰峦洞石连成一体，展现出“无水无山不连洞，无山无水不入神”的奇景。南宋诗人范成大在《桂海虞衡志》中赞道：“桂山之奇，宜为天下第一。”宋末李曾伯作《重修湘南楼记》，明确提出：“桂林山川甲天下。”至清，这句话已不胫而走，传播众口。万历四十八年(1620),徐霞客游九鲤湖,曾明确表示:西蜀的峨嵋、南粤的桂林,才是他最向往的地方。离开湖南后,他取道全州,于崇祯十年(1637)四月二十八日抵达桂林,至六月十一日离开,包括在阳朔的游览,前后长达四十三天。留下了四万多字的日记。考察的周密,记载的翔实,均前所未有。本文录自《粤西游日记一》。七星岩,又名栖霞洞、碧虚岩,在桂林普陀山西侧山腰,原为一段地下河,后成石灰岩溶洞,全长八百余米,分上、中、下三层,有六大洞天,隋唐以来即为游览胜地。

初二日[①] 晨餐后,与静闻、顾仆裹[②]蔬粮、携卧具,东出浮桥门。渡浮桥[③],又东渡花桥[④],从桥东即北转循山[⑤]。花桥东涯有小石突临桥端,修溪缀村,东往殊逗人心目。山峙花桥东北,其嵯峨之势,反不若东南夹道之峰,而七星岩即倚焉,其去浮桥共里余耳。岩西向,其下有寿佛寺,即从寺左登山。先有亭翼然迎客,名曰摘星,则曹能始所构而书之。其上有崖横骞[⑥],仅可置足,然俯瞰城堞[⑦]西山,则甚畅也。其左即为佛庐,当岩之口,入其内不知其为岩也。询寺僧岩所何在,僧推后扉[⑧]导余入。历级而上约三丈,洞口为庐掩黑暗;忽转而西北,豁然中开,上穹下平,中多列笋悬柱[⑨],爽朗通漏[⑩],此上洞[⑪]也,是为七星岩。

从其右历级下,又入下洞,是为栖霞洞。其洞宏朗雄拓,门亦西北向,仰眺崇赫[⑫]。洞顶横裂一隙,有石鲤鱼[⑬]从隙悬跃下向,首尾鳞鬛[⑭],使琢石为之,不能酷肖乃尔[⑮]。其旁盘结蟠盖[⑯],五色灿烂。西北层台高叠,缘级而上,是为老君台[⑰]。由台北向,洞若两界[⑱],西行高台之上,东循深壑之中。由台上行,入一门,直北至黑暗处,上穹无际[⑲],下陷成潭,澒洞[⑳]峭裂,忽变夷[㉑]为险。时余先觅导者,燃松明[㉒]于洞底以入洞,不由台上,故不及从,而不知其处之亦不可明也。乃下台,仍至洞底。导者携灯前趋,循台东罅中行,始见台壁攒裂绣错[23],备诸灵幻[24],更记身之自上来也[25]。直北入一天门[26],石楹[27]垂立,仅度单人。既入,则复穹然高远,其左有石栏横列,下陷深黑,杳不见底,是为獭子潭[28]。导者言其渊深通海,未必然也。盖即老君台北向下坠处,至此则高深易位,从辟交关[29],又成一境矣。其内又连进两天门,路渐转而东北,内有"花瓶插竹"、"撒网"、"弈棋"、"八仙"、"馒头"诸石,两旁善财童子[30],中有观音诸像。导者行急,强留谛视[31],顾此失彼。然余所欲观者,不在此也。又逾崖而上,其右有潭,渊黑一如獭子潭,而宏广更过之,是名龙江[32],其盖与獭子相通焉。又北行东转,过红毡、白毡[33],委裘[34]垂毯,纹缕若织。又东过凤凰戏水[35],始穿一门,阴风飕飗,卷灯冽肌,盖风自洞外入,至此则逼聚而势愈大也。叠彩风洞[36]亦然。然叠彩昔无风洞之名,而今人称之;此中昔有风洞,今无知者。出此,忽见白光一圆,内映深壑,空濛[37]若天之欲曙。遂东出后洞,有水自洞北环流,南入洞中,想下为龙江者,小石梁跨其上,则宋相曾公布[38]所为也。度桥,拂洞口右崖,则曾公之记在焉。始知是洞昔名冷水岩,曾公帅桂[39],搜奇置桥,始易名曾公岩[40],与栖霞盖一洞潜通,两门各擅[41]耳。

余伫立[42]桥上,见涧中有浣而汲者[43],余询:"此水从东北来,可溯之以入否?"其人言:"由水穴之上可深入数里,其中名胜,较之外洞,路倍而奇亦倍之。若水穴则深浅莫测,惟冬月可涉,此非其时也。"余即觅其人为导。其人乃归取松明,余随之出洞而右,得庆林观焉,以所负橐[44]裹寄之,且托其炊黄粱以待。遂同导者入,仍由隘口东门,过凤凰戏水,抵红、白二毡,始由岐北向行。其中有弄球之狮,卷鼻之象，长颈盎背[45]之骆驼；有土冢[46]之祭，则猪鬣[47]鹅掌罗列于前；有罗汉之燕[48]，则金盏银台排列于下。其高处有山神，长尺许，飞坐悬崖；其深处有佛像，仅七寸，端居半壁。菩萨之侧，禅榻[49]一龛，正可趺跏[50]而坐；观音座之前，法藏一轮[51]，若欲圆转而行。深处复有渊黑，当桥涧上流。至此导者亦不敢入，曰："挑灯引炬，即数日不能竟，但此从无入者，况当水涨之后，其可尝不测乎？"乃返，循红白二毡、凤凰戏水而出。计前自栖霞达曾公岩，约径过者共二里，后自曾公岩入而出，约盘旋者共三里，然二洞之胜，几一网无遗矣。

① 初二日：指崇祯十年(1637)五月初二。 ② 裹：包裹。引申为"携带"之意。 ③ 浮桥：又名永济桥。遗址在浮桥门(东江门)前。早在唐代，即以船只横排相连，贯以铁索，铺上木板，拼搭成桥，故名浮桥。 ④ 花桥：古称嘉熙桥，架在小东江与灵剑江汇流处。始建于宋。明嘉靖十九年

(1538)改建为四孔石桥,更名为花桥。 ⑤ 山: 指七星山。由普陀山四座山峰和月牙山三座山峰组成,七峰相连,恰似北斗七星,由此得名。 ⑥ 骞: 高举。 ⑦ 城堞: 指桂林城墙。堞,城墙上齿状的矮墙,又称女墙。 ⑧ 扉: 门扇。 ⑨ 列笋悬柱: 指洞中如笋耸立、如柱悬垂的钟乳石。 ⑩ 通漏: 通气透光。 ⑪ 上洞:《游记》中称七星岩上层(上洞)为七星岩,中层(下洞)为栖霞洞,下层常年被地下水淹没。徐霞客入洞处,为七星岩北口。 ⑫ 崇赫: 高大。 ⑬ 石鲤鱼: 指在七星岩第一洞天所见的第一道胜景"鲤鱼跳龙门"。 ⑭ 鬛(sāi): 鱼鳃。 ⑮ 乃尔: 如此。 ⑯ 蟠盖: 指形如旌旗、车盖的钟乳石。蟠,当为"幡"字。 ⑰ 老君台: 在第一洞天"千人大厅"左侧高崖上,供奉老子神像。 ⑱ 两界: 两种不同的境界。 ⑲ 上穹无际: 上面高不见顶。 ⑳ 澒洞(hòng tóng): 相连不断,广阔无际。 ㉑ 夷: 平坦。 ㉒ 松明: 老松多油脂,劈成细条,点燃后可用以照明,称松明。 ㉓ 攒裂绣错: 言洞壁皱褶时聚时分,如绣纹交错。 ㉔ 备诸灵幻: 言景象奇幻,千变万化,应有尽有。 ㉕ 更记身之自上来也: 疑"记"上缺一"不"字。 ㉖ 天门: 七星岩中有三天门,均是由钟乳石对峙而成,宛如门阙。 ㉗ 石楹: 石柱。

㉘ 獭子潭：今称癞子潭，也在第一洞天。潭水深广，出洞汇入灵剑江。 ㉙ 丛辟交关：丛指石笋、石柱等钟乳石丛聚处，辟指钟乳石开阔处。交关即交会关联，错综复杂。 ㉚ 善财童子：佛门弟子。寺庙中观音像左侧常塑善财童子像。 ㉛ 谛(dì)视：审视，仔细看。 ㉜ 龙江：在第二洞天，为岩下一条暗河，潭水深黑，古以为龙窟，故名。 ㉝ 红毡、白毡：今名金纱、银纱，在第二洞天。 ㉞ 委裘：垂挂的皮衣。委，下垂。㉟ 凤凰戏水：在第三洞天。 ㊱ 叠彩风洞：叠彩，山名，在桂林城西北隅，漓江西岸。山上有风洞，南北对穿，虽在盛夏，也不胜其寒。 ㊲ 空濛：迷茫。 ㊳ 曾公布：曾布，字子宣，助王安石变法。曾在广西任职，官至尚书左仆射（左丞相）。㊴ 帅桂：宋神宗元丰年间，曾布知桂州兼广西西路经略安抚使。 ㊵ 曾公岩：在七星岩出口处，俗称七星后岩。 ㊶ 两门各擅：两处洞门，各擅其名。擅，专。 ㊷ 伫(zù)立：长久地站立着。 ㊸ 浣(huàn)而汲者：洗衣打水的人。 ㊹ 负橐(tuó)：背着的包裹。橐，一种无底的口袋。这里泛指包裹口袋之类的东西。 ㊺ 盎(àng)背：形容背部突起如盎状。盎，古代一种腹大口小的盆子。 ㊻ 冢：坟墓。指隆起如坟的钟乳石。 ㊼ 猪鬣(liè)：带毛的猪头。 ㊽ 罗汉之燕：

言景物酷似罗汉设宴。燕,通“宴”。 ㊾ 禅榻:禅床。僧人趺坐之处。 ㊿ 趺跏:即跏趺坐,通称打坐,佛教徒一种盘腿的坐法。 51 法藏一轮:即佛教徒所用的法轮,又称转轮藏。为圆筒形,可转动,上有经文。这里说洞中圆形钟乳石,似乎可推而转动。

据当代地学研究,包括桂林在内的广西境域,原是一片汪洋大海。大约在二亿八千万年前,由于地壳运动,海底的石灰岩上升为陆地,经过风化和水流的侵蚀作用,形成石峰林立、溶洞遍布、地下水道纵横的岩溶地貌。“四野皆平地,千峰直上天。”(陈藻《题静江》)上句写桂林的地理位置,下句便形容峰林地貌。对此,范成大在《桂海虞衡志》中已经指出:“桂之千峰,皆旁无延缘,悉自平地崛然特立,玉笋瑶篸,森列无际,其怪且多如此。”在北起兴安、南至阳朔、桂林居中的二百多公里内,奇峰挺秀,林立四野,千姿万态,巧夺天工。

顾名思义,岩溶地貌的形成主要是由于流水的作用。正是那时而平缓、时而湍急的流水,或以雷霆万钧之力,或以精雕细琢之工,造就一座座令人称奇的山峰、一个个发人幽趣的溶洞。虽然桂林城附近的一些溶洞,很早就已成为游览胜地,但大多数人只是作走马看花的观赏,留下一些浮光掠影的印象,从不曾想到去探究形成这些奇山异洞的自然奥秘。徐霞客的过人之处,不仅在将桂林城内外的岩洞,几乎全都游遍,更在作了前所未有的勘察。他到桂林后的第三天,即游览了七星岩,由外到内,自上而下,由近及远,从主洞旁及支洞,从石钟乳直到地下水,融观赏与考察为一体,对岩洞的外形特征和内部结构,作了全方位的勘探,用他自己的话说,"几一网无遗"。当代科技人员用仪器进行实地勘测,绘制了七星岩山块平面图、素描图和洞穴平面图,证明徐霞客的记载都基本正确。早在三百多年前,在只身进洞、测量仪器一无所有这样困难甚至艰险的条件下,徐霞客仅凭目测、步测,居然能达到如此精确的地步。隔了一个月,他从阳朔回桂林后,再游七星岩,对整个山块进行考察。七星岩十五个洞口的方位、距离,在游记中都有明确的记载,这些洞口至今大部分仍能找到。在离开桂林前,徐霞客又对西山形势,作了条分缕析的概述。英国科学史家李约瑟读了《徐霞客游记》,在惊叹之余,不禁赞道:“他的游记读起来不像十七世纪学者所写的东西,倒像一位二十世纪野外勘察家所写的考察记录。”

游记中还借助博喻、隐喻、象征等手法,通过丰富的想像,对溶洞中的石钟乳景观作了极其生动的描述,变静止为活动,化无情为有情,从中勾勒特征,显示生命,不仅写其形,同时见其神,无不惟妙惟肖,栩栩如生。徐霞客对洞穴状况的兼有形象化和数字化的描写,使其游记成为古代有关岩溶地貌及洞穴地貌最完整、最可信的文献,不仅具有实证精神,而且富于文学情趣,成为审美和科学融合的结晶。

十九、游象鼻山日记

本文录自《粤西游日记一》。象鼻山,在桂林杉湖东南侧,漓江与阳江汇流处,山形酷似一头巨象伸鼻吸水于江畔,从而得名。象鼻和象身之间,有一个大洞,为典型的岩溶“穿洞”,江水流入洞中。洞形如半月,和江中倒影,合成一轮明月。“象山水月”,为桂林胜景。山顶有建于明代的普贤塔,远望如宝瓶,又似一柄插在象背上的宝剑。隔江穿山月岩,也似一轮明月高挂山峰,二轮明月(穿洞)相对相映,合称“漓江双月”,为桂林奇景。象鼻山位于闹市区,兼有迷人的景色和动人的传说,已成为桂林市的象征。

初九日[①] ……东南一里，过五岳观。又一里，出文昌门，乃东南门也，南溪山正对其前。转若一指[②]，直上南过石梁，梁下即阳江北分派[③]。即东转而行，半里，过桂林会馆，又半里，抵石山南麓，则三教庵在焉。庵后为右军崖，即方信孺结轩处[④]。方诗刻庵后石崖上，犹完好可拓。其山亦为漓山，今人呼为象鼻山，与雉山之漓[⑤]，或彼或此，未知袒当谁左[⑥]。山东南隅，亦有洞南向，即在庵旁而置栅锁，则因土人藏萎[⑦]其中也。洞不甚宽广，昔直透东北隅，今其后窍已叠石掩塞。循石崖东北，遂抵漓江。乃盘山溯行，从石崖危嵌[⑧]中又得一洞，北向，名南极洞，其中不甚深。出其中前[⑨]，直盘至西北隅，是为象鼻岩，而水月洞现焉。盖一山而皆以形象异名也。飞崖自山顶飞跨，北插中流，东西俱高剜[⑩]成门，阳江从城南来，流贯而合于漓。上既空明如月，下复内外潆波，

“水月”之称以此。而插江之涯，下跨于水，上属[11]于山，中垂外掀，有卷鼻之势，“象鼻”之称又以此。水洞之南，崖半又辟陆洞。其崖亦自山顶东跨江畔，中剜圆窍，长若行廊，直透水洞之上。北踞窍口[12]，下瞰水洞，东西交穿互映之景，真为胜绝。宋范石湖[13]作铭勒[14]窍壁[15]以存。字大小不一，半已湮泐[16]，此断文蚀柬[17]，真可与范铭同珍，当觅工拓之，不可失也。时有渔舟泊洞口崖石间，因令棹[18]余绕出洞外，复穿入洞中，兼尽水陆之观。

乃南行一里，渡漓江东岸，又二里抵穿山[19]下。其山西与斗鸡山[20]相对。斗鸡在刘仙岩南，崖头山北，漓江西岸濒[21]江之山也。东西夹漓，怒冠鼓距[22]，两山当合名斗鸡，特东山透明如圆镜，故更以穿山名之。山之西又有一峰危立[23]，初望之为一，抵其下，始见竖石下剖[24]，直抵山之根[25]，若岐若合[26]，亭亭夹立。盖山以脆薄飞扬见奇也，土人名为荷叶山，殊得之也。穿山北麓，嘉熙、拖剑[27]之水直漱[28]崖根，循山而南，遂与漓合。余始至其北，隔溪不得渡。望崖壁危悬，洞门或明或暗，纷纷错列，即渡亦不得上。乃随溪南行，隔水东眺，则穿岩已转，不睹空明，而山侧成峰，尖若竖指矣。又以小舟东渡，出穿山南麓，北面[29]而登。拨草寻磴，登一岩，高而倚山半，其门南向，疑即穿岩矣。而其内乳柱中悬，琼楞[30]层叠，殊[31]有曲折之致。由其左深入，则渐洼而黑，水汇于中。知非穿岩，乃出。由其右复攀跻而上，则崇岩旷然，平透山腹，径山十余丈，高阔俱五六丈，上若卷桥[32]，下如甬道[33]，中无悬列之石，故一望通明[34]。洞北崖右有镌为“空明”者。由其外攀崖东转，又开一洞，北向与穿岩并列，而后不中通，内分层窦[35]，若以穿岩为皇堂[36]，则此为奥室[37]矣。其东尚有三洞门，下可望见，至此则峭削绝径。穿岩之南,其上复悬一洞,南向与穿岩叠起,而后不北透[38],内列重帏,若以穿岩为平台,则此为架阁矣。凭眺久之,仍由旧路东下汇水岩。将南抵山麓,复见一洞,门亦南向,而列于汇水之东。其内亦有支窍[39],西入而隘黑无奇。时将薄暮,遂仍西渡荷叶山下。北二里,过河舶所[40],溯漓江东岸,又东北行三里,北过訾家洲,渡浮桥而返寓。

① 初九日:指崇祯十年(1637)五月初九。 ② 转若一指:言转过好像仅一指宽的地方。 ③ 阳江北分派:阳江,今名桃花江,自北往南贯穿桂林西郊,流入漓江。阳江分南、北两派,以北派为主流。 ④ 方信孺结轩处:南宋宁宗嘉定年间,方信孺曾在桂林任职多年。结轩,盖屋。 ⑤ 雉山之漓:雉山在漓江西,南溪北,也称漓山。 ⑥ 袒当谁左:应当赞成那一种说法。袒,去衣露出上身。左袒,即袒露左臂。汉初吕氏专政,太尉周勃谋除吕氏,在军中宣告:“拥护吕氏者右袒,拥护刘氏者左袒。”全军都左袒拥刘。后因称偏护一方为

祖护。 ⑦ 蒌(lóu):蒌蒿,即白蒿。 ⑧ 危嵌:指石崖高峻凹陷处。 ⑨ 出其中前:从洞中走出往前。 ⑩ 剜:挖。 ⑪ 属:连缀。 ⑫ 窍口:洞口。 ⑬ 范石湖:范成大,字致能,号石湖居士,南宋诗人,曾在广西任职。 ⑭ 勒:刻。 ⑮ 窍壁:洞壁。 ⑯ 湮泐(yān lè):磨损,磨没。 ⑰ 蚀柬:即残柬。柬,通“简”,信札。 ⑱ 棹(zhào):船桨。这里作动词“摇船”用。 ⑲ 穿山:在漓江东岸。因岩洞南北相通,如一箭穿透,故名。远望峰顶圆洞如明月高挂,又称月岩、空明山。 ⑳ 斗鸡山:在南溪山南,漓江西岸。与对岸的穿山如同两只隔江相斗的雄鸡,展翅昂首,栩栩如生。 ㉑ 濒(bīn):临近。 ㉒ 怒冠鼓距:鸡冠直竖,脚掌抬起。距,雄鸡爪后面突起像脚趾的部分。 ㉓ 危立:高高耸立。危,高,陡。 ㉔ 下剖:下面裂开。 ㉕ 山之根:山脚。 ㉖ 若岐若合:似分似合。 ㉗ 嘉熙、拖剑:二水名,汇合后注入漓江。 ㉘ 漱:冲刷。 ㉙ 北面:向北。 ㉚ 琼楞:即琼楼玉阁。楞,棱角,这里借用为楼阁。 ㉛ 殊:很,颇。 ㉜ 卷桥:圆弧形的桥。 ㉝ 甬道:两边筑墙的通道。 ㉞ 通明:通彻明亮。 ㉟ 层窦:层层孔洞。 ㊱ 皇堂:高大的殿堂。 ㊲ 奥室:幽深的内室。 ㊳ 北透:与北面相通。 ㊴ 支窍：分支小洞。 ㊵ 河舶所：明代管收鱼税的机构。

自南朝起，山水文学佳作迭出，蔚为大观。但文人写景，多喜虚拟，意在笔先。所谓“远人无目，远树无枝。远山无石，隐隐如眉；远水如波，高与云齐”。王维《山水论》中的这几句话，不仅是画诀，也是文诀。“论画以形似，见与儿童邻。”（《书鄢陵王主簿所画折枝二首》之一）苏轼这二句诗，始终为论文者所乐道。真正能用形象、瑰丽的语言，既逼真地写出山水的形貌，又绝妙地传出山水的风神，质之前代，惟徐霞客庶几无愧。这在描写桂林山水洞穴的游记中，也真切地表现出来。宋代郭熙说：“（画山水）欲夺其造化，则莫神于好，莫精于勤，莫大于饱游饫看，历历罗列于胸中，而目不见绢素，手不知笔墨，磊磊落落，杳杳漠漠，莫非吾画。今执笔者所养之不扩充，所览之不纯熟，所经之不众多，所取之不精粹，而得纸拂壁，水墨遽下，不知何以缀景于烟霞之表，发兴于溪山之巅哉！”（《林泉高致》）用语言摹山范水,何尝不同此理。徐霞客的游记所以能达到巧夺造化、发其神秀、物无遁形的境界,全在他对自然景观作细致的观察,有深入的了解,近看辨形,远看取势,饱览熟玩,混化胸中,同时又能得心应手地言所欲言。即目击耳闻,心领神会,笔随意至,不可或缺。而这非长年跋涉,取山川钟毓之气,融于胸中,和大自然心心相印,息息相关,决不能做到。

清代潘耒说徐霞客在外进行实地考察时,"先审视山脉如何去来,水脉如何分合,既得大势,然后一丘一壑,支搜节讨"(《游记序》)。这种程序,同样表现在他的记述中。游记中写某些景观,如象鼻山水月洞,即先从大处着眼,把握对象的整体形势和高下节奏,进而品鉴物类,对一泉一石作细致入微的描写。也有与上述程序正好相反的表现方法,即从局部到整体,通过对一草一木的刻画,进一步显出景物的全貌,如上一篇写七星岩。如果说,前一种表现手法能带给读者纵目眺望的壮浪之美,那么后一种表现手法带来的则是移步换景的缜密之美,而在徐霞客的笔下,又都表现出层次分明的整一之美。这样的描写,既不同于柳宗元的对景伤情、苏轼的借题发挥,也不同于明代公安派的即兴为文。和这些纯文学作品相比,徐霞客的描写,更真实、更完整,包含着更丰富的理性内容,洋溢着更活跃的生命活力。尽管他的描写,也灌注了个人的感情色彩,但所呈献的并不是被异化的、象征性的景物,而仍是自然界固有的、理应如此的景观。

二十、游漓江日记

“桂林山水甲天下，阳朔堪称甲桂林。群峰倒映山浮水，无水无山不入神。”这是一首刻在阳朔风景道石壁上的诗。和桂林一样，阳朔也以山奇水秀著称，但山势较为雄奇，水流更加清澈。当徐霞客舟行到达阳朔，眼前顿时出现一个向往已久的“碧莲玉笋世界”。漓江源出广西兴安猫儿山，流经桂林、阳朔，至梧州注入西江。从桂林至阳朔，水程八十里，其间怪石立岸，青山浮水，头上飞瀑高挂，脚底水声潺潺，暮春田野铺锦，清秋果木飘香，晨听林鸟啾啾，夜看渔火点点，更有茂林修竹，掩映竹篱茅舍，幽岩深洞，宛转别有天地。有的引发感官愉悦，有的唤起心灵共鸣。雄奇、清丽、幽深、明秀、险峻、旷远,在同一视野中展现。色彩线条,声音气息,众美荟萃;春夏秋冬,晨昏晴雨,仪态万千。崇祯十年(1637)五月二十一日,徐霞客自桂林沿漓江去阳朔,同月二十八日返回,历时八天。本文录自《粤西游日记一》,是这段绚丽游程的生动的记录。

二十一日[①] 候附舟者,日中乃行。南过水月洞[②],又南,雉山、穿山、斗鸡、刘仙、崖头诸山,皆从陆遍游者,惟斗鸡未到,今舟出斗鸡山东麓。崖头有石门[③]、净瓶[④]胜,舟隔洲以行,不能近悉[⑤]。去省[⑥]已十里。又东南二十里,过龙门塘,江流浩然,南有山嵯峨骈立[⑦],其中峰最高处,透明如月挂峰头,南北相透。又东五里,则横山岩屼[⑧]突江右[⑨]。渐转渐东北行,五里,则大墟[⑩]在江右,后有山自东北迤逦[⑪]来,中有水口,疑即大涧榕村[⑫]之流南下至此者。于是南转又五里,江右复有削崖[⑬]屏立。

其隔江为逗日井，亦数百家之市也。又南五里，为碧崖，崖立江左，亦西向临江，下有庵。横山、碧崖，二岩夹江右左立，其势相等，俱不若削崖之崇扩也。碧崖之南，隔江石峰排列而起，横障南天，上分危岫，几埒[14]巫山[15]；下突轰崖，数逾匡老[16]。于是扼江而东，江流啮[17]其北麓，怒涛翻壁，层岚倒影，赤壁[18]、采矶[19]，失其壮丽矣。崖间一石纹，黑镂白章[20]，俨若泛海大士[21]，名曰沉香堂。其处南虽崇渊[22]极致，而北岸犹夷豁[23]，是为卖柴埠。共东五里，下寸金滩，转而南入山峡，江左右自是皆石峰巑岏[24]，争奇炫诡，靡不[25]出人意表矣。入峡，又下斗米滩，共南五里，为南田站。百家之聚，在江东岸，当临桂[26]、阳朔界。山至是转峡为坞，四面层围，仅受此村。过南田，山色已暮，舟人夜棹[27]不休。江为山所托，俛东俛南[28]，盘峡透崖，二十五里，至画山，月犹未起，而山色空濛，若隐若现。又南五里，为兴平[29]。群峰至是东开一隙，数家缀[30]江左，真山水中窟色[31]也。月亦从东隙中出，舟乃泊而候曙，以有客欲早起赴恭城[32]耳。由此东行，有陆路通恭城。

漓江自桂林南来，两崖森壁回峰[33]，中多洲渚分合，无翻流[34]之石，直泻之湍[35]，故舟行屈曲石穴间，无妨夜棹；第月起稽缓[36]，暗行明止[37]，未免怅怅。

二十二日　　鸡鸣，恭城客登陆去，即棹舟南行。晓月漾波，奇峰环棹[38]，觉夜来幽奇之景，又翻出一段空明色相[39]矣。南三里，为螺蛳岩。一峰盘旋上，转峙江右，盖兴平水口山也。又七里，东南出水绿村，山乃敛峰[40]。天犹未晓，乃掩篷就寐。二十里，古祚驿。又南十里，则龙头山铮铮露骨[41]，县[42]之四围，攒作碧莲玉笋[43]世界矣。

……

二十六日　昧爽[44]发舟，西北三里，为横埠堡，又北二里为画山[45]。其山横列江南岸，江自北来，至是西折，山受啮，半剖为削崖；有纹层络[46]，绿树沿映[47]，石质黄红青白，杂彩交错成章，上有九头[48]，山之名"画"，以色非以形也。土语："尧山十八面，画山九筒头，有人能葬得，代代出封侯。"后地师指画山北面隔江尖峰下水绕成坪处为吉壤，土愚人辄戕其母欲葬之。是夕峰坠，石压其穴，竟不得葬，因号其处为忤逆地。余所恨者，石坠时不并毙此逆也。舟人泊舟画山下晨餐。余遂登其麓，与静闻选石踞胜，上罨[49]彩壁，下蘸[50]绿波，直是置身图画中也。崖壁之半，有洞北向，望之甚深，上下俱无所着足。若缘梯缀级于石纹之间，非直[51]空中楼阁，亦画里岩栖[52]矣。

返而登舟，又北一里，上小散滩。又北二里，上大散滩。又北七里为锣鼓滩，滩有二石象形[53]，在东岸。其处江之西涯，有圆峰端丽；

江之东涯，多危岩突兀。其山南岩窍，有水中出，缘[54]突石飞下坠江，势同悬瀑。粤中[55]皆石峰拔起，水随四注，无待破壑腾空。此瀑出崇窍[56]，尤奇绝。

又北八里，过拦洲[57]。西北岸一峰纯透[58]，初望之，疑即龙门穿穴[59]，以道里计之，始知另穿一峰，前以夜棹失之耳。舟转西北向，又三里，为冠岩[60]。先是江东岸崭崖，丹碧焕映，采艳画山[61]。冠岩即在其北，山上突崖层出，俨若朝冠。北面山麓，则穹洞西向临江，水自中出，外与江通。棹舟而入，洞门甚高，而内更宏朗，悉悬乳柱，惜通流之窦下伏[62]，无从远溯。壁间有临海王宗沐题诗，号敬所，嘉靖癸丑[63]学宪[64]。诗不甚佳，时属而和者数十人，吉人刘天授等。俱镌于壁，觇[65]玩久之。

棹舟出洞，望隔江群峰丛合，忆前拦州所见穿山，当正对其面，惜溪回山转，并其峰亦莫能辨识。顷之[66]，矫首北见皎然一穴，另悬江东峰半，即近在冠岩之北。急呼舟人舣[67]舟登岸，而令其以舟候于南田站。余乃望东北峰而趋，一里，抵山腋。先践蔓凌巉，既乃伏莽穿棘，半里逾岭坳。度明穴在东，而南面之崖绝不可攀，反循崖北稍下悬级[68]，见有叠石阻隘者，知去洞不远矣。益北下，则洞果南透。其山甚薄，上穹如合掌[69]，中罅[70]。北下俱巨石磊落[71]，南则峭崖悬亘[72]，故登洞之道不由南，而由北云。洞右复有旁门复室[73]，外列疏楞，中悬团柱，分帏裂隙，东北弥深，似昔有居者。而洞北复时闻笑语声，谓去人境不远，以为从北取道，可近达南田。时轰雷催雨，亟出明洞。北隅则巨石之隙，多累块丛棘，宛转数处，北望一茅[74]甚迩，而绝不可通。不得已，仍逾西坳，循前莽南下，幸雷殷[75]而雨不至。一里，转至西北隅，又得一洞，南北横贯。其北峰之麓，自冠岩来，此为北峰。北端亦透,而不甚轩豁。仍出南门,遂西北行平畴中。禾已将秀[76],而槁无滴水,时风雨忽至,余甚为幸之。其西隔江屏立者,皆穹崖削壁,陆路望之,更觉峥嵘;东则石峰离立[77],后托崇峦。共四里,抵南田驿,觅舟不得,遂濒江而北,又一里,乃入舟。舟人带雨夜行,又五里,泊于斗米、寸金二滩之间。中夜仰视,萤阵烛山[78],远近交映。以至微[79]而成极异,合众小[80]而现大观,余不意山之能自绘,更无物不能绘也[81]。

①二十一日:指崇祯十年(1637)五月二十一日。②水月洞:即象鼻山水月洞。③石门:在崖头山下。危石剜空如门。④净瓶:在崖头山西北。山石如巨瓶横浮水面,光洁明净,十分奇特。⑤近悉:靠近仔细观看。⑥省:指省城桂林。桂林在明代为广西布政司治所。⑦骈立:并立。⑧屼(wù):形容山秃。⑨江右:江的西岸。东岸为左,西岸为右。⑩大墟:即今灵川东南的大

圩。在漓江转折处,景物绮丽。明代为广西四大墟市之一。⑪ 迤逦(yǐ lǐ):曲折连绵。 ⑫ 榕村:在桂林东银烛山西。⑬ 削崖:如同削成的陡峭山崖。似指漓江西岸的磨盘山,山势雄伟。 ⑭ 埒(liè):相等。 ⑮ 巫山:在重庆巫山县和湖北巴东县境内,有神女峰等十二峰,景物奇丽。长江穿流其中,成为三峡之一的巫峡。 ⑯ 匡老:匡庐(庐山)五老峰。⑰ 啮(niè):咬,侵蚀。 ⑱ 赤壁:山名,在湖北赤壁市西北的长江南岸。江水汹涌,直扑石壁,气势磅礴。为三国赤壁大战的古战场。 ⑲ 采矶:采石矶,原名牛渚矶。在安徽马鞍山市西南翠螺山麓,石矶突入江中,地势险要。为长江三矶之一。 ⑳ 黑镂白章:黑色的线条,白色的纹理。 ㉑ 泛海大士:指渡海的观音大士。大士,即菩萨。 ㉒ 崇渊:高深。㉓ 夷豁:平坦开阔。 ㉔ 巑岏(cuán wán):形容山势高峻。㉕ 靡不:无不。 ㉖ 临桂:明代为桂林府治,即今桂林市。㉗ 夜棹:夜间划桨行船。 ㉘ 佹(guǐ)东佹南:言江水被山阻挡,忽而往东,忽而往南。佹,偶然。 ㉙ 兴平:即今阳朔兴坪镇,为三国时古镇,熙平水在此汇入漓江。兴平为阳朔风景荟萃之地,素有"阳朔山水在兴平"之誉。夜间景色尤为迷人,"兴坪月色"为阳朔胜景。 ㉚ 缀:聚结。 ㉛ 山水中窟色：当为“山水窟中色”。山水窟，指风景胜地。 ㉜ 恭城：明代县名，今属广西。 ㉝ 森壁回峰：石壁森罗，峰峦回合。㉞ 翻流：使江水翻卷。 ㉟ 湍（tuān）：急流。 ㊱ 稽缓：迟缓。 ㊲ 暗行明止：由于月亮升起迟缓，致使天已黑船仍在行驶，到月亮升起，反要停下了。 ㊳ 奇峰环棹：奇特的山峰倒映江中，在船的四周环绕。 ㊴ 色相：佛家语，言人或物一时呈现在外的形式。 ㊵ 敛峰：言山峰稀少起来。㊶ 铮铮露骨：山势挺拔，露出岩石。 ㊷ 县：指阳朔县，今属广西，位于漓江西岸，北距桂林 83 公里。风景绝佳，有“桂林山水甲天下，阳朔山水甲桂林”之誉。 ㊸ 碧莲玉笋：碧莲形容山峰簇聚，玉笋形容山峰耸立。 ㊹ 昧爽：即昧旦，天将明未明之时。 ㊺ 画山：在阳朔东北漓江东岸。悬崖陡立，石壁间布满花纹，色彩斑斓，宛然如画，故名画山。自江上仰视岩壁，似有九马，形态各异，栩栩如生。 ㊻ 有纹层络：有层层缠绕的石纹。 ㊼ 沿映：疑为“掩映”之误。 ㊽ 九头：九个山头。画山有九峰簇立，故云。 ㊾ 罨（yǎn）：覆盖。㊿ 蘸：浸入。 51 非直：非但，不仅是。 52 画里岩栖：像画中那样美丽的幽栖之地。 53 象形：言二石形状和锣、鼓很相像。 54 缘：沿着。 55 粤中：指两广地区。 56 崇窍：高处的洞穴。 ㊼ 拦洲：今名浪石洲。江面有石横拦水流，水波高低起伏，宛如海浪，由此得名。 ㊽ 纯透：完全相通。 ㊾ 龙门穿穴：指龙门塘南山的穿山洞。 ㊿ 冠岩：在绣山北，漓江东岸，以山形似紫金冠而得名。山下有奇洞，亦称冠岩。岩分四洞，纵深数里，曲折相通。 61 采艳画山：色彩比画山更加艳丽。 62 通流之窦下伏：通水的洞穴暗藏在地下。 63 嘉靖癸丑：嘉靖三十二年（1553）。嘉靖，明世宗年号。 64 学宪：学政。明代主管一省学校、教育的官吏。 65 觇（chān）：窥视。 66 顷之：不一会。 67 舣（yǐ）：使船靠岸。 68 悬级：高悬的石级。 69 上穹如合掌：上面隆起，如同合拢的手掌。 70 中罅（xià）：中间有缝隙。 71 磊落：形容山石众多杂沓。 72 悬亘：高高相连。 73 复室：相当于现在带阁楼的屋子。 74 茅：茅屋。 75 殷：声大。 76 秀：谷类抽穗开花称秀。 77 离立：并立。 78 萤阵烛山：成群结队的萤火映照山峦。 79 至微：最微弱的光亮，指萤火。 80 众小：众多微小的生命，指萤火虫。 81 余不意二句：我没想到山能依靠自身描绘出多彩的画面，更想不到世界上没有什么东西是不能自我描绘表现的。

清代阮元贵为两广总督，但漓江之游，使他流连不舍，竟以不作阳朔令为恨。一江春水，因青山映照显得更加妩媚，而两岸青山，又因江水的流动充满活力。如果将漓江作为一部艺术作品来欣赏，那么峰、石、云、水、竹、树、舟、屋，便是一个个文字、一笔笔线条、一道道音符。仰望青山峭拔，深感笔力遒劲；俯视绿水荡漾，似悟意致婉曲。徐霞客游漓江，面对眼前绚丽的景观，彩笔飞舞，满纸生辉，有对峰危水激的赞叹："石峰排列而起，横障南天。上分危岫，几埒巫山；下突轰崖，数逾匡老。""江流啮其北麓，怒涛翻壁，层岚倒影，赤壁、采矶，失其壮丽矣。"有对山村农家的观赏："群峰至是东开一隙，数家缀江左，真山水窟中色也。"有黎明时分静谧的月景："晓月漾波，奇峰环棹，觉夜来幽奇之景，又翻出一段空明色相矣。"有深夜照亮山冈的萤火："萤阵烛山，远近交映，以至微而成极异，合众小而现大观。"有喧虺湍急的瀑布："有水中出，缘突石飞下坠江，势同悬瀑。粤中皆石峰拔起，水随四注，无待破壑腾空。此瀑出崇窍，尤奇绝。"这些描写，宏博瑰丽，蔚为大观，令人心旷意远,神往不已。

作为一种流动的自然景观,漓江之美,所展现的不是孤立静止的画面,不仅随着空间位置的转变而移步换形,也因时间的推移而纷呈不同,故既要从空间作立体的把握,又要沿时间追寻其变化的轨迹。景物展现的过程,也是徐霞客对美的追寻过程,是科学考察过程,从而也是他情感表现和理性思索的过程。透过文字记载的画面,在山水之中,始终活跃着一个探索者的身影,人因此变得更加超逸,景物因此变得更有活力。

位于漓江南岸的画山,石壁色彩斑斓,浓淡相间,正是大自然的淋漓彩笔,所绘成的一幅绝妙图画。当徐霞客登上山麓,“选石踞胜,上罨彩壁,下蘸绿波,直是置身画图中”。很多人认为,画山得名,是由于上面隐隐约约显出九匹骏马的缘故,故又名“九马画山”。但徐霞客经过观察,得出“山之名画,以色非以形”的结论。船到冠岩山,他惊讶地发现,山崖“丹碧焕映”,色彩比画山更加鲜艳。当晚船停泊在斗米、寸金二滩之间,半夜仰见萤火辉映,不禁生慨兴叹:“余不意山之能自绘,更无物不能绘也!”大自然不仅已经创造出最绚丽、最壮观的画面,而且始终赋予万物艺术表现的能力,使其永远处在不断更新的进程之中。人类常自诩能“巧夺天工”,但面对自然的伟力、自然的杰作,不免瞠目结舌,无地自容。真正伟大的艺术家,必然以造化为师。而肆意破坏自然景观,就不仅是一种愚昧的行为,也是不可饶恕的罪恶。难怪徐霞客每到一地,看到任何有意无意破坏自然景观的行为,及由此造成的恶果,都格外愤慨。

二十一、游真仙岩日记

崇祯十年(1637)六月十二日,徐霞客离开桂林,前往柳州,随即沿柳江、庆远江北上,游苗乡融县(今广西融水),在真仙岩前后滞留十二天。其间还联木成筏,游览了“流水杳然,别有天地”的水洞。真仙岩,本名灵城岩,在今广西融水城南五里罗山侧峰。因洞内有天然老君白石像,又名老君洞。相传宋太宗颁御书一百二十轴藏于洞内,南宋张孝祥特书“天下第一真仙之岩”。洞高广三十余丈,可容三层楼房,在广西十分罕见。洞内钟乳悬挂,石笋如林。苗乡山水,自古有“玉融”之称,真仙岩即无愧此誉。本文录自《粤西游日记二》,记载了徐霞客在游真仙岩时一次冒险探游井洞的经历。

初三日[①] 早雾，上午乃霁。坐洞中候拓碑者。久之至，则县仍续发纸命拓，复既期初四焉。余乃出洞，往觅对崖明窍[②]之径。东越洞前石梁，遂循山南转而西，径伏草中，时不能见；及抵后山过脊[③]，竟不得西向登崖之径；乃践棘攀石，莽然跻山半觅之，皆石崖嵯峨，无窍可入。度其处似过而南，乃悬崖复下。忽有二农过其前，亟[④]趋询之，则果尚在北也。依所指西北上，则莽棘中果有一窍，止容一身，然下坠甚深，俯而瞰之，下深三丈余，即北崖僧栖[⑤]所对望处也。已闻拓碑僧道笑语声，但崖峻而下悬，不能投虚而坠[⑥]。眺视久之，见左壁有竖隙，虽直上无容足攀指处，而隙两旁相去尺五，可以臂绷而足撑。乃稍下，左转向隙，而转处石皆下垂，无上岐，圆滑不受攀践，磨腹而过，若鸟之摩空[⑦]，猿之踔虚[⑧]，似非手足之灵[⑨]所能及也。既至隙中，撑支[⑩]其内，无指痕安能移足[11]，无足衔安能悬身[12]。两臂两足，如胶钉[13]者然，一动将溜而下。然即欲不动，而撑久力竭，势必自溜。不若乘其势而蹲股以就之，迨[14]溜将及地，辄猛力一撑，遂免颠顿。此法亦势穷而后得之，非可尝试者也。

既下，则岩宽四五丈，中平而下临深溪，前列柱缀楞[15]如勾栏[16]然，恐人之失足深崖，而设以护之者。岩内四围环壁，有卷舒活泼之意[17]，似雕镂而非雕镂所能及者。前既与西崖罨映[18]，后复得洞顶双明，从其中遥顾溪之两端，其出入处俱一望皎然，收一洞之大全，为众妙之独擅。真仙为天下第一，宋张孝祥[19]题："天下第一真仙之岩。"而此又真仙之第一也。岩右崖前一石平突溪上，若跏趺之座，上有垂乳滴溜，正当其端，而端为溜滴，白莹如玉，少洼而承之，何啻仙掌之露盘[20]也。由其侧攀崖而北，又连门两龛，内俱明洁无纤污，而右壁回嵌，色态交异，皆如初坠者。其前崖上,亦有一柱旁[21]溪而起,中复纤圆若指,上抵洞顶,复结为幢络[22],散为蛟龙,绕纤指下垂,环而夭矫者数缕[23],皆有水滴其端。其内近龛处,复有一石圆起三尺,光莹如瓶卣[24],以手拍之,声若宏钟,其旁倒悬之石,声韵皆然,而此则以突竖而异耳。此三洞者,内不相通而外成联璧,既有溪以间道[25],复有窍以疏明[26],既无散漫之滴乱洒洞中,又有垂空之乳恰当户外,卧云壑而枕溪流,无以逾此!此溪东上层之崖也。其南与下层并峙之崖相隔无几,而中有石壁下插溪根[27],无能外渡。稍内有隙南入,门曲折而内宛转,倒垂之龙,交缪[28]纵横。冀[29]其中通南崖,而尚有片石之隔,若凿而通之,取道于此,从下层台畔结浮桥以渡老君座后,既可以兼上下两崖之胜,而宛转中通,无假道[30]于外,以免投空之险,真济胜[31]之妙术也。

时余虽随下溜其中，计上跻无援，隔溪呼僧栖中拓碑者，乞其授索垂崖，庶[32]可挽之而上。而拓者不识外转之道，漫欲以长梯涉溪。而溪既难越，梯长不及崖之半，即越溪亦不能下，徬徨久之，拟候岩僧参慧归，觅道授索。予过午犹未饭，反覆环眺，其下见竖隙，虽无可攀援，而其侧覆崖反有凹孔，但上瞰不得见，而下跻或可因。遂耸身从之，若鸟斯翼[33]，不觉已出阱而透井，其喜可知也。仍从莽中下山，一里，由石梁转入岩而饭焉。下午，以衣裈[34]积垢，就溪浣濯，遂抵暮。

① 初三日：指崇祯十年（1637）七月初三。 ② 明窍：明洞。 ③ 后山过脊：从后山延伸过来的山脊。 ④ 亟（jí）：急切。 ⑤ 僧栖：僧人住处。 ⑥ 投虚而坠：凭空落下。 ⑦ 摩空：在空中飞翔。 ⑧ 踔（chuō）虚：腾空跳跃。 ⑨ 手足之灵：指人力。 ⑩ 撑支：手撑足支。 ⑪ 无指痕安能移足：没有把手的地方又怎能移动双脚？ ⑫ 无足衔安

能悬身：没有落脚的地方又怎能将身体拴住？ ⑬ 胶钉：粘住钉着。 ⑭ 迨(dài)：等到。 ⑮ 列柱缀楞：柱子排列，窗户相连。楞，指窗户。 ⑯ 勾栏：即栏杆。 ⑰ 有卷舒活泼之意：言岩石或卷曲，或舒展，生动自然。 ⑱ 罨映：掩映，遮掩衬托。罨，通"掩"。 ⑲ 张孝祥：字安国。南宋词人，风格豪迈。 ⑳ 仙掌之露盘：汉武帝好神仙之术，在宫中作承露盘，立铜仙人舒掌以承甘露，认为喝了可以延年益寿。 ㉑ 旁：通"傍"，靠近。 ㉒ 幢络：旗帜的垂旒。 ㉓ 环而夭矫者数缕：有几缕环绕屈曲的石痕。 ㉔ 卣(yòu)：古代一种青铜酒器。 ㉕ 间道：将路隔开。 ㉖ 疏明：透光。 ㉗ 溪根：溪水底部。 ㉘ 缪：同"缭"。 ㉙ 冀：希望。 ㉚ 假道：借道。 ㉛ 济胜：通往胜景。 ㉜ 庶：庶几，表示希望。 ㉝ 若鸟斯翼：如鸟展翅。斯，语助词。 ㉞ 裈(kūn)：古时称裤子为裈。

徐霞客自称"穿棘则身如蜂蝶，缘崖则影共猿鼯"。他常常只身孤影，不用绳梯，在无可攀援的条件下，如"猿垂豹跃，梯险蹈虚"，登上一座座"利若剑锋，簇若林笋"以至从来不曾有人到过的悬崖陡壁。但他情之所钟,尤在游洞。广西多洞,据现存的游记,徐霞客在西游途中,共游了三百多个洞,其中一百六十多个洞在广西境内。里面有明洞,也有暗洞;有陆洞,也有水洞;有的广若大厅,有的狭如竹管;有的向上盘升,有的往下绕转。由于洞内野兽潜藏,暗流挡路,履危涉险,幽深莫测,故钻洞要比攀崖更加艰险。徐霞客因地制宜,采用多种不同的游洞方法,其中有些毋宁说是一时应急的手段,完全建立在以性命一搏的基础上。他以"横绷竖耸"、"臂绷足撑",甚至"反攀倒跻"之法,登上一个个地处险僻的岩洞。对那些最为险要的深井式的洞穴(如本文所写的洞),在无可奈何之时,"攀崖梯隙"、"撑隙支空",乃至"若鸟之摩空,猿之踔虚,似非手足之灵所能及也"。

在游洞时,徐霞客叹道:"其出入处俱一望皎然,收一洞之大全,为众妙之独擅。真仙为天下第一,而此又真仙之第一也。"其实,游览真仙岩的人已属罕见,进入这个井洞的人更是绝无仅有。自然界的种种奇观险境,似乎本来就是为像他那样的奇人准备的,和他趋险的心理如有感应,使他一见到、甚至一听到奇险的山水,立即兴奋起来,产生一种难以抑制的激情,并练就了异乎寻常的凌危越险的本领。用清人史夏隆的话说:“(徐霞客)济胜似有天授,危峦绝壑,险道畏途,如猿升,如鹤举,如骏足。”(《游记序》)

二十二、游白石山日记

游罢柳州，徐霞客沿柳江、黔江下行，过大藤峡，至浔州（今桂平）。随即往游广西东南的三座名山：勾漏山、白石山、都峤山，考察了颇有特色的地貌和水文状况。白石山在桂平东南，道家称之为第二十一洞天。山四面悬绝，传说葛仙翁曾往来其间，明以后成为游览胜地。伫立山巅，桂平、玉林、梧州方圆数百里旖旎风光，尽收眼底。到达白石山的第二天傍晚，徐霞客即登上峰顶。本文录自《粤西游日记二》，为这次登峰生动具体的记载。

二十三日[①]　由其[②]东南越一岭，由岐径望白石而趋。其山峰攒崖绝，东北特耸一峰为独秀[3]，峭拔孤悬，直上与白石齐顶，而下则若傍若离[4]，直剖其根[5]。崖石多赭[6]赤之色，谓之"白石"，岂不以色起耶[7]？五里，路渐没草间。渡一溪，岭半得一山家，傍舍植芭蕉甚盛。亟投问路，始知大道尚在西南，而此乃岐中之岐也。由其左登山，东向而上，望周塘村在路右坞中，相隔坑阪已两三重也。由土山之脊转而南，五里，度一山坳。稍东而南折，直抵山之北麓，则独秀已不可见，惟轰崖盘削，下多平突之石，石质虽不玲珑，而盘亘叠出，又作一态也。

直上一里，抵崖石下，转而南，一里，为三清岩[8]。其岩西向，横开大穴，阔十余丈，高不过二丈，深不过五丈，石俱平燥，惟左后深入而东，然低庳[9]不逾尺，所云南通勾漏者即指此。余谓山脉自此与勾漏[10]南接，若此洞高峙山半，而其山四面孤悬，谓穴道潜通，夫谁入而谁试之耶？右壁尽处有穴大如管，泉自中滴下，悬四五尺，僧布竹承之[11]，清冷异常。下丈余，汇为一潭，不甚深澈，指为“龙潭”云。岩内有一石如舡[12]，卧可为榻，坐可为几。岩列三清[13]像，故以“三清”为名，即白石之下洞矣。又南半里为大寺[14]。甚古，后倚崖壁，有观音堂甚敞。其左峭壁下有圆珠池，亦水自半崖滴下者，下甃[15]圆潭承之，无他异也。按志，山北有漱玉泉，而《西事珥》[16]与《百粤风土记》[17]俱谓其泉暮闻钟鼓则沸溢而起，止则寂然，诧以为异。余谓泉之沸寂，自有常度，乃僧之候泉而鸣钟鼓，非泉之闻声而为沸寂也。及抵白石，先询之三清观，再征之白石寺并漱玉之名，不知何指，而闻钟泉沸之说，山僧茫然，洵[18]皆好事之言也。

寺僧为瀹茗[19]，余急于会仙之胜，即以行囊置僧舍，不候茗，由后寺南循崖壁行。已东转而上，入石峡中。其峡两峰中剖，上摩层霄，中裂骈隙，相距不及丈，而悬亘千余尺，俱不即不离，若引绳墨而裁削之者[20]，即俗所夸为“一线天”，无以过也。磴悬其中，时有巨石当关，辄置梯以度，连跻六梯，始逾峡登坳。坳之南北，俱犹重崖摩夹。乃稍北转，循坳左行，则虬木盘云，从篁荫日，身度霄汉之上，而不知午日之中，真异境也。至是东嶂稍开，始见独秀峰在东北，而东南坞中又起一峰[21]，正与独秀对峙，而高杀其三之一[22]，宛然莲蕊中擎，但四面为诸峰所掩，惟此得睹全体耳。又北攀悬崖而上，木根[23]交络石间，为梯为絙[24]，足蹑手缘，无非此矣。已转一壑，有硐[25]自顶西向坠峡，累潭捣穴。由峡右复悬梯上登，宛转三梯，遂行平冈间。其外乃万丈下削之崖，其内即绝顶漱根[26]之峡，内外皆乔松丛木，一道深碧[27]，间有日影下坠，如筛金飏翠[28]，闪映无定。出林则凿石成磴，又植竹回关[29]，跻磴转关，而会仙之岩[30]岈然[31]南向矣。其岩皆黄赤之石，上下开窟，而内渐凑合，旁无氤氲[32]之窍，上无滴沥之乳[33]，与下岩[34]同。而地位高迥，境路幽去。五里之云梯杳蔼[35]，自大寺来，约有五里。千秋之鹤影纵横，非有栖霞餐液[36]之缘，谁得而至哉！时已过午，中有云寮[37]，绾钥[38]已久，灶无宿火[39]，囊乏黄粱，无从扫叶煮泉，惟是倚筇[40]卧石，随枕上之自寐自醒，看下界之云来云去。

日既下舂，炎威少退，乃起，从岩右蹑削崖，凌绝顶。崖虽危峭而层遥，盘隔处中有子石[41]，圆如鹅卵，嵌突齿齿[42]，上露其半，藉为丽趾之级、援手之阶[43]，不觉一里，已腾踊峰头，东向与独秀对揖矣。盖此峰正从浔州[44]来，所望独秀峰西白石绝顶。而独秀四面耸削如天柱，非羽轮[45]不能翔其上。粤西三独秀，而桂城[46]最著，柳州[47]无闻，然皆巑岏[48]可登，此独最高耸，最孤峭。而此峰三面亦皆危崖突立，惟南面一罅[49]，梯峡上跻[50]，颇如太华三峰[51]，上分仙掌[52]，下悬尺峡[53]，透险跖[54]危。此真青柯嫡冢[55]，他未见其比也。何者？桂、朔、柳、融[56]诸峰，非不亭亭如碧簪班笋[57]，然石质青幻，片片如芙蓉攒合，窍受蹑，痕受攀，无难直跻；而此则赤肤赭影，一劈万仞，纵覆钟列柱[58]，连轰骈峙，非披隙导窾[59]，随其腠理[60]，不能排空插翅也。独秀、莲蕊二峰，为此峰门户，其内环壑深堑，亏蔽[61]日月，重冈间[62]之，人无至者。

坐眺久之，乃仍下会仙。别岩而下，历三梯，三里，至峡坳上，见峡左一石，倚崖而起，上并崖端倚云，下有线罅透日。急贾勇[63]穿其中，则其隙不即不离，仅容侧身而进，其上或连或缺。既而渐下，南转出罅，则飞石上下悬嵌，危不可跻矣。返出峡坳，见倚石之侧，复有一道上出石端,危悬殊甚,乃流沙滚溜[64]而成者。心益不能已,复攀根引蔓而登。跻其端,透入石阙中,则倚石西尽处也,与前崖夹而成阙[65]。穿阙而南,则飞石南悬之上也,瞰前罅正在其下。遂攀登倚石之顶,则一台中悬,四崖环峙,见上又或连或缺,参错不齐。正凭眺[66]间,闻雷声殷殷,仍下峡坳,历六梯,一里,西出峡,又一里,北返大寺。亟问餐于僧,濯足于泉,而雷雨适至。

① 二十三日:指崇祯十年(1637)七月二十三日。 ② 其:指白石山北麓的木角村。 ③ 独秀:峰名。白石山双峰挺秀,东峰称公白石,即独秀峰。孤峰插天,形状如耸立的竹笋。 ④ 若傍若离:又像靠拢,又像分开。 ⑤ 根:山脚。 ⑥ 赭(zhě):红褐色。 ⑦ 岂不以色起耶:难道不是因颜色起名吗? ⑧ 三清岩:白石山下洞。 ⑨ 庳(bēi):低下。 ⑩ 勾漏:山名。参见下篇《游勾漏洞日记》。 ⑪ 布竹承之:设置竹筒,承受泉水。 ⑫ 舡:同"船"。 ⑬ 三清:道教三

尊神,即玉清元始天尊、上清灵宝天尊、太清道德天尊(太上老君)。居天外仙境,称三清境。道教多以“三清”作为道观的名称。 ⑭ 大寺:指寿圣寺。 ⑮ 甃(zhòu):用砖石砌。⑯《西事珥》:明魏浚著,八卷,是一部广西地方志著作。⑰《百粤风土记》:明谢肇淛著,一卷,记载广西风物。⑱ 洵(xún):诚然,实在。 ⑲ 瀹茗(yuè míng):烹茶,煮茶。瀹,煮。茗,茶。 ⑳ 若引绳墨而裁削之者:就像依照墨斗的直线削成一般。绳墨,木工打直线用的器具。 ㉑ 又起一峰:指白石山西峰,称母白石,即莲蕊峰。形状如含苞欲放的莲蕊。 ㉒ 高杀(shài)其三之一:高度比独秀峰低三分之一。杀,减少。 ㉓ 木根:树根。 ㉔ 絙(gēng):粗绳索。㉕ 硐:山间水沟。 ㉖ 漱根:言水流冲刷峡底。 ㉗ 一道深碧:指一片幽深的绿荫。 ㉘ 筛金飏翠:言日光从树荫中照下,就像金屑筛落,翠玉飞扬。 ㉙ 关:指隘口。 ㉚ 会仙之岩:会仙岩,白石山最高处。洞内有“神仙脚印”。㉛ 岈然:形容岩洞深邃。 ㉜ 氤氲(yīn yūn):形容烟云弥漫的样子。 ㉝ 乳:石钟乳。 ㉞ 下岩:白石下岩,即三清岩。 ㉟ 杳蔼:形容深远的样子。 ㊱ 栖霞餐液:栖息云霞,以雨露为食,指成仙。 ㊲ 云寮(liáo):指高居云间的小屋。寮,小屋。 ㊳ 绾(wǎn)钥:上锁。 ㊴ 宿火:隔夜的火。 ㊵ 筇(qióng):竹杖。 ㊶ 子石:生于大石中的小石。 ㊷ 齿齿:像牙齿那样排列。 ㊸ 藉为丽趾之级、援手之阶:用做落脚的石级,搭手的阶梯。藉,凭借。丽,附着。 ㊹ 浔州:明代府名,治所在今广西桂平。 ㊺ 羽轮:身上长着翅膀,脚下踩着转轮。 ㊻ 桂城:桂林城。 ㊼ 柳州:明代府名,治所在今广西柳州。 ㊽ 巑岏(cuán wán):形容山势高峻。 ㊾ 罅(xià):裂缝。 ㊿ 梯峡上跻:架起梯子从峡谷攀登。 51 太华三峰:指华山三主峰,即东峰(朝阳峰)、西峰(莲花峰)、南峰(落雁峰)。 52 仙掌:华山东峰东北有巨崖直垂,名仙掌崖。 53 尺峡:华山有险道名百尺峡。 54 跖(zhí):踏。 55 青柯嫡冢:华山有青柯坪。嫡冢,嫡长子。这里借喻独秀峰山道之险,和华山青柯坪完全一样。 56 桂、朔、柳、融:桂林、阳朔、柳州、融县。 57 碧簪班笋:碧簪,碧玉簪。班笋,斑竹之笋。班,通"斑"。斑竹,又名湘妃竹,竹上有斑纹。 58 覆钟列柱:形容岩石如倒扣的大钟、罗列的柱子。 59 窾(kuǎn):空洞。 60 腠理(còu lǐ):指岩石的纹理。 61 亏蔽:遮蔽。 62 间:隔开。 63 贾(gǔ)勇:本谓勇力有余,可以出卖。引申为鼓足勇气。 64 滚溜:

滚动滑行。 ㊸阙：旧时宫门前的门楼。 ㊹凭眺：居高望远。

在名山游记中，徐霞客对以“碧水丹崖”为特征的砂岩峰林地貌，作过多方面的描述。虽然广西名胜以岩溶居多，但丹霞地貌，因岩石的层理、节理发育完好，在湿热的条件下经风化和水流侵蚀，形成许多奇特的朱崖幽洞，同样引人注目。徐霞客特意前往勘察的白石山、都峤山，便属砂岩峰地。他十分注意岩石的质地和色泽，如白石山附近岩石“多赭赤之色”，而会仙岩“皆黄赤之石，上下开窟，而内渐凑合，旁无氤氲之窍，上无滴沥之乳”。这和岩溶石峰，显然不同。徐霞客看到：砂岩山峰，陡壁甚多，相夹形成“一线天”，如会仙岩的石峡，“两峰中剖，上摩层霄，中裂骈隙，相距不及丈，而悬亘千余尺，俱不即不离，若引绳墨而裁削之者”。当徐霞客登上白石山峰顶，联想起先前所游历的山峰，不禁赞道：“桂、朔、柳、融诸峰，非不亭亭如碧簪班笋，然石质青幻，片片如芙蓉攒合……而此则赤肤赭影，一劈万仞，纵覆钟列柱，连轰骈峙，非披隙导窾，随其腠理，不能排空插翅也。”这是一段十分优美的文字，完全可和所写的绚丽景观媲美，但若将它仅作写景文字看，就不免与买椟还珠者为伍了。就徐霞客的本意说，依然在将岩溶山峰和砂石山峰进行比较，通过这种生动形象、流溢着无限美感的比较研究，人们对广西的山形地貌，有了深切的了解，留下了难以忘怀的印象。

勇于探险，敢于批判，使徐霞客不仅能见人所未见，闻人所未闻，而且能思人所不思，言人所不言。无论对出自传统、权威的偏颇，还是因习俗、迷信造成的谬误，都能摧陷廓清，还其科学、真实的面目。宋初乐史望文生义，在《太平寰宇记》中称白石山“山色洁白”。而徐霞客则根据亲眼所见，指出白石山、都峤山均为砂岩，故“多赭赤之色”。相传白石山和勾漏山之间有洞穴暗通，徐霞客也通过实地勘察，断然否定了这种说法，并提出诘问:“谓穴道潜通，夫谁入而谁试之耶?”白石山北有漱玉泉，传说每当晚上钟鼓声起，泉水就会沸腾，钟鼓声止，泉水也随之平息。过去有些书籍，以讹传讹，进行渲染，说得更加离奇。徐霞客并不否认这种现象，但不同意这样的解释，通过向当地山僧调查，指出“闻钟泉沸”之说，皆为“好事之言”。其实，漱玉泉和同在广西的兴安白石的喊泉、德保马隘的叫泉，都是潮汐泉。由于声波传入泉洞，在水中引起“共鸣”、“声压”等物理作用，因水面受到压力，从而使泉水往外涌出，故徐霞客说其涨其落“自有常度”。

登上会仙岩后，徐霞客以一段十分优美的文字，写出了他从大自然获得的逸趣：“（其岩）地位高迥，境路幽去，五里之云梯杳蔼，千秋之鹤影纵横……时已过午，中有云寮，绾钥已久，灶无宿火，囊乏黄粱，无从扫叶煮泉，惟是倚筇卧石，随枕上之自寐自醒，看下界之云来云去。”前代惟有陶潜诗“采菊东篱下，悠然见南山”，“此中有真意，欲辨已忘言”，李白诗“众鸟高飞尽，孤云独自闲。相看两不厌，惟有敬亭山”，有此境界。

二十三、游勾漏洞日记

勾漏洞在今广西北流东北勾漏山主峰下，因洞内有勾、曲、穿、漏的特点而得名。由宝圭、玉阙、白砂、桃源四洞组成，现已凿通，连成一线，全长二里。洞内清邃幽深，石钟乳千姿万态，既有宏伟的大厅，也有曲折的地下暗河。崇祯十年(1637)七月二十九日，徐霞客在游览郁林(今广西玉林)东南的水月岩后，东行来到勾漏山。本文录自《粤西游日记二》，是同一天游历宝圭、白砂二洞和黄婆岩的翔实的记录。

八月初一日[①] 晨餐毕，余先作宝圭[②]行，约道者肩炬篝火[③]后至。洞在庵北半里，庵后先有一岩南向，一岩西向，望之俱浅，而宝圭更在其北。先有漫流自西北来，东向直漱山麓，涉其北登山，则洞门在矣。其门西向，左开岩而右深入。开岩处甃以列碑轩敞，平临西峰；右洼嵌而下，有石柱当门，其端有石斜飞。磴道由其侧下至洞底，交辟为四岐：一由东入，一由南进，二岐俱深黑；一向西豁[4]，一向北透，二岐俱虚明。东岐之南，顶侧忽倒垂一叶[5]，平庋半空，外与当门之柱相对，上下凭虚[6]，各数十丈，卷舒悬缀，薄齐蝉翅[7]，叶间复有圆窍曲窦，透漏[8]异常。由左崖攀级而上，抵平庋处，盘旋其间，踞叶而坐，真云軿[9]霞驭，不复人间也。坐久之，复盘叶而下，向北透之岐。岐中倒垂一乳[10]，长数丈，其端空悬，水由端涓涓下。更北入峡中，其右则洼而北出，为下门，其左则高而北渡，为上叠，叠成上阁，阁前平临西北，亦有乳柱界其中。此明洞之西、北二岐也。探历久之，道者负炬至，又携伴持筐。余询其故，道者曰："县以司道[11]命，取砂米二丹[12]，适有庠士[13]已为我觅仙米，而砂从洞穴中可探而得，将携筐就炬以觅之。"始知所为砂者，非丹砂，乃砂粒如丹，其色以白为上，而黄次之，故其北洞以白砂命名；所谓米者，乃山洼中菰米[14]，土人加以"仙人"之名耳。洞外芜莽[15]中又有黄果如弹丸，土人谓之"颠茄"[16]云，采以为末[17]，置酒中，腋能令人发枉迷闷。《峤南琐记》[18]所载闷陀罗者是。乃爇炬先入南穴，两旁壁起如峡，高而不广。入半里，左壁有痕横亘，曰仙床，悬地[19]丈许。其侧垂柱裂窍，皆短而隘。窍腹宕如臼[20]，以手探之，中有磊磊[21]之粒，方圆不计，姑扫置筐中。连探三四穴，不及升许[22]，计出而淘濯[23]其污，简[24]取其圆洁成粒者，又不及十之一也。然此亦砂粒之常，岂真九转[25]之余哉？又少进，峡忽下坠成渊，由洞抵水，其深二丈，而水之深，更不知其几也。两崖俱危峭无可着足，南眺其内，窅黑无尽。始促道者涉渊，言："水深，从无能徒涉者。"再促道者觅筏，言："隘逼，曾无以筏进者。""然则何如可入？"曰："冬月水涸，始可坠崖而涉。""入当何如？"曰："其内甚深，能见明而不能升也。"余闻之，为之怅怅。扪[26]石投水中，渊渊不遽[27]及底。旁瞩久之，仰见左壁之上，有隙旁通，亟入焉。隙柱透漏，渐入渐束，亦无余窍。乃下，返而仍出四达[28]之中，更爇炬而入东穴。初，两旁亦成峡壁，而其下渐高，既而中辟如堂皇[29]，旁折如圭窦[30]，皆暗窟也。稍北而东，其径遂穷。比之南窍，虽有穴宛转，而深不及其半。彼有穴而水阻，此无水而穴阻，转觉东穴之无涯涘[31]矣。

复出至四达处，谋为白砂洞[32]游。按志，白砂在勾漏北，勾漏甲天下，而此洞复甲勾漏。如玉虚、玉田诸洞，普照、独秀诸岩，道者俱不言，而独津津言此洞。余急趣[33]其前，道者复肩炬束火[34]携筐帚以导。从北透偏门之下层出，乃循其西北麓而行，始见其山前后两峰，骈立而中连，峰之西南突者，为宝圭所倚，峰之东北峙者，为白砂所伏。白砂前后亦有两门：前门北向而高敞，分为三门，两旁悬峻，而中可俯级而入；按志云，玉田洞，洞前三门，中门明广可通，似与此门合。遍询土人，无知玉田洞者。岂即以后洞为白砂，以此门为玉田洞耶？后门南向，而高隘[35]仅通一孔，前对宝圭之背，其左即中连之脊也。先过后门山坳，草没无路，道者不入而北去。共一里，转而东，绕山北麓而南跻前门。入门即洼下，数十级及底。仰视门左右，各有隙高悬旁启[36]，即所谓左、右门也。倒光流影，余照四达，然虚嵌[37]莫攀焉。从洞中右转，颇崇宏，而渐暗渐穷。余先遍探而四觅之，无深入路。出，促炬[38]命导，仍由之入抵其中，以火四烛，旁无路也。道者忽从右壁下,投炬蛇伏而入,窦高不逾尺,而广亦如之。既入,忽廓然盘空,众象罗列,如阊阖[39]下启,天地复通。方瞻顾不遑[40],而崇宏四际,复旁无余隙,忽得窦如前,透而东,转而南,倏[41]开倏合,凡经四窦,皆隘若束管,薄仅透屏[42],故极隘忘窘[43],屡经不厌其烦也。既而见左崖之上,大书"丹砂"二字。其下有一龛,道者曰:"此丹穴[44]也。"复伏而扫砂盈掬[45]焉。其南稍有一岐,入之不深。出向西转,再折南行,则天光炯然[46],若明星内射,后洞门在望矣。是洞内洼而中甚平,惟壁窦合辟,无沟陀[47]升降,前后两门,俱高悬于上。道者欲仍从前门返,余欲逾后窦出。道者曰:"后门隘不可跻,而外复草深莫从。"余曰:"前暗中之隘,尚不惮其烦,况此空明,正可宛转,草之深浅,余所不顾也。"遂穿窦出,则午日方中,始见宝圭后峰,君树[48]塞门焉。乃披茅践棘,西南出山坳,仍过宝圭透北偏门,共二里，将及庵后，命夫同道者还炊于庵，余挟[49]寄宿庵中者东探清泉焉，即前所经南向岩也。洞不深而明洁可栖。洞前有宋碑，大书“清泉岩”三字。洞左右无泉，而独得此名，无从征其故实[50]。还饭于庵。

下午，挟夫与寄宿庵中人此人不知何处人，先停庵中，身无半文，随余游诸洞，余与之饭，两日后不知所往。探近山诸岩，乃西南入黄婆岩焉。黄婆岩者，宝圭西南诸峰所裂之岩也。其山西自望夫石攒沓[51]而东，岩当其东北隅，与宝圭东西相对，而兹[52]稍南逊[53]。岩门甚高，中有黄崖叠缀[54]。岩外石峰之顶，分岐耸异，有欹[55]若妇人之首，鬟髻盘空，作回睇顾影[56]之态。其北面亦有石峰丛突，南与此山并夹，东与宝圭对峙。东南石壁上，大书“勾漏山”三字，大与山齐，土人指为仙迹。此其下必昔时宫观[57]所托，而今不可征[58]矣。徘徊其下。又西抵望夫山西麓，眺望山崖，别无岩洞。惟见东南一面，峦岫攒簇，疑即所云巫山寨者，巫山寨一名石寨。山峰如楼橹[59]雉堞，周回环绕，其数十二，故有巫山之名。而渺漠[60]无征，惟与山灵互相盼睐[61]而已。已乃循黄婆岩东麓，且盼且行，南抵东南隅，石崿[62]悬峭，片片飞云缀空。自外崖攀峭石上，历竖隙，屡出层空[63]，达峰顶，遂尽发其危嵚态。

下山，转循南麓，见峭崖穹然[64]，石色雄赭。下虽有门，内入不深，无从穿扉透室。乃东由营房在勾漏庵前东南坪上。草房数十间，营兵居之，为居停卖浆之所。横过勾漏庵，抵后峰东南角，盖宝圭所托之峰，南面骈立而中连，西立一峰，即庵后清泉岩所倚，东立者与之比肩南向。循峰东麓北行，路左得一东向岩，内颇深，渐缩如牛角。出洞又北，有清流一方，淙淙自乱石中流出，其上则草石蒙茸，其下则西南成小溪去。行道者俱从此渡崖，庵与营俱从此取汲，而无问其所从来者。余正欲求其源委[65]，忽一少年至，见之，语从夫曰："汝辈欲寻洞乎？此其上有二洞，相距数十丈，路为草翳[66]，可探而入也。"又一人曰："昨未晚，有二人携犬自东来者，虎自崖上跃下攫犬去。虎穴其上，不可往。"余不顾，亟挟夫与寄宿者攀棘践刺上跻，觅之深蔓中，则洞门果穹然东向，但外为蔓拥石蔽，无从即见耳。入洞门，即陨然[67]下坠。俯瞰之，则有溪自北而南贯其底，水声潺湲，崖势峻削，非攀缘可下。四瞩[68]其上，南崖有坠而未尽者，片石悬空，若栈道架壁，阔不盈咫，而长竟坠处直达西崖，但栈中有二柱骈立，若树栅断路者，而外一柱已为人截去，止下存尺余，可跨而过。但其处益狭，以双手握内柱，而盘越外柱，临深越险，莫此为甚。过栈达西崖，已与洞门隔溪相向。乃明炬四烛[69]：崖之下，深坠与外崖同，崖之上，内入则垂乳列柱，回错开阖[70]，疏棂[71]窈窕，忽环而为璇室[72]，忽透而为曲榭[73]，中藏之秘，难以言罄。

乃出崖临溪，从深坠处溜险投空而下，遂抵溪中。仰视洞顶高穹，延照内映，侧栈凌虚，尤增飘渺。水深不及膝，南从崖下涌来，北从崖下坠去，即由此东出，为乱石泉源也。余于是从南崖下溯流入。其穴甚低，垂覆水面，相距止尺。从夫暨[74]寄宿者恐炬为水湿，内深莫辨，共阻莫入。余贾勇溯流，冲沫过颡[75]。南入数丈，望前有流光熠熠[76]。余喜，更透一洞，益高声呼二从人。虽伏水碍石，匍匐垂首，而瞻前顾后，火光与天光交通旁映，益前入不停。又南数丈，有洞穹然，东西横贯，其上东辟而为外门，其内西入而成巨壑，门高耸，与前所入门等势。时二人已至，乃令其以炬更前。于是西向溯流，洞愈崇宏，流愈深阔。又数丈，有石砥[77]中流。登石内望，洞辟如广厦，渊水四际[78]

其下，以杖测水，不竟其底，以炬烛洞，洞甚深黑，不知更几转，得抵宝圭南穴前所望深坠处也。乃自砥石返步随流，仍抵东辟外门之下。二从者将垂首横炬，匍匐向低穴北入。余止之曰："此门虽峻，与先所入者无异。若伛偻下涉而就所入之门，不若攀空跻危，竟登此门为便。"二从者曰："门外不通，奈何？"余曰："门以外总不出此山，即所入之门，其外岂坦途哉？"遂攀崖先登，二人亦弃炬从之，乃出洞口。门亦东向，与所入门比肩，特翳于突石连蔓，遂相顾不见。循左崖平行，还眺门上，又上辟一层，若悬阁当空，然无级以登。于是北转一曲，至前汲泉之穴，从容濯足，候从者至。亟自东南山角转过营房，共一里，入勾漏庵，大雨如注。是日，先西觅玉虚、玉田诸洞而不得，既而东得此二洞，尤为奇绝。然此洞非异人忽指，则跬步[79]之间，亦交臂而过[80]，安知西峰大字岩之侧无棘霾蔓锁[81]者？安得峰峰手摩足抉如黄婆岩东南诸峭石也耶！

①八月初一日：指崇祯十年（1637）八月初一。②宝圭：洞名。道教称之为第二十二洞天。③篝火：用竹笼罩火。篝，竹笼。④豁：开通。⑤一叶：指一叶石片。⑥凭虚：悬空。⑦薄齐蝉翅：像蝉的翅膀那样轻薄。⑧透漏：通风透光。⑨云軿（píng）霞驭：犹腾云驾雾。軿，古时一种有帷幕的车子，这里作动词"驾驭（车）"用。⑩乳：指石钟乳。⑪司道：明代在省、府之间设置分守道、分巡道、兵备道等机构。⑫砂米二丹：指丹砂仙米。⑬庠（xiáng）士：即庠生。明、清时用以称州、府、县学的生员。庠，古代乡学名。⑭菰（gū）米：菰，即茭白。因其果实如米，故名。又称"雕胡米"，可以煮食，古以为六谷之一。⑮芜莽：杂草丛生的地方。⑯颠茄：多年生草本，有毒，夏季开花，呈淡紫色，叶与根可入药。⑰采以为末：采下后磨成粉末。⑱《峤南琐记》：作者姓名不详，或疑为魏浚所作。记岭南杂事。峤南，即岭南。⑲悬地：悬空离地。⑳穹腹宕如臼：洞内空荡如同舂臼。宕，空荡。臼，臼状，样子像盆。

㉑ 磊磊：形容石子众多。 ㉒ 升许：一升左右。 ㉓ 淘濯(zhuó)：用水淘洗。 ㉔ 简：选择。 ㉕ 九转：道家谓炼烧金丹，以九转为贵。转，循环变化的意思，如把丹砂烧成水银，又把水银炼成丹砂。烧炼的时间愈长，则转数愈多，效能愈高。 ㉖ 扪(mén)：摸。 ㉗ 遽(jù)：立即。 ㉘ 四达：四条岔路交叉处。 ㉙ 堂皇：广大的殿堂。 ㉚ 圭窦：同"圭窬"。墙上所凿门洞，上锐下方，形状如圭。旧时用以指穷人住房的门户。 ㉛ 涯涘：边际；界限。 ㉜ 白砂洞：勾漏四洞最胜处。以这里所产砂特别白而得名。 ㉝ 趣：催促。 ㉞ 束火：扎火把。 ㉟ 高隘：既高又窄。 ㊱ 启：裂开。 ㊲ 虚嵌：悬空嵌在高处。 ㊳ 促炬：连忙点燃火把。 ㊴ 阊阖(chāng hé)：传说中的天门。 ㊵ 不遑：不暇，来不及。遑，闲暇。 ㊶ 倏(shū)：极快地，忽然。 ㊷ 薄仅透屏：仅像穿过屏障那么浅。 ㊸ 极隘忘窘：言虽然极其狭隘，但并没有窘迫的感觉。 ㊹ 丹穴：出产丹砂的洞穴。 ㊺ 盈掬：满满一捧。掬，双手一棒。 ㊻ 天光炯(jiǒng)然：日光明亮。 ㊼ 沟陀：义同"陂陀"，高低不平。 ㊽ 君树：君子树，指松柏之类。 ㊾ 挟：带领；携同。 ㊿ 故实：典故，出处。 51 攒沓：会合，聚集。 52 兹：这里。指黄婆岩。 53 南逊：偏南一点。

⑭ 叠缀：层层相连。 ⑮ 攲（qī）：倾斜。 ⑯ 回睇（dì）顾影：回过头看着自己的影子。睇，斜着眼看。顾，转过头看。⑰ 宫观：唐以来特指道教祠庙。 ⑱ 征：验征，证明。⑲ 楼橹：古时军中用以瞭望敌军的无盖顶高台。 ⑳ 渺漠：渺茫。 ㉑ 盼睐（lài）：左顾右盼。 ㉒ 崿（è）：山崖。㉓ 层空：高空。 ㉔ 穹然：形容高高隆起。 ㉕ 源委：来龙去脉。源，水的来源。委，水的归宿。 ㉖ 翳：遮蔽。 ㉗ 隤然：形容地势往下坠落。隤，同“颓”。 ㉘ 四瞩：向四面仔细观望。 ㉙ 烛：照。 ㉚ 阖：通“合”。 ㉛ 棂（líng）：旧时房屋的窗格。 ㉜ 璇（xuán）室：美玉装饰的宫室。 ㉝ 曲榭（xiè）：幽深曲折的台榭。榭，建在台上的屋子。 ㉞ 暨（jì）：及。 ㉟ 颡（sǎng）：额头。 ㊱ 熠熠（yì）：闪闪发光。㊲ 砥：砥柱。今河南三门峡东北黄河中，原有砥柱山（又名三门山），河水至此分流，包山而过。因山在水中形状如柱，故名。㊳ 渊水四际：四面都是深渊。 ㊴ 跬（kuǐ）步：半步，相当于今一步。 ㊵ 交臂而过：意谓失之交臂。 ㊶ 棘霾（mái）蔓锁：被荆棘埋没、蔓草封闭。霾，通“埋”，埋没。

广西是中国岩溶地貌覆盖面最广、发育最完备、景物最秀丽的地区，岩溶面积占全省总面积的百分之四十。徐霞客对岩溶地貌的考察和研究，主要体现在《粤西游日记》中。通过在广西近一年的探访，他根据石山的形态特征，结合水文条件，通过多方面具体的描述，勾勒出一幅完整的广西岩溶地貌图，其中既有高屋建瓴式的鸟瞰，也有深入某一处的探索。如本文所写，即属于后者。游勾漏山，正是徐霞客勘察西南地区岩溶地貌的一个组成部分。

徐霞客对藏而不露的伏流，始终怀有极大的兴趣。在勾漏山后峰，他看到一方清泉，从乱石中涌出，往下流成溪水。这原是山中最常见的景象，连当地人都熟视无睹，从不曾有人想知道这水究竟来自何处，但徐霞客却偏要探究它的源委。他不顾山中有虎，在经过一段“临深越险，莫此为甚”的险路后，他终于发现了伏流，摸清了这条泉水的上源。可见在徐霞客的探访勘察中，水文和山貌一样，也始终是关注的重点。在他所游洞中，真仙岩是居留时间最长的地方，对岩洞内的暗河，兴趣更浓，描述尤详。

当徐霞客西游之时,明王朝已日薄西山,社会动荡不安,即使在偏僻的西南地区,也弥漫着衰飒的气息。尽管形势危急,但仍有昏官庸吏,置国计民生于不顾,如本文所写的某些司道官员,居然异想天开,荒唐地索取所谓葛仙留在勾漏洞中的丹砂仙米。实际上葛洪根本不曾到过广西,道士所献的,只是洞中十分常见的砂粒和菰米而已。

二十四、游左江日记

崇祯十年(1637)九月二十二日,徐霞客离开南宁,沿左江西行,至太平府(今广西崇左)。途中路过新宁州(今广西扶绥),只见两岸石峰,争奇竞秀,船在江中曲折行驶,江水山崖,各擅其奇,玲珑剔透,美不胜收。上岸后进入峡谷深处,经"三误三返",终于找到犀牛洞。本文录自《粤西游日记三》,描写了左江两岸由奇峰怪石组成的独特的岩溶地貌,令人神往。

二十六日[①]　鸡初鸣,发舟。十里,西南过萧村,天色犹熹微也[②]。至是已入新宁[③]境,至是石山复出,若屏列,若角挺。两崖濒江之石，亦时时竞异。又五里，折而东。江南岸穹石成洞，外裂多门，如狮象骈立，而空其跨[④]下。江北岸断崖成峡，上架飞梁，如虹霓高映，而缀其两端。又五里，转而西南，与石山时向时背。两崖突石愈奇，其上嵲[⑤]如翅云斜劈[⑥]，下覆如肺叶倒垂，幻态时时变换，但洞不甚深，崖不甚扩，未成楼阁耳。又北转五里，为新庄，转西南三里，为旧庄。又西二里，转而南五里，转而北三里，复转西南，更有石山当前矣。又三里，西透两山之腋，挟江北石峰北转，而循其西麓。于是东岸则峰排崖拓，穹洞连门；西岸则波激岸回，矶空窍应。其东岸之山，南连两峰，北峰洞列三门。门虽外分，皆崆峒[⑦]内扩。北骈两崖，南崖壁悬两叠，叠俱有洞，复高下中通。此即狮岩。北行三里，直抵骈崖下，乃转南行。顺风挂帆二里，又西行一里，逼一尖峰下，仍转向南。西岸复有骈崖平剖[⑧]，巍临江潭，即笔架山也。而东岸石根[9]愈耸愈透。共三里，过象石下，即新宁之西门也。风帆方驶，舟人先有乡人泊此，遂泊而互酌。余乃入城，登州廨[10]，读《州记》于仪间[11]，询狮岩诸胜于土著。还登象石，日已薄暮，遂不成行，依象石而泊。

……

州北四里，隔江[12]为狮岩山，州西二里，隔江为笔架山，州南一里为犀牛岩，更南三里为穿山大岩，皆石峰耸拔，石洞崆峒，奇境也。州西远峰排列更奇，象石、狮石俱在含晖门江岸。江流自南衡涌而来，狮石首扼其锐，迎流剜骨，遂成狰狞之状。下流荡[13]为象石，巍准下倩[14]，空颊内含，截水一湾，可泊可憩，而西门之埠因之。狮石之上曰冲口，下流有石梁高架两崖间，下辟成门。余先闻之邑[15]父老云："近冲口有仙源洞府。"记忆不真，无可问者，不识即此否？

自南宁[16]来至石埠墟[17]，岸始有山，江始有石；过右江[18]口，岸山始露石；至杨美[19]，江石始露奇；过萧村入新宁境，江左[20]始有纯石之山；过新庄抵新宁北郭，江右[21]始有对峙之岫。于是舟行石峰中，或曲而左，或曲而右，旋背一崖，复潆一嶂，既环乎此，转鹜[22]乎彼，虽不成连云之峡，而如梭之度纬[23]，如蝶之穿丛，应接不暇，无过乎此。且江抵新宁，不特石山最胜，而石岸尤奇。盖江流击山，山削成壁，流回沙转，云根[24]迸出，或错立[25]波心，或飞嵌水面，皆洞壑层开，肤痕縠绉[26]。江既善折，岸石与山辅之恐后[27]，益使江山两擅其奇。余谓阳朔山峭濒江，无此岸之石；建溪[28]水激多石，无此石之奇。虽连峰夹嶂，远不类三峡，凑泊[29]一处，促[30]不及武彝，而疏密宛转，在伯仲间。至其一派玲珑通漏，别出一番鲜巧，足夺二山之席[31]矣。

① 二十六日：指崇祯十年（1637）九月二十六日。 ② 熹

微：天色微明，言天刚亮。 ③ 新宁：明代州名，治所在今广西扶绥。 ④ 跨：通“胯”，腰的两侧和大腿之间的部分。 ⑤ 嵲(niè)：形容山高峻。 ⑥ 翅云斜劈：言如飞鸟展翅凌云，斜冲直上。 ⑦ 崆峒：空洞。 ⑧ 平剖：笔直劈开。 ⑨ 石根：指崖石下面与水相接处。 ⑩ 州廨(xiè)：州的官署。廨，官署。 ⑪ 仪间：明、清时称衙门或官邸进大门后的第一道正门为仪门，门内有莅事堂，称仪间。 ⑫ 隔江：江指左江，即郁江上游。 ⑬ 荡：涤荡。 ⑭ 巍准下倩：鼻子往下弯曲。巍准，高耸的鼻子。 ⑮ 邑：旧时“县”的别称。 ⑯ 南宁：明代府名，治所在今广西南宁。 ⑰ 石埠墟：在南宁市西，邕江北岸转折处。 ⑱ 右江：即黔江。 ⑲ 杨美：在今邕宁西北境，左江东岸。 ⑳ 江左：江的东岸。 ㉑ 江右：江的西岸。 ㉒ 骛(wù)：疑为“鹜”之误。 ㉓ 梭之度纬：梭子在横丝中穿织。 ㉔ 云根：古人以为云从石生，故以云根为岩石的代称。 ㉕ 错立：交错而立。 ㉖ 肤痕縠绉(hú zhòu)：言岩石表面呈现出绉纱般的纹理。肤痕，皮肤上的痕迹。縠，有绉纹的纱。绉，一种有绉纹的丝织品。 ㉗ 岸石与山辅之恐后：岸上的岩石与山峰随江水曲折延伸，惟恐落后。 ㉘ 建溪：闽江北源，南流至今福建南平为闽江。 ㉙ 凑泊：聚集。 ㉚ 促：紧凑。 ㉛ 足夺二山之席：言足以夺取三峡、武夷山的席位，即胜过这二座山。

左江河道曲折，水浅滩多，两岸奇峰夹峙，堪与漓江媲美。当船从南宁驶入新宁境内，左江两岸的石山顿时映入徐霞客的眼帘，形状奇幻，令人目不暇给："两岸濒江之石，亦时时竞异。""两崖突石愈奇，其上嵲如翅云斜劈，下覆如肺叶倒垂，幻态时时变换。""且江抵新宁，不特石山最胜，而石岸尤奇。盖江流击山，山削成壁，流回沙转，云根迸出，或错立波心，或飞嵌水面，皆洞壑层开，肤痕縠绉；江既善折，岸石与山辅之恐后，益使江山两擅其奇。"由于这些记载，均出自实地考察，故具有旁人不可企及的真确性，加上徐霞客异乎寻常的观察思考能力和迥出流俗的表现技巧，故他的描述，也像水波那样，摇曳多姿，充满活力。

北宋画家郭熙积久侣烟霞、坐穷泉壑的经验，认为山水远近深浅、风雨晦明、四时朝暮，有所不同，提出"山形步步移"，"山形面面看"，"真山水之川谷，远望之以取其势,近看之以取其质"(《林泉高致》)。徐霞客对左江两岸山石的观赏和描述,正是从多角度、多方位观照和表现自然景物的变化形态,其中有整体形态的描摹,也有具体物象的勾勒;有远眺,也有近观;有仰望,也有俯视;有比喻,也有比较;既呈现鲜明的色彩,也传出清晰的声响。文中始终将岿然的山石与流动的江水结合起来描写,如"虹霓高映"、"翅云斜飞"、"云根迸出"、"错立波心"等语,无不将静止的景物动态化,随着观照的位移,刻画山水在时空中奇幻的变态和特征,静中有动,动中有静,亦动亦静,栩栩如生,从而表现出流转不息的生气和神采飞扬的美感。在这幅用生花妙笔绘就的图画中,又能看到对左江沿岸岩溶地貌变化的最忠实、最精确的记载。"江流击山"以下四句,写流水对山石的侵蚀作用,寓科学之理于形象写照之中,简洁有力。正像清人杨名时所言:"大地山川之性情,悉寓之矣。"(《游记序》)紧接着上述描写的几句议论:"余谓阳朔山峭濒江,无此岸之石;建溪水激多石,无此石之奇。虽连峰夹嶂,远不类三峡;凑泊一处,促不及武彝;而疏密宛转,在伯仲间。至其一派玲珑通漏,别出一番鲜巧,足夺二山之席矣。”写得一往情深,满纸生辉。

二十五、游百感岩日记

到达太平府后，徐霞客原拟取道归顺，进入云南。因听说由于土司间的争斗、交彝的入侵骚扰，在前往的路中会遇上不少麻烦，性命难卜，于是改变主意北上。广西古称“百越”之地，徐霞客所走的，正是壮族（旧称僮族）、瑶族等少数民族居住区。游记中对当地的风俗民情，以及还很落后的经济文化状况，都有真实、具体的记载。本文录自《粤西游日记三》，是徐霞客在途经向武州（今广西天等），探游百感岩、琅山岩后的记录。百感岩，在今广西天等县向都镇东北。枯榕江自北向南穿越洞底。洞内有大小洞穴数十，石乳晶莹，景色壮丽，在溶洞中十分罕见。岩上石梁巧夺天工。徐霞客在游记中称誉此洞为“万里西游所见的第一胜景”。

十八日[1]　　……百感岩在向武州[2]东北七里。其西南即分水横列之山，中江之水所由入者；其东南即隘门岭之山，北迤而屏于东，南江之水所由折而北入者；其西北即此山之背，环为龙巷东入之内坞，北江之水所由捣而下者；其东北即此山后门，绕而为百感村，众江既潜合于中[3]，所由北出者。此山外之四面也。而其岩则中辟于山之半，南通二门皆隘[4]：一为前门，一为偏穴。北通一门甚拓[5]，而北面层峦阻闷[6]，不通人间。自州来，必从南门入，故巨者反居后，而隘者为前。前门在重崖之上，其门南向。

初抵山下，东北攀级以上，仰见削崖，高数百仞，其上杙木横栈[7]，缘崖架空[8]，如带围腰，东与云气同其蜿蜒[9]。既而西上危梯三十级，达崖之半，有坪一掌[10]，石窍氤氲[11]，然裂而深。由其东缘崖端石级而左，为东洞；由其西践栈而右，为正洞之前门。栈阔二尺，长六七丈。石崖上下削立，外无纤窦片痕，而虬枝古干，间[12]有斜骞于外，倒悬于上者，辄就之[13]横木为杙。外者藉树杪，内者凿石壁，复以长木架其上为梁，而削短枝横铺之，又就垂藤以络于外。人践其上，内削壁而外悬枝，上倒崖而下绝壑，飞百尺之浮桴[14]，俯千仞而无底，亦极奇极险矣。

栈西尽，又北上悬梯十余级，入洞前门。门南向，其穴高三尺五寸，阔二尺，仅容伛偻[15]入。下丈许，中平，而石柱四环如一室，旁多纤穴，容光外烁，宿[16]火种于中。爇炬由西北隙下，则窅然[17]深陷。此乃洞之由明而暗处也。下处悬梯三十级，其底开夹而北[18]，仰眺高峻。梯之下，有小穴伏壁根。土人云："透而南出，亦有明室一围，南向。”则前门之下层，当悬栈之下者也。由夹北入，路西有穴平坠如井，其深不测。又入其西壁下，有洼穴斜倾西坠。土人云：“深入下通水穴，可以取水。”然流沙圮泻，不能着足也。西壁上有奥室[19]围环中拓，若悬琉璃灯一盏，乃禅室之最闳者。出由其东，又北过一隘，下悬梯三十级，其底甚平旷，石纹粼粼[20]，俱作荔枝盆。其西悬乳萎蕤[21]，攀隙而入，如穿云叶。稍北转而西上，望见微光前透甚遥，蹑沙坂从之，透隘门西出，则赫然大观，如龙宫峨阙，又南北高穹，光景陆离[22]，耳目闪烁[23]矣。此乃洞之由暗而明处也。

其洞内抵西南通偏门，外抵东北通后门，长四十丈，阔十余丈，高二十余丈。其上倒垂之柱，千条万缕，纷纭莫有纪极[24]；其两旁飞驾[25]之悬台，剜空之卷室，列柱穿崖之榭，排云透夹之门，上下层叠，割其一脔，即可当他山之全鼎[26]。其内多因其高下[27]架竹为栏，大者十余丈，小者二三丈，俱可憩可眺。由东崖跻隘入西南洞底之上层，其内有编竹架菌而为廪[28]者，可置谷千钟[29]焉。其上又有龛一围，置金仙于中，而旁小龛曰慈云莲座，乃黄君[30]之母夫人像也。黄母数年前修西方之业[31]于此，此其退藏[32]之所，而外所编竹栏，则选佛[33]之场，而廪则黄君储以备不虞[34]者。龛西则偏门之光，自顶射下。此处去后门已遥，而又得斯光相续，遂为不夜之城。

攀峻峡西上，透其门颇隘，即偏门也。其门西南向，下临不测[35]，惟见树杪丛丛出叠石间，岨[36]悬嶂绝，不辨其处为前山、后山也。龛既穷，仍由故道[37]下，东北趋后门。其门东北向，高二十丈，门以外则两旁石崖直坠山麓，而为水洞之门；门以内，则洞底中陷，亦直坠山底而通水洞之内。陷处径尺五，周围如井，昔人置辘轳[38]于上，引百丈绠[39]下汲，深不啻[40]十倍虎阜[41]。恐人失足，亦编竹护其上，止留二孔以引轴轳，人不敢涉而窥也。井外即门，巨石东西横峙，高于洞内者五尺，若门之阈[42]。由井东践阈，踞门之中，内观洞顶，垂龙舞蛟，神物出没，目眩精摇；外俯洞前，绝壁抟云[43]，重渊破壑[44]，骨仙神耸[45]。此阈内井外峡，下透水门，亦架空之梁，第势极崇峻，无从对瞩[46]耳。阈东透石隘东北下，磴倚绝壁，壁石皆崆峒[47]，木根穿隙缘窍，磴断处，亦横木飞渡。下里半而为百感村。

徐子[48]曰：此洞外险中闷，既穿历窅渺，忽仰透崇宏，兼一山之前后以通奇，汇众流于壑底而不觉，幽明两涵，水陆济美[49]，通之则翻出烟云，塞之则别成天地。西来第一，无以易此[50]。

……

琅山岩在州北半里，其形正如独秀[51]。始见西向有门三叠[52]，而不知登处反在东峰之半也。余至后，黄君始命缚梯通栈，盖亦欲择其尤者为静修之地耳。由东麓攀危梯数百级，入其东门，其门豁然高敞。门以内遂分三径。由北窍者，平开一曲，即透北门，直瞰龙巷后北山，大溪西来界其中，抵横裂峰西而三分之[53]，北面峦岚溪翠，远近悉揽。由南窍者，反从洞内折而东出，外复豁然，即东门之侧窍[54]也。第一石屏横断其径，故假内峡中曲出，其内下有深洼，渊坠而底平。由其上循崖又南入峡中，渐上渐隘，有石横跨其上，若飞梁焉。透梁下再上，峡始南尽，东壁旋穴庋[55]空，透窗倒影，西窍高穹曲嵌，复透而南，是为南门。其前正与州东北巨峰为对，若屏之当前，西南不能眺一州烟火，东南不能挹三曲滕流[56]，而不知其下乃通行之峡也。由西直入者，高穹旁拓，十丈以内，侧堰曲房，中辟明扉[57]，若隘门之中堑者。然其上穹盘如庐，当隘处亦上裂成峡，高剧弥甚[58]。透隘门而西，则西辟为堂，光明四溢[59]，以西门最高而敞也。堂左南旋成龛，有片石平庋为榻，有悬石下卷为拓托，皆天成器具也。堂左右分嵌楼龛，圆转无隙，比[60]及前门，则石阈高栏。透窍以出，始俯门下层崖叠穴，危若累棋[61]，浮如飞鹢[62]。盖已出西望第三门之上，而中门在其下矣。坐其上，倒树外垂，环流下涌，平畴乱岫，延纳重重[63]，断壑斜晖，凭临无限[64]，三门中较为最畅矣。夫此一山，圆如卓锥，而其上则中空外透，四面成门，堂皇[65]曲室，夹榭飞甍[66]，靡所不备。徙倚即殊方[67]，宛转频易向[68]，和风四交[69]，蒸郁不到，洵[70]中天之一柱，兼凌虚之八窗，栖真[71]之最为缥缈而最近人间者也。惟汲泉须盘梯而上，不使负戴[72]耳。

①十八日：指崇祯十年(1637)十一月十八日。 ②向武州：明代直隶广西布政使司，治所在今广西天等西北的向都。 ③潜合于中：在洞中暗流汇合。 ④隘：狭隘，狭窄。⑤拓：开阔。 ⑥闷(bì)：关闭。 ⑦杙(yì)木横栈：插入木桩，横架栈道。杙，小木桩。 ⑧缘崖架空：沿着山崖，凌空飞架。 ⑨东与云气同其蜿蜒：向东和云气一起曲折延伸。 ⑩一掌：手掌大小的一块地。 ⑪氤氲：形容烟云弥漫。 ⑫间：间或，偶然，有时候。 ⑬就之：根据这种状况。 ⑭飞百尺之浮桴(fú)：如坐飘浮的木筏，飞越百尺高空。 ⑮伛偻(yǔ lǚ)：弯腰曲背。 ⑯宿：留下。 ⑰窅(yǎo)然：形容深远。 ⑱其底开夹而北：底部开出一个朝北的夹口。 ⑲奥室：幽深的内室。 ⑳石纹粼粼：石纹如水波粼粼。 ㉑萎蕤(wěi ruí)：草木枝叶繁茂下垂的样子。㉒陆离：形容色彩繁杂。 ㉓耳目闪烁：即眼花缭乱。㉔莫有纪极：不可胜数。 ㉕驾：通“架”。 ㉖割其一脔(luán)二句：即“尝鼎一脔”之意。脔，一块肉。鼎，古代一种烹饪器具。言只要尝一块肉，就可知鼎中其他肉的滋味。这里说只要取它的一角景观，就抵得上其他山崖的全貌。㉗因其高下：根据地势的高低。 ㉘编竹架菌而为廪：用竹

片编成卷席，架成圆形的仓廪。菌，应为"囷"。 ㉙ 钟：古代计量单位，一钟约合六斛四斗。 ㉚ 黄君：向武州参将黄绍伦。 ㉛ 修西方之业：学佛者祈求往生西方净土，指念佛拜佛。 ㉜ 退藏：指晚年归宿。 ㉝ 选佛：开场设戒。 ㉞ 不虞：意外。 ㉟ 不测：深不可测。 ㊱ 岨(jū)：带土的石山。 ㊲ 故道：原路。 ㊳ 辘轳：利用轮轴原理，按在井上汲水的工具。 ㊴ 绠(gěng)：汲水用的绳索。 ㊵ 不啻(chì)：不仅，不止。 ㊶ 虎阜：指苏州虎丘。虎丘剑池深可二丈。这里说井洞深在剑池十倍以上。 ㊷ 阈(yù)：门坎。 ㊸ 抟云：言云雾缭绕。 ㊹ 破壑：言裂成沟壑。 ㊺ 骨仙神耸：言令人有骨清神耸飘然欲仙的感觉。 ㊻ 对瞩：正面对着它看。 ㊼ 崆峒：空洞。 ㊽ 徐子：徐霞客自称。 ㊾ 幽明两涵二句：明暗之景两得，水陆之美兼备。 ㊿ 无以易此：没有其他地方能够取代。 51 独秀：独秀峰。 52 有门三叠：有三层洞门。 53 三分之：分成三条支流。 54 侧窍：旁洞。 55 庋(guǐ)：放置。 56 三曲塍流：指枯榕江南支流经田塍的一段。 57 扉：门户。 58 高剧弥甚：愈发显得高不可攀。 59 光明四溢：阳光普照。 60 比：等到。 61 危若累棋：就像叠得高高的棋子。 62 鹚：一种水鸟。古人在船头画鹢,所以也用以称船。 ㊸ 延纳重重:重重叠叠,接纳包容。 ㊹ 凭临无限:登高远眺,风光无限。 ㊺ 堂皇:高大的厅堂。 ㊻ 飞甍(méng):飞卷的屋脊。甍,屋脊。 ㊼ 徙倚即殊方:徘徊瞻望,随即不同。 ㊽ 宛转频易向:宛转曲折,时时改变方向。 ㊾ 四交:从四面吹来。 ⑩ 洵:诚然,实在是。 ⑪ 栖真:隐居养真。 ⑫ 不使负戴:不能像在平地上那样可以背负头顶(戴)罢了。

在广西旅游的后阶段,由于道路多阻,贫病交加,故徐霞客对时间分外珍惜,赶路的心情更加迫切,但在途中只要看到有洞,特别是地处险要、形状奇特的洞,依然"望之神飞",从不放过。游记中对形形色色的洞穴,都有所描述,析辞切状,穷形尽相,如印之印泥,曲写毫芥。也许是忙于赶路,也许是身体不适,也许是见怪不怪,后阶段对洞穴的描述,已不像先前那么详尽,但对那些卓尔不群的岩洞,徐霞客依然不吝笔墨。本文详细介绍了百感岩所处位置、外观形态、四周景物;突出其"内削壁而外悬枝,上倒崖而下绝壑,飞百尺之浮桴,俯千仞而无底”的极奇极险的地理形势；从“洞之由明而暗处”及“洞之由暗而明处”两路，描述了洞穴结构、洞内通道；以及“光怪陆离，耳目闪烁”的极奇极美的洞穴景观，“千条万缕，纷纭莫有纪极”，“割其一脔，即可当他山之全鼎”的石钟乳；同时写了洞内的流水，写了当地人对洞穴的利用；还写了坐在洞口，“内观洞顶，垂龙舞蛟，神物出没，目眩精摇；外俯洞前，绝壁抟云，重渊破壑，骨仙神耸”，获得因景物的奇幻而产生的美感和快感。最后一段总结：“此洞外险中闷，既穿历窅渺，忽仰透崇宏，兼一山之前后以通奇，汇众流于壑底而不觉，幽明两涵，水陆济美，通之则翻出烟云，塞之则别成天地。西来第一，无以易此。”以骈字俪句，抒情达意，要言不烦，有画龙点睛之妙。

琅山岩以“层叠透漏”擅胜，不似百感岩“雄邃宏丽”。徐霞客的描写，重在洞穴通道，笔致疏隽，脉络清晰，方位感极强，不像写百感岩那样浓墨泼彩，穷形尽相。“倒树外垂，环流下涌，平畴乱岫，延纳重重，断壑斜晖，凭临无限”数句，通过对山水神韵的感悟，渲染深远的意境,既有画一般鲜明的形象,又有诗一般优美的情致。最后的结语,可与写百感岩的结语比美。白居易称谢灵运的山水诗:"大必笼天海,细不遗草树。"(《读谢灵运诗》)读徐霞客游百感岩、琅山岩诸日记,也颇有面面俱到、巨细无遗之感。他以铺张扬厉之笔,作穷形尽相的描述,既曲致入微,又气势恢宏。徐霞客游山,曾有"倏明倏暗,倏隔倏通,倏上倏下,倏凡倏仙"之叹,读他的游记,也时有此感。

自然界中有多少胜景,不仅远离中原,而且远离城市,远离人世。因此,非有山水之情者不会去找,非得山水之心者又不可能找到,而非知山水之趣者,即使面对胜景也不会欣赏。而徐霞客正是那种兼有情、心、趣三者的人。在新宁州时,他往游穿山、犀牛岩,因当地人指错了路,历经险阻,"三误三返而终得之,不可谓与山灵无缘也"。他所游览、所描写的景观,有不少连当地方志都不见记载,甚至当地人都不知道。对此,清人潘耒在为《游记》作序时感慨不已:"造物者不欲使其山川灵异,久秘不宣,故生斯人以揭露之耶?"可惜的是,即使像百感岩这样被徐霞客誉为“西来第一”的胜地，至今尚未开发，不闻于世。天人相得，谈何容易！多少清绝险绝、高绝奇绝的胜景，虽芳容不老，丽姿长存，绣峦芳林，年年姹紫嫣红，然如绝代佳人，幽居深谷，自怜秀色，独守山中，空使苍茫川原，独让云亲雨爱，凄清林壑，长闻风叹泉咽。沦没不遇，又岂止百感岩一处！

二十六、游白水河瀑布日记

崇祯十一年(1638)三月二十七日,徐霞客越过艰坪岭,从广西进入贵州境内。一路向西,经过贵阳府,游览黔灵山,观赏镇宁州(今贵州镇宁)的白水河瀑布(即今黄果树瀑布),通过盘江铁索桥,到平彝所进入云南,前后四十三天,全程一千五百里。贵州地面崎岖,交通闭塞,行路十分不便。徐霞客在贵州的时间虽不长,但却是他西行途中最困难的日子。本文录自《黔游日记一》,堪称古人描写黄果树瀑布的最具体、最生动的文字。

二十三日[①]　雇短夫遵[②]大道南行。二里，从陇头东望双明[3]西岩，其下犹透明而东也。洞中水西出流壑中，从大道下复西入山麓，再透再入[4]，凡三穿岩腹，而后注于大溪。盖是中洼壑[5]，皆四面山环，水必透穴也。又南逾阜[6]，四升降，共四里，有堡在南山岭头。路从北岭转而西下，又二里，有草坊当路，路左有茅铺一家。又西下，升陟陇壑，共七里，得聚落一坞，曰白水铺，已为中火铺[7]矣。又西二里，遥闻水声轰轰，从陇隙北望，忽有水自东北山腋泻崖而下，捣入重渊，但见其上横白阔数丈，翻空涌雪，而不见其下截，盖为对崖所隔也。复逾阜下半里，遂临其下流，随之汤汤[8]西去，还望东北悬流，恨不能一抵其下。担夫曰："是为白水河[9]。前有悬坠处，比此更深。"余恨不一当其境，心犹慊慊[10]。随流半里，有巨石桥架水上，是为白虹桥。其桥南北横跨，下辟三门[11]，而水流甚阔，每数丈，辄从溪底翻崖喷雪，满溪皆如白鹭群飞,“白水”之名不诬[12]矣。度桥北,又随溪西行半里,忽陇箐[13]亏蔽[14],复闻声如雷,余意又奇景至矣。透陇隙南顾,则路左一溪悬捣,万练飞空,溪上石如莲叶下覆[15],中剜三门[16],水由叶上漫顶而下,如鲛绡[17]万幅,横罩门外,直下者不可以丈数计,捣珠崩玉,飞沫反涌,如烟雾腾空,势甚雄厉,所谓“珠帘钩不卷,匹练挂遥峰”,俱不足以拟其壮也。盖余所见瀑布,高峻数倍者有之,而从无此阔而大者,但从其上侧身下瞰,不免神悚[18]。而担夫曰:“前有望水亭[19],可憩也。”瞻其亭,犹在对崖之上,遂从其侧西南下,复度峡南上,共一里余,跻西崖之巅。其亭乃覆茅所为,盖昔望水亭旧址,今以按君[20]道经,恐其停眺,故编茅为之耳。其处正面揖飞流,奔腾喷薄之状,令人可望而不可即也。停憩久之,从亭南西转,涧乃环山转峡东南去,路乃循崖石级西南下。

①二十三日：指崇祯十一年（1638）四月二十三日。②遵：沿。③双明：指镇宁城南的双明洞，洞东西两门穿透，由此得名。④再透再入：言水接连从山脚渗出穿入。⑤是中洼壑：这中间凹下的山壑。⑥阜：山冈。⑦中火铺：供行人中途做饭歇脚的驿站。⑧汤汤（shāng）：水流大而急。⑨白水河：打帮河上游，为北盘江支流，在镇宁西南三十里处。白水河流经黄果树一段，因河床断落，形成大小不等的九级瀑布。⑩慊慊（qiàn）：遗憾。⑪三门：指三个桥洞。⑫诬：毫无根据的哄骗。不诬即名副其实。⑬箐（jīng）：竹林。⑭亏蔽：言遮天蔽日。⑮溪上石如莲叶下覆：指由于河水中含有丰富的碳酸钙，在石壁上产生的较广厚的钙华层。⑯中剜三门：在黄果树瀑布左侧，有水帘洞，洞中靠近瀑布的石壁被水溶蚀，呈三个大孔，有如天窗。⑰鲛绡：传说为鲛人织成的绡，后用以指生绸薄纱。鲛人，神话中居住在海底的鱼人。⑱神悚（sǒng）：心悸魄动。⑲望水亭：即观瀑亭，在黄果树瀑布对面的崖壁上。⑳按君：对巡按的尊称。

"山得水而活，水得山而媚。"这是就潺湲的溪流、平静的湖泊而言的，至于穿过山峡的江水，高悬崖壁的瀑布，所得就不是“媚”而是“壮”了。瀑布本是一种最富于动感、并在激烈的运动中显示其壮美的景观，而像黄果树那样的大瀑布尤为突出。前人描写瀑布，一般集中在两点上：一是飞流直下的气势，一是烟水迷茫的幻影。本文也正是抓住这两点，来表现瀑布雄深奇伟的境界、生动流转的气韵。

白水河流经黄果树地段时，因河床断落，形成九级瀑布。黄果树瀑布是其中最大的一级，水从高处跌入深潭，水石相击，声如巨雷轰鸣，万马奔腾，数里之外即可听到。游记所载，也是未见其形，先闻其声。从大自然的声响中，可感到力的节奏。不同的景观有不同的声响伴随，从中传出不同的运动状态。徐霞客正是从如雷的轰鸣中，从那奔放的旋律、浑厚的节奏中，感受瀑布雄厉的气势，并通过对水声的描述，来渲染奔泻喷薄的力量。他从不曾见过比黄果树更阔大的瀑布，在赞叹之余，用了大量象征洁白、明净的词语来形容，使他所描写的景状充满亮色，因明亮的色彩会使空间变得更加开阔爽朗,藉此激发对瀑布壮观的联想。

本文写黄果树瀑布的形态,由远而近,由浅而浓,由隐约而分明,声情并茂,气势磅礴。文中以"遥闻"其声、"从陇隙北望"、"为对崖所隔"、"透陇隙南顾"、"从其上侧身下瞰"、"面揖飞流"等词句为线索,随着作者行迹的移位,使景物从远近、高低、上下、前后等不同层面展现,多方面、多角度显示瀑布的雄伟和壮丽,使得文章本身也具有一种流动的美。文中写初见瀑布:"忽有水自东北山腋泻崖而下,捣入重渊,但见其上横白阔数丈,翻空涌雪,而不见其下截。"如奔马绝尘,有住而不住之势。结语悠远:"其处正面揖飞流,奔腾喷薄之状,令人可望而不可即也。"如众流归海,有尽而不尽之意。

清初田雯作九言诗《白水岩放歌》:"匡庐瀑布天下称奇绝,何如白水河灌犀牛潭。银汉倒倾三叠而后下,玉虹饮涧百丈哪可探。声如丰隆奋地风破碎,涛如天孙织锦花鬛鬖。"近代贵州著名诗人郑珍也写过一首七言诗《白水瀑布》:"九龙浴佛雪照天,五剑挂壁霜冰山。美人乳花玉胸滑,神女佩戴珠囊翻。文章之妙避直露,自半以下成霏烟。银虹堕影饮絣甃,天马无声下神渊。沫尘破散汤沸鼎,潭日荡漾金熔盘。”这两首诗,是歌咏黄果树瀑布的名篇,设想奇特,比喻生动,词采绚丽,作为文学作品,都无愧佳作。但和徐霞客的描述相比,却显得想象有余而刻画不足,虽然色彩斑斓,但形象却未必鲜明,读者只知景美但又不能真切地感受究竟美在哪里。写黄果树瀑布那样处在永远变动中的壮观,不可能不用比喻。游记中用“翻空涌雪”、“白鹭群飞”、“万练飞空”、“捣珠崩玉”等来形容瀑布的声色形态,和田雯、郑珍诗中的比喻相比,虽不似他们奇特,但更贴切。陈衍称赞郑珍诗“历前人所未历之境,状前人所难状之状”(《石遗室诗话》)。历览前人游记,能无愧此美者,应首推徐霞客。

二十七、游(昆明)太华山日记

崇祯十一年(1638)五月十日,徐霞客自贵州进入云南。据整理徐霞客游记手稿的季会明说,《滇游日记》第一册的稿本,在清顺治二年(1645)七月清兵南下时,毁于江阴兵火。故现缺五月十日至八月初六这八十七天的日记。后虽经徐霞客第四子李季聚残补缺,但仅得《游太华山记》等几篇小记而已。本文录自《滇游日记一》,作于徐霞客初入昆明之时。太华山在云南昆明滇池西岸,现为昆明西山公园所在地。古人称它“居中最高,得一山之胜”,故名。太华山原为西山的一部分,但这篇游记将它作为西山的代称,题为游太华山,实际上是一篇西山游记。

出省城[1]，西南二里下舟，两岸平畴夹水。十里田尽，萑苇[2]满泽，舟行深绿间，不复知为滇池[3]巨流，是为草海[4]。草间舟道甚狭，遥望西山[5]绕臂东出，削崖排空，则罗汉寺也[6]。又西十五里，抵高峣[7]，乃舍舟登陆。高峣者，西山中逊处[8]也。南北山皆环而东出，中独西逊，水亦西逼之，有数百家倚山临水，为迤西[9]大道。北上有傅园，园西上五里为碧鸡关[10]，即大道达安宁州[11]者。由高峣南上为杨太史祠[12]，祠南至华亭、太华，尽于罗汉，即碧鸡山南突为重崖者。盖碧鸡山自西北亘东南，进耳诸峰由西南亘东北，两山相接，即西山中逊处，故大道从之，上置关。高峣实当水埠[13]焉。

余南一里，饭太史祠。又南过一村，乃西南上山，共三里，山半得华亭寺。寺东向，后倚危峰，草海临其前。由寺南侧门出，循寺南西上，南逾支陇入腋[14]，共二里，东南升岭，岭界华亭、太华两寺中而东突者。南逾岭，西折入腋凑[15]间，上为危峰，下盘深谷。太华则高峙谷东，与行处平对。然路必穷极西腋，后乃东转出。腋中悬流两派坠石窟，幽峭险仄[16]，不行此径不见也。转峡，又东盘山嘴，共一里，俯瞰一寺在下壑，乃太平寺也。又南一里，抵太华寺。寺亦东向，殿前夹墀[17]皆山茶[18]，南一株尤巨异。前廊南穿庑[19]入阁，东向瞰海。然此处所望犹止及草海，若漭漭浩荡观，当更在罗汉寺南也。

遂出南侧门，稍南下，循坞西入。又东转一里半，南逾岭。岭自西峰最高处东垂下，有大道直上，为登顶道。截之东南下，复南转，遇石峰嶙峋南拥[20]。辄从其北，东向坠土坑下，共一里，又西行石丛中。一里，复上蹑崖端，盘崖而南，见南崖上下，如峰房燕窝，累累欲堕者，皆罗汉寺南北庵也。披石隙稍下，一里，抵北庵，已出文殊岩上，始得正道[21]。由此南下，为罗汉寺正殿；由此南上，为朝天桥[22]。桥架断崖间，上下皆嵌崖，此复崭崖中坠。桥度而南，即为灵官殿，殿门北向临桥。由殿东侧门下，攀崖蹑峻，愈上愈奇，而楼、供纯阳。而殿、供元帝。而阁、供玉皇。而宫名抱一。皆东向临海，嵌悬崖间。每上数十丈，得斗大平崖[23]，辄杙空架隙成之。故诸殿俱不巨，而点云缀石，互为披映[24]，至此始扩然全收水海[25]之胜。南崖有亭前突，北崖横倚楼，楼前高柏一株，浮空漾翠[26]。并楼而坐，如倚危樯上[27]，不复知有崖石下藉[28]也。抱一宫南削崖上，杙木栈[29]，穿石穴，栈悬崖树，穴透崖隙，皆极险峭。度隙，有小楼粘[30]石端，寝寬炊灶皆具。北庵景至此而极。返下朝天桥，谒罗汉正殿。殿后崖高百仞。崖南转折间，泉一方渟[31]崖麓，乃朝天桥迸缝而下者，曰勺冷泉。南逾泉，即东南折，其上崖更崇列[32]，中止藻坪[33]一缕若腰带，下悉[34]陨阪崩崖[35]，直插海底[36]，坪间梵宇仙宫[37]，雷神庙、三佛殿、寿佛殿、关帝殿、张仙祠、真武宫。次第[38]连缀。真武宫[39]之上，崖愈杰竦[40]，昔梁王[41]避暑于此，又名避暑台，为南庵尽处，上即穴石小楼也。更南，则庵尽而崖不尽，穹壁覆云[42]，重崖拓而更合[43]。南绝壁下，有猗兰阁址。

还至正殿[44]，东向出山门，凡八折，下二里抵山麓，有村氓[45]数十家，俱网罟[46]为业。村南即龙王堂，前临水海。由其后南循南崖麓，村尽波连，崖势愈出，上已过猗兰旧址。南壁愈拓削[47]，一去五里，黄石痕挂壁下，土人名为挂榜山。再南则崖回嘴突[48]，巨石垒空嵌水折成壘[49]。南复分接[50]屏壁，雄峭不若前，而兀突离奇，又开导境。三里，下瞰海涯[51]，舟出没石隙中，有结茅南涯侧者，亟悬仄径下[52]，得金线泉[53]。泉自西山透腹出，外分三门[54]，大仅如盎[55],中崆峒[56],悉巨石欹侧[57],不可入。水由盎门出,分注海。海中细鱼溯流入洞,是名金线鱼[58]。鱼大不逾四寸,中腴脂[59],首尾金一缕如线,为滇池珍味。泉北半里,有大石洞,洞门东瞰大海,即在大道下,崖倾莫可坠[60],必迂其南,始得逶迤入,即前所望石中小舟出没处也。门内石质玲透,裂隙森柱[61],俱当明处。南入数丈辄暗,觅炬更南,洞愈崇拓[62]。共一里,始转而分东西向,东上三丈止,西入窈窕[63]莫极。俱火炬不给,乃出。

上山返抱一宫。问山顶黑龙池道,须北向太华中,乃南转。然池实在山南金线泉绝顶,以此地崖崇石峻,非攀援可至耳。余辄从危崖历隙[64]上,壁虽峭,石缝多棱,悬跃无不如意。壁纹琼葩瑶茎,千容万变,皆目所未收。素习者[65]惟牡丹,枝叶离披,布满石隙,为此地绝遘[66],乃结子垂垂,外绿中红,又余地[67]所未见。

土人以高远莫知采鉴[68],第曰山间野药,不辨何物也。攀跻里余,遂蹑巅,则石萼鳞鳞,若出水青莲,平散竟地[69]。峰端践侧锷[70]而南,惟西南一峰最高。行峰顶四里,凌其上,为碧鸡绝顶。顶南石萼骈丛[71],南坠又起一突兀峰,高少逊之,乃南尽海口山也。绝顶东下二里,已临金线泉之上,乃于耸崖间观黑龙池而下。

① 省城:指昆明,明代为云南布政使司治所。 ② 萑(huán)苇:芦苇。 ③ 滇池:又名昆明湖、昆明池。烟波浩淼,一碧万顷,景色甚美,有“云贵明珠之称”。清康熙年间,在池旁建大观楼。 ④ 草海:又名青草湖、西湖,在滇池北端。⑤ 西山:又名睡美人山、卧佛山。系太华、罗汉、碧鸡、华亭、进耳诸山的总称。“碧鸡秋色”为昆明胜景。“三月三,游西山”,已成为昆明相沿已久的风俗。 ⑥ 则罗汉寺也:就是罗汉寺所在的地方。 ⑦ 高峣(yáo):在西山脚下,草海西岸山水交集处。由昆明渡水往西山多在此登岸。峣,当地人多读作“桥”。 ⑧ 逊处:地势低下的地方。 ⑨ 迤(yǐ)西:

迤，往，向。迤西即往西。明代云南以昆明为中心，有迤东、迤西之分。迤西即今滇西。 ⑩ 碧鸡关：在碧鸡山北，和昆明城东金马山下的金马关遥遥相对。 ⑪ 安宁州：明代州名。今云南安宁市。 ⑫ 杨太史祠：杨太史，杨慎，字用修，号升庵，正德间状元，曾官翰林院修撰，与古太史之职相近，故称杨太史。嘉靖间，以直言极谏，充军云南，死于昆明，在云南长达三十五年。在昆明居高峣山麓，宅名“碧峣精舍”，死后改建为祠堂，以作纪念。 ⑬ 水埠：水边码头。 ⑭ 腋：山腋。⑮ 腋凑：指山腰凹陷处。 ⑯ 险仄：险峻不平。 ⑰ 墀(chí)：台阶上的空地。或指台阶。 ⑱ 山茶：茶花，为云南的省花。云南茶花以形状奇美，种类繁多，在国内外享有盛誉。 ⑲ 庑：古代堂下周围的屋子。 ⑳ 南拥：往南簇拥。㉑ 正道：大路。 ㉒ 朝天桥：在文殊岩南，飞架断崖之上，为通往罗汉寺南北两庵的起点。 ㉓ 斗大平崖：指山崖上仅如斗大的平地。 ㉔ 披映：掩映。 ㉕ 水海：滇池分两部分，北部即草海，又称西湖，湖水较浅，湖面较小；南部即水海，又称外海或昆明海，湖水较深，湖面较广。 ㉖ 浮空漾翠：翠绿的枝叶在空中飘荡。 ㉗ 如倚危樯上：如同站在船上。危樯，高高的桅杆。 ㉘ 下藉：垫在下面。藉，凭借。 ㉙ 杙木栈:在崖壁上凿孔架木,以成栈道。 ㉚ 粘:紧贴。 ㉛ 渟:水汇聚不流动。 ㉜ 崇列:高大排列。 ㉝ 潆坪:狭长弯曲的平地。 ㉞ 悉:全是。 ㉟ 隤(tuí)阪崩崖:倒塌的山坡,崩裂的崖壁。 ㊱ 海底:指滇池水底。文中言海处都指滇池。 ㊲ 梵宇仙宫:梵宇指佛寺,仙宫指道观。 ㊳ 次第:依次。 ㊴ 真武宫:在朝天桥南,曾为梁王避暑处。其下即避暑台。 ㊵ 杰竦(sǒng):高得怕人。竦,同"悚"。 ㊶ 梁王:指元末把匝剌瓦尔密。一名孛罗明。封梁王,镇云南,有威惠。明将傅友德破云南,驱妻子投滇池死,夜入草屋自尽。他在罗汉山上的离宫被改建成罗汉寺。 ㊷ 穹壁覆云:崖壁高耸,云雾笼罩。 ㊸ 重崖拓而更合:重重山崖分开又合拢。 ㊹ 正殿:指罗汉寺大殿。 ㊺ 村氓:村民。 ㊻ 网罟(gǔ)为业:以捕鱼为业。罟,网的总称。 ㊼ 拓削:开阔陡峭。 ㊽ 崖回嘴突:崖壁环绕,山口突起。 ㊾ 巨石垒空嵌水折成璺(wèn):巨石重叠,高耸天空,下插水中,断裂成缝。璺,器皿裂纹。 ㊿ 分接:时分时接。 51 海涯:海边,指滇池水边。 52 亟悬仄径下:急忙从小路垂直下去。 53 金线泉:在罗汉山南侧。以泉水喷洒如线,故名。 54 三门:指金线泉出口处的三个洞门,即金线洞门。 55 盎

(àng):一种腹大口小的盆。 ㊻ 崆峒:空洞。 ㊼ 欹侧:倾斜不正。 ㊽ 金线鱼:为滇池的三种特产鱼之一。体细长,中间有一条金线,味极鲜美。现已罕见。 ㊾ 中腴脂:鱼肉肥嫩。 ㊿ 莫可坠:没处可下。 61 森柱:石柱森罗密布。 62 崇拓:既高且广。 63 窈窕:深远曲折。 64 历隙:踩着一个个缺口。 65 素习者:平时所常见的东西。 66 绝遘(gòu):绝无仅有的景观。 67 余地:谓徐霞客故乡。 68 采鉴:采集观赏。 69 竟地:遍地。 70 侧锷:旁边棱角锋利的石片。 71 骈丛:并生丛聚。

“苹香波暖泛云津,渔枻樵歌曲水滨。天气常如二三月,花枝不断四时春。”(《滇海曲》)这是明人杨慎咏昆明滇池的名篇。滇池西岸,青山秀拔,水映山色,海阔天空,前人有“南浦绿波西山爽气;春风落日秋水长天”的赞叹。自古以来,游人接踵,佳作迭出。如明嘉靖间张佳胤的《游滇太华山记》、万历间王士性的《泛舟昆明池历太华诸峰记》,写景状物,都清丽可诵。霞客的功夫,本非语言所能涵盖,当然也就无须在文字上较长论短,同样写太华山(西山),不仅和作为文学家的张佳胤异趣,就是和同样“一生好入名山游”的地理学家王士性也不一样,而具有更鲜明的特色。无论张佳胤,还是王士性,所游主要是太华寺和罗汉寺南北庵,文中重笔渲染的,也是这两处景观,而写太华寺,又主要写了两株山茶树和在一碧万顷阁凭眺滇池风光,这和徐霞客所写,并不相左。张佳胤凭栏眺望,只见“湖水空旷,四际烟渚”,“波光荡摇,千峰俱动”;在王士性眼前呈现的,是“危樯一粟,水势粘天”,气象都甚壮观。而徐霞客入阁望湖,却说:“此处所望犹止及草海,若漭漭浩荡观,当更在罗汉寺南也。”颇煞风景,但一种“曾经沧海难为水”的胸怀,显然可见。张、王写罗汉寺的南北庵,虽铺锦列绣,雕绘满目,但如雾里看花,并不分明。而在徐霞客的笔下,可有可无的形容词、表现主观色彩的感叹词都很少,多的是具有方位感的、条理十分清晰的、客观的描述,更注意眼前美景所处的地理位置、建筑特色。古代创作论,有虚实之说。由于文言长于会意,短于刻画,故前人摹景,往往虚写。特别在文人画兴起之后,避实就虚,更成为一种审美风尚。但徐霞客所记,都为实写。从罗汉寺正殿往上,楼阁宫殿相连,景物越来越奇,王士性仅说"如鹊巢燕寝,悬度飘摇",张佳胤则从侧面进行渲染:"劲风乱飐,飘花如雨","巨浸浩渺,皆出胯下"。而徐霞客的描述,则要具体得多:"而楼、而殿,而阁、而宫,皆东向临海,嵌悬崖间。每上数十丈,得斗大平崖,辄杙空架隙成之。故诸殿俱不巨,而点云缀石,互为披映,至此始扩然全收水海之胜。"

张、王两人,都在太华寺过夜,次日再游罗汉寺。在徐霞客的游记中,没有在太华寺留宿的记载,也不见像张、王文中月色入户、宿鸦惊栖的描写,似乎游罢太华寺,便直奔罗汉寺,这和他不辞辛劳、日夜兼程的作风是一致的。当其他人浅尝辄止之时,徐霞客已经在更加险峻的道路上攀登了。在三清阁(旧名玉皇阁,即游记中所说的避暑台)罗汉崖有一副对联:"置身须向最高处;举首还多在上人。"但事实上,包括张佳胤、王士性在内,大多数人都到这里却步了。因为从三清阁往上,当时还没有筑成的通道,路极难走。据游记中的描写,徐霞客已到了现在所说的“龙门”,这里有“滇中第一美景”之称,不过地势也最为险峻。但他仍不满足,随即又攀登碧鸡绝顶,途中经过金线泉,看到滇池的珍味金线鱼,并在悬崖峭壁的裂纹中,看到过去从未见过的千变万化的“琼葩瑶茎”,即奇花异草。

二十八、游鸡足山日记

崇祯十一年(1638)年底,徐霞客抵达鸡足山,在狮子林静室过年,并连住一个月。鸡足山为佛教名山,在云南宾川西北。山有四支,前三后一,宛如鸡足四趾,故名。最高峰为天柱峰,海拔3220米。登顶远眺,五百里山川皆在足下,东之日出、南之祥云、西之洱海、北之玉龙雪山,尽收眼底。当时正是鸡足山兴盛时期,其间徐霞客广交僧侣,遍游山水,对鸡足山的山川地貌、自然景观、寺院建筑、僧侣生活、风俗特产,都作了前所未有的真实、全面、生动、详尽的记载。近代史学家陈垣在《明季黔滇佛教考》中说:"今欲考滇、黔静室及僧徒生活,《霞客游记》为最佳史料。"本文录自《滇游日记五》、

《滇游日记六》、《滇游日记十三》，是游舍身崖、华首门、猢狲梯、珠帘、翠壁、玉龙阁瀑布及山中“第一胜景”西峡瀑布的记录。

二十八日[①]　晨起，寒甚，亟披衣从南楼[②]观日出，已皎然上升矣。晨餐后，即录碑文于天长、善雨[③]之间。指僵，有张宪副[④]二碑最长，独不及录。还饭迦叶殿。乃从北门出。门外冈脊之上，多卖浆瀹[⑤]粉者。脊之西皆削崖下覆，岂即向所谓舍身崖者耶？北由脊上行者一里，乃折而西下，过一敝阁，乃南下束身峡。巨石双迸，中窞[⑥]成坑，路由中下，两崖逼束，而下坠甚峻，宛转峡中，旁无余地，所谓“束身”也。下半里，得小坪，伏虎庵倚之。庵南向，从其前，多卖香草者，其草生于山脊。

循舍身崖东南转，为曹溪、华首之道；绕庵西转，盘绝壁之上，是为礼佛台、太子过玄关[⑦]。

余乃先过礼佛台。有亭在台东，亦中圮，台峙其前石丛起中，悬绝壑之上。北眺危崖，倒插于深壑中，乃绝顶北尽处也，其下即桃花箐，但突不能俯窥耳。其东南壑中，则放光寺[8]在焉；其西隔坞相对者，香木坪也。是台当绝顶西北隅悬绝处，凌虚[9]倒影，若浮舟之驾壑[10]，为一山胜处，而亭既倾敧，不容无慨。台之北，崖壁倒悬，磴道斩绝，而西崖之瞰壑中者，萼瓣[11]上迸，若蒂斯启[12]。遥向无路，乃栈木横崖端，飞虬接翼[13]于层峦之上，遂分蒂而蹈[14]，如入药房，中空外透，欲合欲分。穿其奥窟，正当佛台之下，乃外石之附内石而成者，上连下迸，裂透两头。侧身而进，披隙而出，复登南台之上。仍东过伏虎[15]，循岩傍壁，盘其壑顶。仰视矗崖，忽忽[16]欲堕，而孰知即向所振衣[17]蹑履于其上者耶？

东南傍崖者一里余，有室倚崖，曰曹溪寺。

以其侧有水一泓,在矗崖之下,引流坠壑,为众派之源,有似宗门法脉[18]也。稍下,路分为二,正道东南循崖平去,小径西下危坡。余睇[19]放光在西南壑,便疑从此小径是。西循之一里余,转而北逾一嘴,已盘礼佛台之下。其西北乃桃花箐路,而东南壑底,终无下处,乃从旧路返。二里,出循崖正道,过八功德水,于是崖路愈逼仄,线底缘嵌绝壁上,仰眺只觉崇崇隆隆[20]而不见其顶,下瞰只觉窅窅冥冥[21]而莫晰[22]其根,如悬一幅万仞苍崖图,而缀身其间,不辨身在何际也。

东一里,崖势上飞,高穹如檐,覆环其下,如户阈[23]形,其内壁立如掩扉[24],盖其石齿齿皆堕而不尽堕之余,所谓华首门[25]也。其高二十丈,其上穹覆者,又不知凡几,盖即绝顶观海门下危崖也。门之下,倚壁为亭,两旁建小砖塔襄[26]之,即经所称迦叶受衣入定处[27],待六十百千岁以付弥勒[28]者也。天台王十岳[29]士性宪副诗偈[30]镌壁间，而倪按院大书“石状奇绝”四字，横镌而朱丹之。其效颦[31]耶？黥面[32]耶？在束身书“石状大奇”，在袈裟书“石状又奇”，在兜率峡口书“石状始奇”，凡四处，各换一字，山灵何罪而受此耶？

又半里，矗崖东尽，石脊下垂，有寺倚其东，是为铜佛殿，今扁[33]其门曰传灯寺，盖即绝顶东突，由猢狲梯[34]下坠为此，再下即迦叶寺，而为西南支发脉者。寺东向，大路自下而来，抵寺前分两岐：由其北峡登寺后猢狲梯，为绝顶前门道，余昨从上所瞰者；由寺前循崖西转，过华首门，上束身峡，为绝顶后门道，余兹下所从来者。盖寺北为峡，寺西为崖，寺后猢狲梯由绝顶垂脊而下，乃崖之所东尽而峡之所南环者也。寺北有石峰突踞峡中，有庵倚其上，是为袈裟石。余初不知其为袈裟石也，望之有异,遂不入铜佛殿而登此石。至则庵僧迎余坐石上。石纹离披[35]作两叠痕,而上有圆孔。僧指其纹为迦叶袈裟[36],指其孔为迦叶卓锡[37]之迹。即[38]无遗迹,然其处回崖外绕,坠壑中盘,此石缀崖瞰壑,固自奇也。僧瀹米花为献,甚润枯肠。

余时欲下放光、圣峰诸寺,而不能忘情[39]于猢狲梯,遂循石右上。半里,升梯。梯乃自然石级,有叠磴痕可以衔趾[40],而痕间石芒[41]齿齿,著足甚难。脊左瞰即华首矗崖之上,右瞰即袈裟坠壑之端,其齿齿之石,华首门乃垂而下,此梯乃错而上者,然质则同也。上半里,数折而梯尽,仍从峡上。问去顶迥绝,乃返步下梯,由铜佛殿北东下峡中。一里,横盘峡底,有庵当其中,所谓兜率庵也,已半倾。其后即绝顶与罗汉壁分支前突处,庵前峡复深坠。循庵横度,循左崖下半里,崖根有洼内嵌,前有巨树流荫，并鹤峒居士诗碑。其前峡遂深蟠，路从其上，又分为两：循右峡中西南下者，为迦叶寺、圣峰寺西支大道；循左崖下东向行者，为西来寺、碧云寺、罗汉壁间道。余时身随西峡下，而一步一回眺，未尝不神飞罗汉壁间也！

……

初三日[42]　　晨起，饭。荷行李将下悉檀[43]，兰宗[44]来邀，欲竟山中未竟之旨[45]，余乃过[46]其庐，为具盒具餐[47]，遍征山中故迹[48]。既午，有念诚师造其庐，亦欲邀过一饭。兰宗乃辍所炊，同余过念诚。路经珠帘翠壁[49]下，复徙倚[50]久之。盖兰宗所结庐之东，有石崖傍峡而起，高数十丈，其下嵌壁而入，水自崖外飞悬，垂空洒壁，历乱纵横，皆如明珠贯索。余因排帘入嵌壁中，外望兰宗诸人，如隔雾牵绡，其前树影花枝，俱飞魂濯魄[51]，极罨映[52]之妙。崖之西畔，有绿苔上翳，若绚彩铺绒，翠色欲滴，此又化工[53]之夹染，非石非岚，另成幻相[54]者也。崖旁山木合沓，琼枝瑶干，连幄[55]成阴，杂花成彩。兰宗指一木曰："此扁树，曾他见[56]乎？"盖古木一株，自根横卧丈余，始直耸而起，横卧处不圆而扁，若侧石偃[57]路旁，高三尺，而厚不及尺。余初疑以为石也，至是循视其端，乃信以为树。盖石借草为色，木借石为形，皆非故质[58]矣。

……

于是又北逾涧半里，入悉檀寺，与宏辨诸上人[59]相见，若并州故乡[60]焉。前同莘野[61]乃翁由寺入狮林[62]，寺前杏花初放，各折一枝，携之上；既下，则寺前桃亦缤纷，前之杏色愈浅而繁，后之桃蘤[63]更新而艳，五日之间，芳菲乃尔。睹春色之来天地，益感浮云之变古今也[64]。

初四日　饭于悉檀，即携杖西过迎祥、石钟二寺。共二里，于石钟、西竺之前，逾涧而南，即前山所来大道也。余前自报恩寺后渡溪，分道误循龙潭溪而上，不及过大士阁出此，而行李从此来。顾仆言大士阁后有瀑甚奇，从此下不远。从之，即逾脊。脊甚狭而平，脊南即瀑布所下之峡，脊北即石桥所下之涧，脊西自息阴轩来，过此南突而为牟尼庵，尽于大士阁者也。脊南大路从东南循岭，观瀑亭[65]倚之。瀑布从西南透峡，玉龙阁跨之。由观瀑亭对崖瞰瀑布从玉龙阁下陨，坠崖悬练，深百余丈，直注峡底，峡逼箐深，俯视不能及其麓。然踞亭俯仰，绝顶浮岚，中悬九天，绝崖陨雪，下嵌九地，兼之霁色澄映[66]，花光浮动，觉此身非复人间，天台石梁[67]，庶几又向昙花亭[68]上来也。时余神飞玉龙阁，遂不及南下问大士阁之胜，于是仍返脊，南循峡端共一里，陟瀑布之上，登玉龙。其阁跨瀑布上流，当两山峡口，乃西支与中支二大距凑拍[69]处，水自罗汉、华严[70]来，至此隤空下捣。此一阁正如石梁之横翠[71]，鹊桥之飞空，惜无居人，但觉杳然有花落水流之想[72]。……

初九日[73]　……乃再度峡西崖，随之南下。一里，转东岐，得一新辟小室。问瀑布何在？其僧朴而好事，曰："此间有三瀑，东箐者最上而小，西峡者中悬而长，下坞者水大而短。惟中悬为第一胜，此时最可观，而春冬则无有，此所以昔时不闻也。"老僧牵衣留待瀹茗，余急于观瀑，僧乃前为导。西下峻级半里，越级湾之西，有小水垂崖前坠为壑，而路由其上，南盘而下。又半里，即见壑东危崖盘耸，其上一瀑垂空倒峡，飞喷迢遥[74]，下及壑底，高百余丈，摇岚曳石，浮动烟云。虽其势小于玉龙阁前峡口瀑，而峡口内嵌于两崖之胁[75]，观者不能对峡直眺，而旁觑倒瞰，不能竟其全体；此瀑高飞于穹崖之首，观者隔峡平揖，而自颡及趾，靡有所遗。故其跌宕之势,飘摇之形,宛转若有余,腾跃若不及,为粉碎于空虚,为贯珠于掌上[76],舞霓裳[77]而骨节[78]皆灵,掩鲛绡[79]而丰神独迥,不由此,几失山中第一胜矣!

① 二十八日:指崇祯十一年(1638)十二月二十八日。② 南楼:指鸡足山绝顶天柱峰(四观峰)迦叶殿南楼云观楼。③ 天长、善雨:指迦叶殿天长阁、善雨亭。 ④ 宪副:明代都察院副都御史称“宪副”。 ⑤ 瀹:用汤煮东西。 ⑥ 窞:穴。 ⑦ 太子过玄关:在天柱峰西侧,高踞云端,令人有“群玉峰头,瑶池月下”之感。为“鸡山十景”之一。 ⑧ 放光寺:在鸡足山华首门下。在此可见佛光。“放光瑞影”为“鸡山十景”之一。 ⑨ 凌虚:凌空。 ⑩ 若浮舟之驾壑:就像船在山壑中漂浮。 ⑪ 萼瓣:萼指石萼,石芽,瓣指石瓣,石片。⑫ 若蒂斯启:就像花蒂开放。 ⑬ 飞虬接翼:言栈木就像盘曲的飞龙在山峦间相连。 ⑭ 分蒂而蹈:踩着一瓣瓣石片。⑮ 伏虎:庵名。 ⑯ 忽忽:飘忽不定貌。 ⑰ 振衣:抖衣去尘。 ⑱ 宗门法脉:佛教禅宗自称“宗门”,将其佛教宗派

称为教门,其传授的弟子叫“法嗣”或“法脉”,前面所说的“曹洞”是中国禅宗“五家”之一,上承曹溪(六祖慧能),法脉绵延不断。这里说这道泉水是众水之源,如宗门之分法脉,所以将寺称为曹溪寺。 ⑲ 睇:斜视。 ⑳ 崇崇隆隆:形容山势高峻。 ㉑ 窅窅(yǎo)冥冥:形容山壑幽深。 ㉒ 晰:看清楚。 ㉓ 户阈:门槛。 ㉔ 掩扉:关闭的门。 ㉕ 华首门:在天柱峰南侧。是一片高约二三十丈、宽约四五丈的石壁,内剜如门状,自上而下有一道裂缝,将“门”分成两扇,形似城关。相传这里是迦叶入定处。“华首重门”为“鸡山十景”之一。 ㉖ 襄:辅佐。 ㉗ 迦叶受衣入定处:迦叶,即大迦叶,释迦牟尼十大弟子之一。传说他手持金缕僧衣,入鸡足山等待慈佛(即弥勒佛)再生,后于华首门圆寂。 ㉘ 弥勒:佛教菩萨名,传说他经过极长时间后,下生人世,继承释迦牟尼成佛。 ㉙ 王十岳:名士性。万历进士。性喜游。为徐霞客之外明代又一个著名地理学家。 ㉚ 偈:梵语“偈陀”的简称,也译“颂”,是佛经中的唱词。 ㉛ 效颦:颦,皱眉。《庄子·天运》载:有丑妇效西施捧心而颦,变得更加难看。意谓不配仿效而仿效,适足以见其丑。 ㉜ 黥面:古代一种肉刑,在脸上刺字,再涂上墨,使痕迹永远存在。 ㉝ 扁:通“匾”,匾额。这里作动词用,言在门匾上题字。 ㉞ 猢狲梯:在天柱峰东侧,铜佛殿上方。凿壁出径,势极险峻。 ㉟ 离披:分散。 ㊱ 袈裟:佛教法衣。指迦叶所持法衣。 ㊲ 卓锡:卓,立;锡,锡杖,和尚出外所用。因称僧人在某地停留为卓锡。 ㊳ 即:即使。㊴ 忘情:无动于衷。 ㊵ 衔趾:落脚。 ㊶ 石芒:指尖锐的石片。 ㊷ 初三日:崇祯十二年(1639)正月初三。 ㊸ 悉檀:寺名。明万历间本无禅师建,为鸡足山最东的寺院。在祝圣寺未建之前,为一山之冠。 ㊹ 兰宗:鸡足山那兰陀寺静主。 ㊺ 未竟之旨:尚未讲完的意思(内容)。 ㊻ 过:拜访。 ㊼ 具盒具餐:具,备办。盒,指放点心的盒子。 ㊽ 遍征山中故迹:言讲遍山中的掌故。 ㊾ 珠帘翠壁:位于鸡足山东北部的山崖。珠帘崖前有瀑水似珠帘,翠壁崖如壁陡立,林木苍翠,故以为名。 ㊿ 徙倚:流连徘徊。 51 飞魂濯魄:神魂飞扬,心胸荡涤。 52 罨映:掩映。罨,覆盖。 53 化工:造化之工,即大自然的力量。 54 幻相:幻境。 55 连幄:言树木连成一片,如同帐幕。 56 他见:在其他地方见过。 57 偃:卧倒。 58 故质:原有的形态。 59 上人:佛教称具备德智善行的人。后用作对僧人的敬称。 60 并州故乡:唐贾岛《渡桑乾》诗:“客舍并州已十霜,归心日夜忆咸阳。

无端更渡桑乾水，却望并州是故乡。”言长久客居某地，已将此地当作家乡。 ⑥1 莘野：姓沈，与其父同隐于鸡足山。 ⑥2 狮林：寺庙名。亦称狮子林。在旃檀岭东念佛堂西。附近有灵泉，风景清幽。 ⑥3 桃靥(yè)：靥，面颊上的酒窝。形容开放的桃花如女子的笑靥。 ⑥4 睹春色之来天地二句：杜甫《登楼》诗：“锦江春色来天地，玉垒浮云变古今。”言目睹天地间春色来临之速，更加感到世事如浮云变幻无常。 ⑥5 观瀑亭：在石钟寺西北，牟尼庵后，玉龙瀑前。“瀑布腾空”为“鸡山十景”之一。 ⑥6 霁色澄映：雨后天色澄清。 ⑥7 天台石梁：指浙江天台山的石梁瀑布。 ⑥8 昙花亭：在天台山石梁瀑布上旁，为观赏石梁飞瀑的最佳处。 ⑥9 凑拍：聚合。 ⑦0 罗汉、华严：指罗汉壁、华严寺。 ⑦1 横翠：言横架青山。 ⑦2 杳然有花落水流之想：李白《山中问答》诗：“问余何意栖碧山，笑而不答心自闲。桃花流水杳然去，别有天地非人间。” ⑦3 初九日：崇祯十二年(1639)九月初九。 ⑦4 迢遥：形容路远。 ⑦5 胁：指山崖的内侧。 ⑦6 为粉碎于空虚二句：成为空中的粉末、掌上的明珠。 ⑦7 霓裳：以霓为裳。相传唐代杨贵妃擅长“霓裳羽衣舞”。 ⑦8 骨节：骨头的关节。 ⑦9 鲛绡：相传为鲛人(传说中居住在海底的怪人)所织的绡。后也用以指手帕。

徐霞客并不是佛教徒,但他的烟霞之癖,他对自然的挚爱,他远离浊世的襟怀,都使他同佛教、同佛寺、同占尽天下大半名山的僧人结下了不解之缘。当徐霞客年逾五十,决定万里西游时,甚至连他的一些挚友都不能理解,力加劝阻,惟有僧人静闻,自愿和他结伴同行,将自己刺血写成的《法华经》,供在鸡足山。在西行途中,佛寺常成了他的投宿之所,并得到不少僧人无私的帮助。鸡足山是佛教名山,有"鹫山"(印度佛教圣地)之称,也是徐霞客西游预定的一个重要目的地。离开昆明后,他历时七十余天,终于带着静闻的遗骨到鸡足山,葬在龙潭附近的高僧塔旁。静闻墓至今尚存,霞客真可谓不负死友了。

鸡足山没有拔地而起的险峰,前人游鸡足山,也少见奇险的经历,但这不等于说鸡足山没有险境,只是一般人都不会去尚未开发的地方探险罢了。如攀登绝顶,就有两条险道,一条从"猢狲梯出铜佛殿",一条从"束身峡出礼佛台"。但通常游人都从大路走,而不会像徐霞客那样,"屡悬峻梯空,从崖石间作猿猴升"。他第二次攀登绝顶,换了一个方向,从舍身崖往上,"时罡风横厉,欲卷人掷向空中”,他竭力“手粘足踞”,才幸免在这里舍身。即使在正月初一那天,徐霞客依然出游,因发现有条路以前不曾走通,“乃攀险陟之”,到达深峡之中,看到“东峰石壁峻绝,峡下陨壑崩悬”的壮观。

徐霞客在鸡足山考察山貌水文的同时,也留下了不少流连美景的文字。游记中写第一次攀登华首门所见:“于是崖路愈逼仄,线底缘嵌绝壁上,仰眺只觉崇崇隆隆而不见其顶,下瞰只觉窅窅冥冥而莫晰其根,如悬一幅万仞苍崖图,而缀身其间,不辨身在何际也。东一里,崖势上飞,高穹如檐,覆环其下,如户阈形,其内壁立如掩扉,盖其石齿齿皆堕而不尽堕之余,所谓华首门也。”前面几句写远望,后面几句为近观,而在作者眼前呈现(在文中展现)的,则都是雄深之景。由于作者在活动的过程中不断改变观赏的位置,导致景观在视觉中移动,从而产生动态感和立体感,如“崇崇隆隆”、“窅窅冥冥”、“崖势上飞”、“堕而未尽堕”诸语,字里行间,透出一股逼人的威势。而写珠帘翠壁的景状则全然不同:“有石崖傍峡而起,高数十丈,其下嵌壁而入。水自崖外飞悬,垂空洒壁,历乱纵横,皆如明珠贯索。余因排帘入嵌壁中,外望兰宗诸人,如隔雾牵绡。其前树影花枝,俱飞魂濯魄,极罨映之妙。崖之西畔,有绿苔上翳,若绚彩铺绒,翠色欲滴,此又化工之点染,非石非岚,另成幻相者也。"华首门苍劲突兀,珠帘翠壁明丽谐和;华首门以高深而雄,珠帘翠壁以秀婉而媚;华首门使人感受自然强硬的一面,珠帘翠壁使人体味自然柔和的一面;眼望华首门让人心动,面对珠帘翠壁令人情移;写华首门泼墨淋漓,写珠帘翠壁细笔点染;前者以活动的人写静态的景,后者以静观的人赏动态的景。"垂空洒壁,历乱纵横",是景物本身的活动;而"外望兰宗"以下五句,则又写出因这种活动而造成的周围景物的迷离莹洁之美。"绿苔上翳"、"翠色欲滴"、"连幄成阴,杂花成彩"诸句,不仅形象鲜明,且充满欣欣向荣之意,美景溢目,秀色可餐。

瀑布以其激烈和不懈的运动状态,既有气势磅礴的雄奇美,也有景象迷离的飘逸美,既能使人心悸,也能令人神摇,故无论在哪里,都是一道引人瞩目的风景线。鸡足山玉龙阁前的瀑布,以居高直落、漾荡众壑取胜。作者面对瀑布,以俯视知其深,以仰望见其高,以四顾得其秀丽。前人写瀑布,无不在如何表现其动态美上竟下功夫。这里没有直接描写瀑布的动态,而是通过“悬练”、“浮岚”、“隤雪”等意象来表现,不仅生动形象,而且富于变化。文中也没有一个关于颜色的字,但以“练”、“雪”可知瀑布的洁白,从“箐深”可知竹林的苍翠,从“浮岚”、“霁色”可知云彩的绚丽,从“花光”可知花朵的鲜艳,从而处处流溢出色彩美。景色澄映,花光浮动,不仅写出天色的晴朗,也隐寓心境的喜悦、神思的远扬,于是泛起留在记忆中的美,天台石梁仿佛又呈现在眼前。

鸡足山有三道瀑布,其中在西峡居中悬挂的为第一胜景。但这道瀑布在春、秋两季断流,惟有夏天才有水,故徐霞客先前在山上并未见到。听了僧人的介绍,他迫不及待地赶到那里,看到“壑东危崖盘耸,其上一瀑垂空倒峡,飞喷迢遥,下及壑底,高百余丈,摇岚曳石,浮动烟云”。就水势而言,这道瀑布比先前所见的玉龙阁瀑布还小些,但徐霞客很快发现,这道瀑布之所以能呈现玉龙阁瀑布所不及的壮观,是由它们所处的不同的地理条件及观赏位置决定的。玉龙阁瀑布嵌在两座山峰的内侧，观赏者无法从正面眺望，只能“旁观倒瞰”，因此也就难见全貌。而这道瀑布高高飞挂在隆起的山崖的顶端，隔着峡谷望去，自上而下，一览无遗。由于它所处的空间远比玉龙阁开阔，观赏者的视野自然也更宽广。瀑布通常以气势跌宕取胜，而游记中却说这道瀑布“宛转若有余，腾跃若不及”，乍看似有贬意，很难将它同“山中第一胜”联系起来。但细加分析，正是这两句话，点出了这道瀑布的特色。因这道瀑布水势并不大，无飞流直下之概，当然显得“腾跃若不足”，但也因此展现出飘曳之态，转觉“宛转若有余”。文中用“舞霓裳而骨节皆灵，掩鲛绡而丰神独迥”这样既出人意外又极为形象的比喻，来形容这道瀑布婀娜的丽姿，化壮为媚，令人叹赏。前人在诗文中出现了不少描写瀑布的名篇，但大多堆积意象，备极形容，乍看眼花缭乱，细味模糊不清，“如七宝楼台，眩人眼目，碎拆下来，不成片段”(张炎《词源》)。而像徐霞客那样，将景物特征与其所在的地理条件联系起来，将观赏与考察结合起来，将科学与艺术合一，可谓绝无仅有。

二十九、游丽江日记

在鸡足山逗留时，徐霞客应丽江知府木增的邀请，北上过鹤庆府，到达丽江府。丽江位于云南西北的横断山区，是一片神奇而又瑰丽的土地。这里有气势磅礴的玉龙雪山、明洁如镜的黑龙潭、桃李绚烂的川甸、惊心动魄的峡谷，这里还有我国纬度最南的现代冰川、令人瞩目的"长江第一弯"。徐霞客西行之初，就已请陈继儒修书介绍，准备去那里考察长江上源。丽江是纳西族聚居区，民族风情，颇多奇趣。徐霞客在丽江得到极隆重的礼遇，在著名的解脱林居住，前后十五天。游记中对丽江的地貌、景观、气候、交通、建筑、物产、风情、习俗，以及与中原、邻境的政治、地理关系，都作了具体的描述。本文录自《滇游日记六》、《滇游日记七》。

二十五日[1] ……二里，过木家院东。又北二里，度一小桥，则土冈一支，西南自大山之脊，分冈环而东北，直抵东山之麓，以扼漾共江[2]上流。由冈南陟其上，是为东圆里。北行岭头，西南瞻大脊，东南瞰溪流，皆在数里之外。六里乃下。陇北平畴大开，夹坞纵横，冈下即有一水，西南自文笔峰[3]环坞南而至，有石梁跨其上，曰三生桥。过桥，有坊二在其北，旁有守者一二家，于是西北行平畴间矣。北瞻雪山[4]，在重坞[5]之外，雪幕[6]其顶，云气郁勃，未睹晶莹。西瞻乌龙，在大壑之南，尖峭独拔，为大脊之宗，郡中取以为文笔者也。路北一坞，窈窕[7]东北入，是为东坞。中有水南下，万字桥水西北来会之，与三生桥下水同出邱塘[8]东者也。共五里，有柳径抱[9]，耸立田间，为土人折柳送行之所。路北即万字桥水濴流而东，水北即象眠山至此南尽。又西二里，历象眠山之西南垂[10]，居庐骈集，萦坡带谷，是为丽江郡所托矣。于是[11]半里，度石梁而北，又西半里，税驾[12]于通事者[13]之家。其家和姓。盖丽江土著，官姓为木，民姓为和，更无别姓者。其子即迎余之人，其父乃曾奉差入都，今以居积[14]番货[15]为业。坐余楼上，献酪[16]为醴[17]，余不能沾唇[18]也。时才过午，通事即往复命，余处其家待之。

东桥之西，共一里为西桥，即万字桥也，俗又谓之玉河桥。象鼻水从桥南下，合中海之水而东泄于东桥，盖象鼻之水，土人名为玉河云[19]。河之西有小山兀立，与象眠南尽处，夹溪中峙。其后即辟为北坞，小山当坞，若中门之标[20]，前临横壑，象鼻之水夹其东，中海之流经其西，后倚雪山，前拱文笔，而是山中处独小，郡署踞其南，东向临玉河，丽江诸宅多东向，以受木气[21]

也。后幕山顶而上,所谓黄峰[22]也,俗又称为天生寨。木氏居此二千载,宫室之丽,拟于王者。盖大兵临则俯首受绁[23],师返则夜郎自雄[24],故世代无大兵燹[25],且产矿独盛,宜其富冠诸土郡[26]云。

……

初六日[27]　　……解脱林[28]倚白沙坞西界之山。其山乃雪山之南,十和后山之北,连拥与东界翠屏、象眠诸山,夹白沙为黄峰后坞者也。寺当山半,东向,以翠屏为案,乃丽江之首刹,即玉龙寺[29]之在雪山者,不及也。寺门庑[30]阶级皆极整,而中殿不宏,佛像亦不高巨,然崇[31]饰庄严,壁宇[32]清洁,皆他处所无。正殿之后,层台高拱,上建法云阁[33],八角层甍[34],极其宏丽,内置万历时所赐藏经焉。阁前有两庑,余寓南庑中。两庑之外,南有圆殿,以茅为顶,而中实砖盘。佛像乃白石刻成者,甚古而精致。中止一像，而无旁列，甚得清净之意。其前即斋堂、香积[35]也。北亦有圆阁一座，而上启层窗。阁前有楼三楹，雕窗文槅[36]，俱饰以金碧，乃木公[37]燕憩[38]之处，扃[39]而不开，其前即设宴之所也。其净室在寺右上坡，门亦东向，有堂三重，皆不甚宏敞，四面环垣仅及肩，然乔松连幄，颇饶烟霞之气。闻由此而上，有拱寿台、狮子崖，以迫于校雠[40]，俱不及登。

初六、初七日　　连校类分标[41]，分其门为八。以大把事候久，余心不安，乃连宵篝灯，丙夜[42]始寝。是晚既毕，仍作书付大把事，言校核已完，闻有古冈[43]之胜，不识导使一游否？古冈者，一名偪傍，在郡东北十余日程，其山有数洞中透，内贮四池，池水各占一色，皆澄澈异常，自生光彩。池上有三峰中峙，独凝雪莹白，此间雪山所不及也。木公屡欲一至其地，诸大把事言不可至，力尼[44]之，数年乃得至，图其形以归。今在解脱林后轩之壁，北与法云阁相对，余按图知之。且询之主僧纯一，言其处真修㊺者甚多，各住一洞，能绝粒休粮，其为首者有神异，手能握石成粉，足能顿坡成洼，年甚少而前知㊻。木公未至时，皆先与诸土人言，有贵人至，土人愈信而敬之。故余神往而思一至也。

① 二十五日：指崇祯十二年（1639）正月二十五日。 ② 漾共江：又名鹤川。自丽江境内南流，至鹤庆入金沙江。 ③ 文笔峰：在丽江城西南。 ④ 雪山：在丽江城西北。全山十三峰，常年悬挂现代冰川，宛如一条玉龙，横卧云表，有一跃而入金沙江之势，故又名玉龙山。主峰扇子陡峰，海拔 5596 米，为云南第二高峰。 ⑤ 重坞：重重山坞。 ⑥ 幕：覆盖，笼罩。 ⑦ 窈窕：形容深远的样子。 ⑧ 邱塘：关名。今名关坡，在丽江南境，古时为丽江门户。 ⑨ 径抱：树干直径有合抱那么粗。 ⑩ 垂：通“陲”，边地。 ⑪ 于是：从这里（走）。 ⑫ 税（tuō）驾：解驾，停车。用以指休息、停宿。

税，通“脱”。 ⑬ 通事者：通报传达的人。 ⑭ 居积：囤积财物，待时出售。 ⑮ 番货：外国的货物。 ⑯ 酪：乳浆。 ⑰ 醴：甜酒。 ⑱ 不能沾唇：口味不对，不习惯吃。 ⑲ 盖象鼻之水二句：象鼻水，今名黑龙潭，在丽江北郊。南流入丽江城，称玉河。 ⑳ 中门之标：正门的标记。 ㉑ 木气：古代五行学说认为东方主木。 ㉒ 黄峰：今名狮子山，在丽江城中四方街西。 ㉓ 绁（xiè）：捆绑犯人的绳索。 ㉔ 夜郎自雄：即夜郎自大。 ㉕ 兵燹（xiǎn）：因战争而造成的焚烧破坏等灾害。燹，野火。 ㉖ 土郡：由当地人任掌管的州府。 ㉗ 初六日：指崇祯十二年（1639）二月初六。 ㉘ 解脱林：明代土司木氏的别墅。在丽江城西北的芝山上，位于雪山西南麓。始建于明万历年间，内有佛寺。 ㉙ 玉龙寺：在雪山下。寺内有一株被誉为“山茶之王”的古山茶，名扬海内。 ㉚ 庑：廊屋。 ㉛ 崇：修饰。 ㉜ 宇：屋檐。 ㉝ 法云阁：今名五凤楼，为解脱林中重要建筑。从四面看，形状都像展翅欲飞的凤凰。 ㉞ 甍（méng）：屋脊。 ㉟ 香积：僧人的厨房又称香积厨。 ㊱ 槅：窗上用木条做的格子。 ㊲ 木公：指当时的丽江土知府木增。曾游学中原，喜爱汉族文化。 ㊳ 燕憩：宴饮休息。 ㊴ 扃（jiōng）：关门。 ㊵ 校雠：核对书籍,纠正错误。 ㊶ 连校类分标:连日校对,分类标目。㊷ 丙夜:三更时。 ㊸ 古冈:又作“牯冈”,山名,在丽江东北。 ㊹ 尼:阻止。 ㊺ 真修:佛教谓修行有二阶段,先缘修,后真修。缘修是有心的修行,真修是无心的修行,境界更上一层。 ㊻ 前知:预知,能预测未来。

丽江位于高寒之地,当初春时节,“杏花始残,桃犹初放”。作为丽江象征的玉龙雪山,峰峰冰悬雪掩,宛如一条玉龙在空中腾跃,令人不禁想起杜诗名句“玉垒浮云变古今”。当徐霞客进入邱塘关,通过三生桥,走在平坦的田野上,第一次望见雪山,“在重坞之外,雪幕其顶,云气郁勃,未睹晶莹”。由于玉龙雪山名闻遐迩,前人赞词已多,如果泛泛称誉,无异床上架床;更由于徐霞客未能前往一游,亲临其境,搜奇抉奥,故他在丽江住了十多天,却未能对雪山作具体的描述。倒是他根据传闻所写的一些位于丽江北境的景观,充满奇趣。如古冈(今名牯冈)山中,“有数洞中透,内贮四池,池水各占一色,皆澄澈异常,自生光彩。池上有三峰中峙,独凝雪莹白,此间雪山所不及也”。

在徐霞客的笔下,这里的山村又是那么秀美,别有一番情趣。这里没有险峰,没有激流,没有怪石,没有奇树,有的只是竹篱茅舍、桃芬李芳,是淡淡的烟、轻轻的云,这一切是那么平常,但又是那么轻盈、那么安谧、那么明丽、那么富有生气,从而组成了一幅秀丽谐婉的图画,尽管未用一个“春”,但整个画面,却洋溢着浓浓的春天的气息。

丽江是少数民族居住的边远地区,故徐霞客对当地的土风民俗尤为注意。游记中说从丽江往东北走十多天,可到古冈,“其处真修者甚多,各住一洞,能绝粒休粮”。记载了当地人最怕出水痘,据说每十二年遇上寅年,就会出一次水痘,“互相牵染,死者相继”,所以没有出过水痘的人,包括已袭知府之职的木增长子,都到深山穷谷中躲避。记载了当地风俗在新年正月十分重视祭天的礼仪,从元旦到元宵后的二十天,要举行多次才结束。记载了明朝初年到这里戍守的汉人,这时“皆从其俗矣”,即都已被当地习俗所同化。

还记载了滇藏接界处高寒地区特有的气候:“古宗北境,雨大而止有雪,绝无雷声。其人南来者,至丽郡乃闻雷,以为异。”

1933 年,詹姆斯·希尔顿在西方出版了一部名为《失去的地平线》的著作。书中记载了作者因一次偶然的机会,意外地闯入一处名“香格里拉”的世外桃源。那里有茫茫的林海、雄伟的雪山、醉人的湖泊、珍稀的动植物,有与世隔绝的居民、纯真古朴的风俗、从未污染的生态环境。但无论作者,还是其他人,以后却始终找不

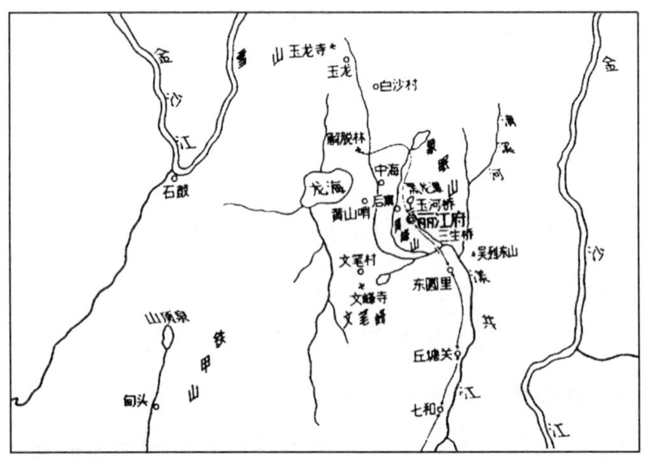

到这个神秘的地方。直到1997年,经过几十位中外人士在滇西北地区的考察,认为“香格里拉”就是如今云南藏民的居住区迪庆中甸(今名香格里拉县),而这正是徐霞客在丽江时一心想去但却未能成行的地方(游记中称为“忠甸”)。

三十、游茈碧湖日记

《云南通志》载："茈碧花，产浪穹县宁湖中，似白莲而小，叶如荷钱，根生水底，茎长六七尺，气清芬，采而烹之，味美于蓴。八月开花满湖，湖名茈碧以此。"茈碧花为珍稀植物，日本称为"子午莲"。茈碧湖又名宁湖、明河，在云南洱源东北的罢谷山下，为洱海源流之一，风景清幽，一碧如玉，故又名碧玉池。本文录自《滇游日记七》。离开丽江后，徐霞客南下去大理，途中经过浪穹(今云南洱源)，泛舟茈碧湖，考察九炁台，写了这篇日记。

十八日[①]　……于是西南从支坡下，一

里，过热水塘，有居庐绕之。余南行塍间，其坞扩然大开。西南八里，有小溪自东而西注。越溪又南，东眺三营，居庐甚盛，倚东山之麓，其峰更崇；西望溪流，逼西山之麓，其畴[2]更沃；过此中横之溪，已全为浪穹[3]境矣。三营亦浪穹境内，余始从鸡山闻其名，以为山阴也，而何以当山之南？至是而知沐西平再定佛光寨，以其地险要，特立三营以控扼之。土人呼营为"阴"，遂不免与会稽之邻县同一称谓莫辨矣。

……

于是又西南行塍间，三里，转而西，三里，过一小石梁，其西则平湖浩然，北接海子[4]，南映山光，而西浮雉堞[5]，有堤界其中，直西而达于城[6]。乃遵[7]堤西行，极似明圣[8]苏堤，虽无六桥花柳[9]，而四山环翠，中阜[10]弄珠[11]，又西子[12]之所不能及也。湖中鱼舠[13]泛泛，茸草[14]新蒲，点琼飞翠，有不尽苍茫、无边潋滟[15]之意。湖名"茈碧"，有以[16]也。西二里，湖中有阜中悬，百家居其上[17]。南有一突石，高六尺，大三丈，其形如龟；北有一回冈，高四尺，长十余丈，东突而昂其首，则蛇石也。龟与蛇交盘于一阜之间，四旁沸泉腾溢者九穴，而龟之口向东南，蛇之口向东北，皆张吻吐沸[18]，交流环溢于重湖[19]之内。龟之上建玄武阁，以九穴环其下，今名九炁台[20]。余循龟之南，见其腭[21]中沸水，其上唇覆出，为人击缺，其水热不可以濯。有僧见余远至，遂留饭，且及夫仆焉。其北蛇冈之下，亦新建一庵，余以入城急，不暇遍历。

由台西复行堤间，一里，度一平桥，又二里，入浪穹东门。一里，抵西山之下，乃南转入护明寺，憩[22]行李于方丈。寺东向，其殿已久敝，僧方修饰之。寺之南为文昌阁，又南为文庙，皆东向，而温泉即洋溢于其北。既憩行李，时甫[23]过午，入叩何公巢阿[24]，一见即把臂[25]入林，欣然恨晚，遂留酌及更，仍命其长君[26]送至寺宿焉，何名鸣凤，以经魁初授四川郫县令，陞浙江盐运判官。

尝与眉公道余素履，欲候见不得。其与陈木叔诗，有“死愧王紫芝，生愧徐霞客”之句，余心愧之，亦不能忘。后公转六安州知州，余即西游出门。至滇省，得仕籍，而六安已易人而治；讯东来者，又知六安已为流寇所破，心益忡忡。至晋宁，会教谕赵君，为陆凉人，初自杭州转任至晋宁，问之，知其为杭州故交也，言来时从隔江问讯，知公已丁艰先归。后晤鸡足大觉寺一僧，乃君之戚，始知果归，以忧离任，即城破，抵家亦未久也。

十九日　何君复具餐于家，携行李入文庙西庑，乃其姻刘君匏石读书处也。上午，何君具舟东关外，拉余同诸郎四人登舟。舟小仅容四人，两舟受八人，遂泛湖而北。舟不用楫，以竹篙刺水而已。渡湖东北三里，湖心见渔舍两三家，有断埂垂杨环之。何君将就其处结楼缀亭，绾[27]纳湖山之胜，命余豫[28]题联额[29]，余唯唯。眺览久之，仍泛舟西北，二里，遂由湖而入海子。南湖北海，形如葫芦，而中束如葫芦之颈焉。湖大而浅，海小而深，湖名茈碧，海名洱源。东为出洞鼻，西为刖头村，北为龙王庙，三面山环成窝，而海子中溢，南出而为湖。海子中央，底深数丈，水色澄莹，有琉璃光，穴从水底喷起[30]，如贯珠联璧，结为柱帏[31]，上跃水面者尺许，从旁遥觑水中之影，千花万蕊，喷成珠树，粒粒分明，丝丝不乱，所谓"灵海耀珠"也。《山海经》[32]谓洱源出罢谷山，即此。杨太史[33]有《泛湖穷洱源》遗碑没山间，何君近购得之，将为立亭以志其胜焉。从海子西南涯登陆，西行田间，入一庵，即护明寺之下院也。何君之戚已具餐庵中，为之醉饱。下午，仍下舟泛湖，西南二里，再入小港，何君为姻家[34]拉去，两幼郎留侍，令两长君同余还。晚餐而宿文庙西庑。

二十日　何君未归，两长君清晨候饭，乃携盒抱琴，竟堤[35]而东，再为九炁台之游。拟浴于池，而浴池无覆室，是日以街子[36]，浴者杂沓，乃已。遂由新庵掬蛇口温泉，憩弄久之，仍至九炁台，抚琴命酌。何长君不特文章擅藻[37]，而丝竹俱精。就龟口泉瀹鸡卵为餐，味胜于汤煮者。已而寺僧更出盒佐觞[38]，下午乃返。西风甚急，何长君抱琴向风而行，以风韵弦[39]，其声泠泠[40]，山水之调，更出自然也。

① 十八日：指崇祯十二年(1639)二月十八日。 ② 畴：田地。 ③ 浪穹：明代县名，即今云南洱源。 ④ 海子：湖泊。 ⑤ 雉堞：古时在城墙上修筑的矮墙。 ⑥ 城：指洱源县城。 ⑦ 遵：沿着。 ⑧ 明圣：杭州西湖的旧称。相传汉代有金牛出湖中，当时人看作是明圣的瑞兆，因称西湖为明圣湖。 ⑨ 六桥花柳：六桥指西湖苏堤上的映波等六桥。苏堤沿堤遍植桃柳，映照一湖碧水，分外妖娆。后因以“六桥花柳”喻苏堤胜景。 ⑩ 阜：土冈。此指湖中小岛。 ⑪ 弄珠：指下文所说的湖中有阜，四周沸泉腾溢的景状。 ⑫ 西子：苏轼《饮湖上初晴后雨》：“欲把西湖比西子，淡妆浓抹总相宜。”西子，原指西施，后用作西湖的代称。 ⑬ 舠(dāo)：小船。以其形似刀，故名。 ⑭ 茸草：新生的细软的草。 ⑮ 潋

滟：形容水波相接的形状。 ⑯ 有以：有道理，有缘故。⑰ 百家居其上：即今九台村。 ⑱ 张吻吐沸：言岩石张开裂缝，喷吐沸泉。 ⑲ 重湖：茈碧湖有南、北两部分，中间相通，故称重湖。 ⑳ 九炁台：炁，同“气”。今名九气台温泉。在九台村龟石下，沸泉滚滚，声响震耳。 ㉑ 腭：同“颚”，组成口腔的顶壁。 ㉒ 憩：放下。 ㉓ 甫：才，刚。 ㉔ 何公巢阿：何鸣凤，号巢阿，洱源人，长于诗。 ㉕ 把臂：握人手臂，表示亲热。 ㉖ 长君：长子。 ㉗ 绾（wǎn）纳：延纳，统揽。 ㉘ 豫：或作“预”，预先。 ㉙ 联额：对联、匾额。㉚ 穴从水底喷起：据文意，当为“水从穴底喷起”。 ㉛ 柱帏：指水柱、水幕。 ㉜《山海经》：古代一部包括山川地理、风俗物产、神话传说的综合性地理著作。 ㉝ 杨太史：指杨慎。 ㉞ 姻家：亲家。 ㉟ 竟堤：走完湖堤。 ㊱ 街子：集会。 ㊲ 擅藻：富于文采。 ㊳ 佐觞：助酒。 ㊴ 以风韵弦：以风弄弦，发出声音。 ㊵ 泠泠：形容声音激越。

浪穹（洱源）的茈碧湖和洱源海，是两个南北相通的湖泊。“海子中央，底深数丈，水色澄莹，有琉璃光。水从穴底喷起，如贯珠联璧，结为柱帏，上跃水面者尺许。从旁遥觑，水中之影，千花万蕊，喷成珠树，粒粒分明，丝丝不乱，所谓‘灵海耀珠’也。”此景之妙，在水从湖底跃起，“喷成珠树”，烨烨闪耀。“粒粒分明”原是极平常的词语，但在这里用以形容水珠的晶莹玲珑，则再贴切不过了，而“千花万蕊”、“结为柱帏”等语，虽极力形容，反有模糊隔膜之感。茈碧湖“北接海子，南映山光”，“湖中鱼舠泛泛，茸草新蒲，点琼飞翠，有不尽苍茫、无边潋滟之意”，“极似明圣苏堤，虽无六桥花柳，而四山环翠，中阜弄珠，又西子之所不能及也”。游记中写茈碧湖，不像写洱源海那么用力，但清新自然，更有诗情画意。徐霞客毕竟是江南人，在他心中有始终不解的江南情结。“江南忆，最忆是杭州。”特别是在面对明镜般的湖泊时，就会很自然地联想到杭州西湖，并进行比较。杭州西湖使他难忘，这里的景物更使他陶醉。无论茈碧湖，还是邓川西湖，在徐霞客眼中，都比杭州西湖更美。杭州西湖虽然天生丽质，但经过历代人工的妆点，已如一个身上戴着无数珠宝的贵妇人，露出富贵相、矜持相，而这里仍像一个涉世未深的少女，素面朝天，生气勃勃。固然,这里不像杭州那么繁荣,有“烟柳画桥,风帘翠幕,参差十万人家”,但也因此更有天真烂漫的野趣,更有清纯自然的本色美。

在这些地方游览时,徐霞客基本上是以比较平和的心态进行观赏,其心灵活动的节奏和景物变化的节奏处在比较和谐的状态中,从而能从容不迫地观赏景物的形式美,聆听自然的音响美,从或远或近的位置,描写或浓或淡、或明或暗的景观,以及在幽寂宁静的氛围中显得格外分明的动静和声响,字里行间洋溢着一种“万物静观皆自得”的韵味,怡然自适,心迹双清,一笔一境,引人入胜,恰到好处地将幽寂之地清隽秀逸的特色表现出来。当徐霞客和何鸣凤的长子在九炁台饮酒游赏时,“西风甚急,何长君抱琴向风而行,以风韵弦,其声泠泠,山水之调,更出自然也”。寥寥数语,写出一个风神潇洒的才子形象,尺水兴波,摇曳生情。

云南温泉甚多,徐霞客每到一处,都仔细观察,详细记载了泉水的源头、位置、地势,特别是水温和水量,以及当地有关温泉的传说,故在他的笔下,每一处温泉,又都显示出各自的特色。徐霞客到茈碧湖，考察了位于湖畔的九炁台。这里的温泉在当时就已远近闻名，除了因为水温高、水中含有大量天生磺（气磺），能治各种疾病外，还在它本身又是一处“龟（石）与蛇（石）交盘于一阜之间，四旁沸泉腾溢者九穴，而龟之口向东南，蛇之口向东北，皆张吻吐沸，交流环溢于重湖之内”的奇丽景观。他甚至注意到石龟的上唇已被敲缺，这不仅反映了观察的细致，也可见这处景观的迷人。

三十一、游普陀崆日记

普陀崆，又名葡萄江，在浪穹(洱源)城南，即大营河、凤羽河、宁河三江合流的尾部。两山夹立，一水倒流，往南汇入洱河。在浪穹游览时，徐霞客沿天马山麓到三江口，进入普陀崆。本文录自《滇游日记八》。徐霞客自称有"山癖"，他"生平只负云山梦"，"夜半翻话只有山"，以此，唐泰(大来)有"留君一坐即名山"的赞叹。从数量上看，《游记》中写水的文字，要比山少得多。但这不等于说，徐霞客不擅长写水，相反，在《游记》中常能看到一些别有趣味的写水的佳作，如本文对普陀崆水石相搏产生的千姿百态的壮观，作了生动、绚丽的描述，便是一个很好的例证。

初九日[1]　早饭于何[2]处。比[3]行，阴云四合，大有雨意，何长君、次君[4]仍以盒饯于南郊。南行三里，则凤羽溪[5]自西而东注，架木桥度之。又南里余，抵天马山麓，乃循而东行，风雨渐至。东里余，有小阜踞峡口之北，曰练城[6]，置浮屠[7]于上，为县学之案[8]。此县普陀崆水口，既极逼束，而又天生此一阜，中悬以锁钥之。茈碧湖、洱源海及观音山之水出于阜东，凤羽山之水出于阜西，俱合于阜南，是为三江口。由其西望之而行，又二里，将南入峡，先有木桥跨其上流，度桥而东，应山铺之路自东北逾横山来会，遂南入峡口。

是峡东山即灵应山西下之支，西山即天马山东尽之处，两山逼凑，急流捣其中，为浪穹诸水所由去。路从桥东即随流南入峡口。有数家当峡而居，是为巡检司。时风雨交横，少避于跨桥楼上。楼圮不能蔽，寒甚。南望峡中，风阵如舞；北眺凌云诸峰，出没闪烁。坐久之，雨不止，乃强[9]担夫行。初从东崖南向行普陀崆中，一里，峡转而西曲，路亦西随之。一里，复转而南，一里，有一家倚东崖而居。按《郡志》，有龙马洞在峡中，疑即其处，而雨甚不及问。又南，江流[10]捣崆中愈驟，崆中石耸突而激湍，或为横槛以扼之，或为夹门以束之，或为龃龉[11]，或为剑戟，或为犀象，或为鸷鸟，百态以极其搏截之势[12]。而水终不为所阻，或跨而出之，或穿而过之，或挟而潆之，百状以尽超越之观[13]。时沸流倾足下，大雨注头上，两崖夹身，一线透腋[14]，转觉神王。二里，顾西崖之底，有小穴当危崖下，东向与波流吞吐，心以为异。过而问热水洞何在，始知即此穴也。先是，土人言普陀崆中有热水洞，门甚隘而中颇宽，其水自洞底涌出如沸汤。人入洞门，为热气所蒸，无不浃汗，有疾者辄愈。九炁台止可煮卵，而此可糜肉[15]。余时寒甚，然穴在崆底甚深，且已过，不及下也。

又南一里，峡乃尽，前散为坞，水乃出崆，而路乃下坡。半里抵坞，是为下山口。盖崆东之山，即灵应⑯南垂，至是南尽，余脉逊而东⑰，乃南衍⑱为西山湾之脊；崆西之山，南自邓川西逆流而上；中开为南北大坞，而弥苴佉江贯其中焉。峡口之南，有村当坞，是为邓川州⑲境，于是江两岸垂杨夹堤。路从东岸行，六里余而抵中所。时衣已湿透，风雨不止，乃觅逆旅⑳，沸汤㉑为饭。

① 初九日：指崇祯十二年（1639）三月初九。 ② 何：指何鸣凤。 ③ 比：紧靠，这里是将近的意思。 ④ 次君：次子。 ⑤ 凤羽溪：即凤羽河，在洱源南境，流至三江口与宁河、大营河会合。 ⑥ 练城：今名炼城，在洱源东南，凤羽河南岸。 ⑦ 浮屠：佛塔。 ⑧ 案：案山。作为分界的山。 ⑨ 强：强迫。 ⑩ 江流：指弥苴佉江，又名普陀江，今名游苴河，源出洱源罢谷山，自南往北流入洱海。 ⑪ 龃龉（jǔ yǔ）：上下牙齿不齐。这里指参差不齐的牙齿。 ⑫ 百态以极其搏截之势：

千姿百态,极尽其盘旋拦截激流的气势。 ⑬ 百状以尽超越之观:千形百状,极尽超越障碍的壮观。 ⑭ 一线透腋:仅有一条极其狭窄的小路穿过山腋。 ⑮ 糜肉:把肉煮烂。 ⑯ 灵应:山名,在洱源东北,山势高峻。 ⑰ 逊而东:退向东。 ⑱ 南衍:向南延伸。 ⑲ 邓川州:治所在今洱源东南的旧州。 ⑳ 逆旅:旅店。 ㉑ 沸汤:烧水。

东晋袁崧在考察长江三峡后,留下了一段发人深省的话:“常闻峡中水疾,书记及口传,悉以临惧相戒,曾无称有山水之美也。及余来践跻此境,既至欣然,始信耳闻之不如亲见矣。其叠崿秀峰,奇构异形,固难以辞叙,林木萧森,离离蔚蔚,乃在霞气之表。仰瞩俯映,弥习弥佳,流连信宿,不觉忘返,目所履历,未尝有也。既自欣得此奇观,山水有灵,亦当惊知己于千古矣。”(《水经注·江水二》引《宜都记》)而千古山水知己,必首推徐霞客。他的难能可贵处、《游记》的不朽价值,不仅在对那些人所熟知的景观作他人所不及的独到的描述,更在他能为人所难,不避艰险,探访并记载了许多人迹罕至之处,发现并向世人介绍那些一直深藏不露的自然景观。如本文所写的普陀崆,虽不能说地处僻远,但也少有人提及。

当徐霞客走进普陀崆,正值大雨倾注,巨浪翻腾,“江流捣崆中愈骤,崆中石耸突而激湍,或为横槛以扼之,或为夹门以束之,或为龃龉,或为剑戟,或为犀象,或为鸷鸟,百态以极其搏截之势。而水终不为所阻,或跨而出之,或穿而过之,或挟而潆之,百状以尽超越之观。”文中用了多种比喻,来形容水石相搏时呈现的千态百状,并连用九个“或”字,以动态的、富于气势的对仗排比句式来渲染气势,文势也如江水奔腾,浩浩荡荡。读这段文字,但觉有激昂的旋律,在字里行间回荡,和澎湃的水声相应,可谓文中有乐,声情并茂。虽然秀美和险峻同样使人获得感官的愉悦,但后者能予人以更强烈的刺激、更多精神上的满足。眼前的自然景观,在他心中化为一种力与力的搏击、一场金鼓齐鸣的战斗。虽然头上大雨倾盆,脚下激流沸涌,“两崖夹身,一线透腋”,但身处这样的险境之中,使他自然而然地涌起一股去征服的力量,感到亢奋,转觉神旺,并将这种感情灌注笔底,故能写得如此壮观。

三十二、游大理日记

崇祯十二年(1639)三月,徐霞客离开浪穹,经邓川,至大理。大理城位于苍山东麓,洱海西岸,是历史文化名城,唐、宋时的南诏国和大理国,都在此建都。这里家家院中养花,户户门外有泉,四季如春,芳气袭人,尤以茶花著称。前人曾有诗咏榆城(大理)四景:“下关风,上关花,下关风吹上关花;苍山雪,洱海月,洱海月照苍山雪。”苍山卧雪,气象磅礴,洱海漾波,风情万千。银苍玉洱,相映交辉,既是白族文化的摇篮,也是大理自然景观的象征。徐霞客在大理共住了十天,原拟在日后回大理时,再尽苍、洱之胜,但这个愿望未能实现。本文录自《滇游日记八》,是徐霞客在大理游油鱼洞、“十里香”(上关花)、蝴蝶泉、清碧溪、崇圣寺诸名胜和三月街的记录。

初十日[①]　　……凑峡[②]之间,有数十家当道,是为邓川驿[③]。过驿一里,上盘西山之嘴,始追及仆担。遂南望洱海[④]直上关而北,而德源[⑤]横亘之南,尚有平畴,南接海滨。德源山之东,大山南下之脊,至是亦低伏东转,而直接海东大山。盖万里之脉,至洱海之北而始低渡云。

由嘴南仍依西山南下,二里,下度一峡口,其峡自西山出,横涉之而南上坡间。又二里,有坊[⑥]当道,逾坡南行,始与洱海近。共五里,西山之坡,东向而突海中,是为龙王庙。南崖之下,有油鱼洞,西山腋中,有十里香奇树,皆为此中奇胜。而南瞻沙坪,去坡一里而遥,急令仆担先觅寓具餐,余并探此而后中食。乃从大路东半里，下至海崖[7]。其庙东临大海，有渔户数家居庙中，庙前一坑下坠，架石度其上如桥。从石南坠坑下丈余，其坑南北横二丈，东西阔八尺，其下再嵌而下，则水贯峡底，小鱼千万头，杂沓于内。渔人见余至，取饭一掌撒，则群从而嘬[8]之。盖其下亦有细穴潜通洱海，但无大鱼，不过如指者耳。油鱼洞[9]在庙崖曲之间，水石交薄[10]，崖内逊而抱水，东向如玦，崖下插水中，崆峒透漏。每年八月十五，有小鱼出其中，大亦如指，而周身俱油，为此中第一味，过十月，复乌有[11]矣。崖之后，石耸片如芙蓉裂瓣，从其隙下窥之，多有水漱其底，盖其下皆潜通也。稍西上，有中洼之宕[12]当路左，其东崖漱根，亦有水外通，与海波同为消长[13]焉。

从其侧交大路而西逾坡，不得路，望所谓三家村者，尚隔一箐踞西峡间。乃西半里，越坡而下，又西半里，涉箐而上，乃沿西山南向而趋,一里,渐得路,转入西腋,半里,抵三家村。问老妪,指奇树在村后田间。又半里,至其下。其树高临深岸,而南干半空[14],矗然挺立,大不及省城土主庙奇树之半,而叶亦差小。其花黄白色,大如莲,亦有十二瓣,按月而闰增一瓣[15],与省会之说同,但开时香闻远甚,土人谓之“十里香”,则省中所未闻也。榆城[16]有风花雪月四大景,下关风[17],上关花[18],苍山雪[19],洱海月[20]。上关以此花著。按志,榆城异产有木莲花,而不注何地,然他处亦不闻,岂即此耶?花自正月抵二月终乃谢,时已无余瓣,不能闻香见色,惟抚其本[21]辨其叶而已。乃从村南下坡,共东南二里而至沙坪,聚落夹衢。入邸舍,晚餐已熟。而刘君所倩担夫已去,乃别倩为早行计。

十一日 ……早炊,平明[22],夫[23]至乃行。由沙坪而南,一里余,西山之支,又横突而东,是为龙首关[24],盖点苍山[25]北界之第一峰也。凤羽南行[26]，度花甸哨南岭而东北转者，为龙王庙后诸山，迤逦从邓川之卧牛、溪始[27]，而北尽于天马，南峙者为点苍，而东垂北顾，实始于此，所以谓之“龙首”。《一统志》列点苍十九峰次第，自南而北，则是反以龙尾为首也。当山垂海错之处[28]，巩城[29]当道，为榆城北门锁钥，俗谓之上关，以据洱海上流也。入城北门，半里出南门，乃依点苍东麓南行。高眺西峰，多坠坑而下，盖后如列屏，前如连袂[30]，所谓十九峰者，皆如五老[31]比肩，而中坠为坑者也。

南二里，过第二峡之南，有村当大道之右，曰波罗村。其西山麓有蛱蝶泉[32]之异，余闻之已久，至是得土人西指，乃令仆担先趋三塔寺，投何巢阿所栖僧舍，而余独从村南西向望山麓而驰。半里，有流泉淙淙，溯之，又西半里，抵山麓。有树大合抱，倚崖而耸立，下有泉，东向漱根窍[33]而出，清洌可鉴。稍东，其下又有一小树，仍有一小泉，亦漱根而出。二泉汇为方丈之沼[34]，即所溯之上流也。泉上大树，当四月初即发花如蛱蝶，须翅栩然[35]，与生蝶无异。又有真蝶千万，连须钩足，自树巅倒悬而下，及于泉面，缤纷络绎，五色焕然。游人俱从此月，群而观之，过五月乃已。余在粤西三里城[36]，陆参戎[37]即为余言其异。至此又以时早未花，询土人，或言蛱蝶即其花所变，或言以花形相似，故引类而来，未知孰是。然龙首南北相距不出数里，有此二奇葩，一恨于已落，一恨于未蕊，皆不过一月而各不相遇。乃折其枝、图其叶而后行。

……

十二日　　觉宗[38]具骑挈餐，候何君[39]同为清碧溪[40]游。出寺即南向行，三里，过小纸房，又南过大纸房。其东即郡城[41]之西门，其西山下即演武场。又南一里半，过石马泉。泉一方在坡坳间，水从此溢出，冯元成[42]谓其清洌不减慧山[43]，甃为方池，其上有废址，皆其遗也。志云：“泉中落日照见有石马，故名。”又南半里，为一塔寺，前有诸葛祠并书院。又南过中和、玉局二峰。六里，渡一溪，颇大。又南，有峰东环而下。又二里，盘峰冈之南，乃西向觅小径入峡。峡中西望，重峰罨映，最高一峰当其后，有雪痕一派，独高垂如疋练[44]界青山，有溪从峡中东注，即清碧之下流也。从溪北蹑冈西上，二里，有马鬣[45]在左冈之上，为阮尚宾之墓。从其后西二里，蹑峻凌崖。其崖高穹溪上，与对崖骈突如门，上耸下削，溪破其中出。从此以内，溪嵌于下，崖夹于上，俱逼仄深窅。路缘崖端，挨北峰西入，一里余，马不可行，乃令从者守马溪侧，顾仆亦止焉。

余与巢阿父子同两僧溯溪入，屡涉其南北。一里，有巨石蹲涧旁，两崖巉石，俱堆削如夹。西眺内门,双耸中劈,仅如一线,后峰垂雪正当其中,掩映层叠,如挂幅[46]中垂,幽异殊甚。觉宗辄解筐酌酒,凡三劝酬。复西半里,其水捣峡泻石间,石色光腻,文理灿然,颇饶烟云之致[47]。于是盘崖而上,一里余,北峰稍开,得高穹之坪。又西半里,自坪西下,复与涧遇。循涧西向半里,直逼夹门下,则水从门中突崖下坠,其高丈余,而下为澄潭。潭广二丈余,波光莹映,不觉其深,而突崖之槽,为水所汩,高虽丈余,腻滑不可着足。时余狎之[48]不觉,见二僧已逾上崖,而何父子欲从涧北上,余独在潭上觅路不得。遂蹑峰槽,与水争道,为石滑足,与水俱下,倾注潭中,水及其项。亟跃而出,踞石绞衣。攀北崖,登其上,下瞰余失足之槽,虽高丈余,其上槽道,曲折如削,腻滑尤甚;即上其初层,其中升降,更无可阶[49]也。再逾西崖,下觑其内有潭,方广各二丈余,其色纯绿,漾光浮黛,照耀崖谷,午日射其中,金碧交荡,光怪[50]得未曾有。潭三面石壁环窝,南北二面石门之壁,其高参天,后面即峡底之石,高亦二三丈,而脚嵌颡突[51],下与两旁联为一石,若剖半盎[52],并无纤隙透水潭中,而突颡之上,如檐覆潭者,亦无滴沥抛崖下坠;而水自潭中辄东面而溢,轰倒[53]槽道,如龙破峡。余从崖端俯而见之,亟攀崖下坠,踞石坐潭上,不特影空人心,觉一毫一孔,无不莹彻。亟解湿衣曝石上,就流濯足,就日曝背,冷堪涤烦,暖若挟纩[54]。何君父子亦百计援险至,相叫奇绝。

……

十四日　　观石[55]于寺南石工家,何君与余各以百钱市[56]一小方。何君所取者,有峰峦点缀之妙;余取其黑白明辨而已。因与何君遍游寺殿。是寺在第十峰之下,唐开元[57]中建,名崇圣[58]。寺前三塔鼎立,而中塔最高,形方,累十二层,故今名为三塔。塔四旁皆高松参天。其西由山门而入,有钟楼[59]与三塔对,势极雄壮;而四壁已颓,檐瓦半脱,已岌岌矣。楼中有钟极大,径可丈余,而厚及尺,为蒙氏时[60]铸,其声闻可八十里。楼后为正殿,殿后罗列诸碑,而中溪[61]所勒黄华老人书四碑俱在焉。其后为雨珠观音殿[62],乃立像铸铜而成者,高三丈。铸时分三节为范[63],肩以下先铸就而铜已完,忽天雨[64]铜如珠,众共掬而熔之,恰成其首,故有此名。其左右回廊诸像亦甚整,而廊倾不能蔽焉。自后历级上,为净土庵,即方丈[65]也。前殿三楹,佛座后有巨石二方,嵌中楹间,各方七尺,厚寸许。北一方为远山阔水之势,其波流潆折,极变化之妙,有半舟庋尾烟汀间[66]。南一方为高峰叠障之观,其氤氲浅深[67],各臻神化[68]。此二石与清真寺碑趺[69]枯梅,为苍石[70]之最古者。清真寺在南门内,二门有碑屏一座,其北趺有梅一株,倒撇[71]垂趺间。石色黯淡,而枝痕飞白[72],虽无花而有笔意。新石之妙,莫如张顺宁[73]所寄大空山楼间诸石,中有极其神妙更逾于旧者。故知造物之愈出愈奇,从此丹青[74]一家,皆为俗笔,而画苑可废矣。张石大径二尺,约五十块,块块皆奇,俱绝妙著色山水,危峰断壑,飞瀑随云,雪崖映水,层叠远近,笔笔灵异,云皆能活,水如有声,不特五色灿然而已。其后又有正殿,庭中有白山茶一株,花大如红茶,而瓣簇[75]如之,花尚未尽也。净土庵之北,又有一庵,其殿内外庭除[76],俱以苍石铺地,方块大如方砖,此亦旧制也;而清真寺则新制以为栏壁之用焉。其庵前为玉皇阁道院,而路由前殿东巩门[77]入,绀宫[78]三重,后乃为阁,而竟无一黄冠[79]居守,中空户圮,令人怅然。

十五日　　是日为街子[80]之始。盖榆城有观音街子[81]之聚,设于城西演武场中,其来甚久。自此日始,抵十九日而散,十三省物无不至，滇中诸彝物[82]亦无不至，闻数年来道路多阻，亦减大半矣。晨餐后，何君以骑同余从寺左登其祖茔。过寺东石户村，止余环堵[83]数十围，而人户俱流徙已尽，以取石之役，不堪其累也。寺南北俱有石工数十家，今惟南户尚存。取石之处，由无为寺而上，乃点苍之第八峰[84]也，凿去上层，乃得佳者。又西上二里半，乃登其茔。脉自峰顶连珠下坠[85]，前以三塔为案，颇有结聚环护之胜。还二里，至寺后，转而南过李中溪墓，乃下马拜之。中溪无子，年七十余，自营此穴，傍寺以为皈依[86]，而孰知佛宇之亦为沧桑[87]耶！由西石户村入寺饭。同巢阿趋街子，且欲入城访吕郎，而中途雨霰[88]大作，街子人俱奔还，余辈亦随之还寺。

十六日　　巢阿同乃郎往街子，余由西门入叩吕梦熊乃郎。讯其寓，得于关帝庙前，盖西城内之南隅也，时已同刘陶石往街相马矣。余乃仍由西门西向一里半，入演武场，俱结绷为市，环错纷纭。其北为马场，千骑交集，数人骑而驰于中，更队以觇高下焉[89]。时男女杂沓，交臂[90]不辨，乃遍行场市。巢阿买文已返，刘、吕物色无从[91]，遇觉宗，为饮于市，且觅面为饭。观场中诸物，多药，多毡布及铜器木具而已，无足观者。书乃吾乡所刻村塾中物及时文[92]数种，无旧书也。既暮，返寺中。

① 初十日：指崇祯十二年(1639)三月初十。 ② 凑峡：聚拢的峡谷。 ③ 邓川驿：后称新州，即今洱源南境的邓川。④ 洱海：或说因其平面形状似“耳”，水面浪大似海得名。汉代称为“昆明池”。洱海北起洱源江尾，南至下关西洱河流出，与漾鼻江汇合后，注入澜沧江。 ⑤ 德源：在今洱源邓川东北的小山上，形势险峻，如同城堡。为保存较完整的六诏城池遗址。 ⑥ 坊：牌坊。 ⑦ 海崖：洱海边的山崖。 ⑧ 嘬(zuō)：吮吸。 ⑨ 油鱼洞：在洱海北端，罗时江入洱海口南面。 ⑩ 交薄：交逼。 ⑪ 乌有：无有。 ⑫ 宕：石矿。⑬ 与海波同为消长：与洱海的水一起涨落。 ⑭ 南干半空：

朝南的树干一半已经脱落。 ⑮ 按月而闰增一瓣：每月开一瓣，闰月增加一瓣。 ⑯ 榆城：大理城的别称。 ⑰ 下关风：每年冬春，是大理的风季，因苍山屏峙，挡住了西南吹来的季风。而苍山南端的西洱河口，是一个天然的缺口，位于西洱河出口处的下关，也就成了著名的“风城”。 ⑱ 上关花：上关以花著称，尤以“朝珠花”（即文中所说的“十里香”）最为神奇。 ⑲ 苍山雪：苍山古称点苍山，意为“白头之山”。苍山积雪，为大理四景之最。尤其在阳春三月，更显得晶莹洁净。 ⑳ 洱海月：夜晚月光洒在洱海水面上，风吹波动，犹如万点星光，呈现出一种梦幻般的美景。 ㉑ 本：树干。 ㉒ 平明：黎明时分。 ㉓ 夫：挑夫。 ㉔ 龙首关：俗称上关。位于点苍山云弄峰和洱海源头，昂然突起，如游龙翘首，故名。 ㉕ 点苍山：简称苍山，古时又称灵鹫山。北起上关，南至下关，东临洱海，西接漾濞江，雄峙十九峰，夹流十八溪。主峰马龙峰，海拔 4122 米。 ㉖ 凤羽南行：凤羽山向南延伸。 ㉗ 卧牛、溪始：卧牛山、溪始山。 ㉘ 山垂海错之处：指点苍山和洱海交错之处。 ㉙ 巩城：坚城。巩，坚固。 ㉚ 连袂（mèi）：衣袖相连。 ㉛ 五老：指庐山五老峰。 ㉜ 蛱蝶泉：今名蝴蝶泉。在大理城北云弄峰麓，有一棵枝干酷似盘龙的合欢树当空俯伸,树下一泓清泉流淌。过去每年农历四月中旬,有成千上万只彩蝶飞到这里,顺着倒垂水面的树枝,一只咬着一只的尾部,形成千百个蝶串,如花团锦簇。但现已看不到这种奇观。 ㉝根窍:树根下的孔洞。 ㉞方丈之沼:指一丈见方的池水。 ㉟栩然:形容栩栩如生的样子。 ㊱三里城:在今广西上林东北。 ㊲陆参戎:指镇守南丹卫的参将陆万里。 ㊳觉宗:三塔寺僧人。前一天徐霞客至三塔寺过夜。 ㊴何君:指何鸣凤。 ㊵清碧溪:当地人称为德溪,在苍山马龙峰和圣应峰之间,为苍山十八峰中风景最美的一溪。当代画家徐悲鸿称赞这里"峰峦林壑无一不可入画"。 ㊶郡城:指大理城。 ㊷冯元成:冯时可,号元成。明隆庆进士,曾官湖广布政使参政。 ㊸慧山:今名惠山,在江苏无锡西郊。以泉水著称,有天下第二泉(即惠山泉,又名陆子泉)。 ㊹疋练:一匹白绢。疋,同"匹"。 ㊺马鬣(liè):马鬣封,坟墓上封土的一种形状。也泛指坟墓。 ㊻挂幅:挂着一幅图画。 ㊼颇饶烟云之致:很有烟云弥漫的意态。 ㊽狎之:指玩水。 ㊾阶:凭藉。 ㊿光怪:光怪陆离。形容景象奇异,色彩繁杂。 51脚嵌颡突:言石底部下嵌,上端突起。 52盎(àng):古代一种腹大口小的器皿。 ⑬ 轰倒：轰然倒入。 ⑭ 挟纩（xié kuàng）：披着棉衣。纩，丝绵。 ⑮ 石：指大理石，盛产于苍山腹地。⑯ 市：买。 ⑰ 开元：唐玄宗年号。 ⑱ 崇圣：崇圣寺，又名三塔寺，在大理城西北应乐峰下，背后苍山峰峦耸峙，前面洱海碧波潋滟。三座砖塔鼎立，雄伟壮丽，为大理名胜。⑲ 钟楼：原为崇圣寺五宝之一，已毁。 ⑳ 蒙氏时：唐贞观年间，蒙舍诏首领细奴逻（南诏一世祖）建大蒙政权。开元间，南诏统一六诏，入朝于唐。后常以"蒙氏时"称南诏统治时期。㉑ 中溪：李元阳，世居点苍山十八溪中，因号中溪，大理人。明嘉靖进士，有政绩。 ㉒ 雨珠观音殿：殿内有一座高二丈四尺的铜观音像，相传铸于南诏时期，为崇圣寺五宝之一，近时毁。 ㉓ 分三节为范：分三段制模式。范，模子。㉔ 雨：这里是动词"下雨"的意思。 ㉕ 方丈：佛寺中住持住的房间。 ㉖ 北一方为远山阔水之势四句：形容石上的纹理。半舟，露出半条船。庋尾，庋，放置；这里是停靠的意思。烟汀，烟雾笼罩的汀洲。 ㉗ 氤氲浅深：云烟弥漫，浅深不一。 ㉘ 神化：出神入化。 ㉙ 趺：碑下石座。 ㉚ 苍石：苍山石，即大理石。 ㉛ 撇：汉字向左斜掠的笔划。 ㉜ 飞白：原为汉字的一种书体，笔划露白，似枯笔所写。 ㉝ 张顺宁：指顺宁知府张某。顺宁，明代府名，治所在今云南凤庆。⑭ 丹青：丹砂和青雘，两种可制颜料的矿石。后用以借指绘画艺术。⑮ 瓣簇：花瓣聚簇。⑯ 庭除：庭院台阶。⑰ 巩门：拱形的门。巩，同"拱"。⑱ 绀宫：因传说佛国土色绀青，故用作佛寺的别称。这里指道观。绀，天青色，深青透红之色。⑲ 黄冠：道士所戴的帽子。因用作道士的别称。⑳ 街子：集市。㉑ 观音街子：今通称"大理三月街"。每年旧历三月十五日至二十日，滇西各族人民在大理汇集，进行大规模的物资交流，举办赛马、歌舞等活动。㉒ 彝物：指少数民族的物产。㉓ 环堵：四围土墙。㉔ 点苍之第八峰：指蓝峰。㉕ 连珠下坠：如串联的珠子那样落下。㉖ 以为皈依：作为皈依之处。㉗ 亦为沧桑：也有沧桑之变。㉘ 霰：雪珠。㉙ 更队以觇高下焉：分队轮番出赛以比高低。㉚ 交臂：二人以臂相交，表示极为接近。㉛ 物色无从：无从物色，没处寻找。㉜ 时文：科举应试之文，相对"古文"而言。明、清时称八股文为时文。

和丽江不同，大理在南诏、大理国时期，长期为云南的政治中心，且交通相对比较便利，游者甚众。苍山雪、上关花、蝴蝶泉、鸟吊山、三塔寺、写韵楼……一处处胜景，无不在徐霞客的笔下，留下逼真、奇丽、充满独特情趣的写照。“日出苍山雪，瑶台十九峰。”点苍山历来是游人赞不绝口的对象，如果泛泛而赞，无异拾人牙慧，既不能显示苍山与他山的区别，也看不到其自身的季节变化，而这正是世人描写苍山的通病。徐霞客则不同，他写苍山雪：“重峰罨映，最高一峰当其后，有雪痕一派，独高垂如疋练界青山。”苍山之雪，主要覆盖在峰顶，故远望有“雪痕一派，独（自）高垂”之感；山上云雾缭绕，林木茂盛，与高寒之地的雪山一片白茫茫的景象不同，故有“如疋练界青山”之意。徐霞客描写景物，大多泼墨淋漓，以期穷形尽相，但有时又惜墨如金。如这里写雪，仅用十余字，写在山下远距离仰望山上的雪景，极为贴切。

清碧溪在大理城西南，是苍山中的一处深谷幽泉，溪边山崖高穹，骈突如门，上耸下削，逼仄深远，甚至连马也无法通过，但景色甚美。清碧溪胜景，主要在三潭，涧水从突起的山崖落下，汇成清潭，“波光莹映，不觉其深”，景物极为清幽。徐霞客陶醉在青山绿水之中，连同游的人早已离开都未察觉。他踏上峰槽，与水争道，谁知槽道“腻滑不可着足”，于是“为石滑足，与水俱下，倾注潭中，水及其项”。他赶紧跃出潭水，绞干衣服。但游兴仍浓，再越过西崖，俯视潭水，只觉“其色纯绿，漾光浮黛，照耀崖谷，午日射其中，金碧交荡，光怪得未曾有”。此时的霞客，没有畏惧，没有遗憾，惟有对美的发现的喜悦、对美的欣赏的满足，充溢心头。在徐霞客的旅途中，这是一次较小的历险，但竟写得那么轻快、那么欢畅，文字隽而丽，情境清而幽，没有丝毫因掉入险境而产生的惊惧、沉重感，文中所表现的，是充满活力的自然山水，是沉浸在这山水中的一往情深的人。他用移步换形的手法，根据自身的活动过程，展现出多姿多采的自然景象，行文如行云流水，舒卷自如。

大理古称“妙香国”，自南诏以来，佛教盛行，其中三塔尤负盛名。三塔为始建于唐代的古塔，虽经多次地震兵燹，竟岿然不动，永镇山川。游记中写三塔，主要写其极为珍贵的历史文物价值，如“势极雄壮”的钟楼，里面有蒙诏时所铸的大钟,“其声闻可八十里”。正殿后面便是著名的雨珠观音殿,里面有高三丈的铜铸立像,据说“铸时分三节为范,肩以下先铸就而铜已完,忽天雨铜如珠,众共掬而熔之,恰成其首,故有此名”。但是,钟楼“四壁已颓,檐瓦半脱,已岌岌矣”,雨珠殿“左右回廊诸像亦甚整,而廊倾不能蔽焉”。徐霞客特意表出殿阁的颓败之状,从中明确表现出他对这些历史文物的关注,以及对文物亟需加以保护的愿望。

苍山十九峰,峰峰都有大理石,石质细腻,石纹精美,如同天成的画面。游记中对在当地所见的一些大理石精品,作了富于诗情画意的描述。虽然囊中羞涩,但他还是花一百钱选购了一方“黑白明辨”的大理石留作纪念。后来他到永昌(今云南保山),得到一块“白多而间有翠点”的玉石。一般人都因这种石翠色太少而不取,但他“反喜其翠以白质而显”,而嫌人们所贵重的纯翠的玉石“黯然无光”。从徐霞客对大理石的赞美、从他选石的标准,也可看到他崇尚自然、崇尚本色的审美趣味。这块玉石,后来被带回江阴家中,据《梧塍徐氏宗谱》载:“先生病足息游,憩榻上,日陈滇中所携大理石、奇树虬根等于前。”

徐霞客到大理,正赶上白族的传统节日和盛会三月街。他本是个逢集必赶的人,对此更不会错过,连续逛了两天街市,在游记中记载了“十三省物无不至,滇中诸彝物亦无不至”的交易盛况。从游记所载看,当时三月街交易的货物,主要是日常生活用品和工具,“多药、多毡布及铜器木具而已”,并没有珍贵、稀罕的东西,即使永昌商人所带来的“宝石、琥珀及翠生石诸物,亦无佳者”。游记中还提到,由于社会动荡,当时三月街的规模,已“减大半”。

三十三、游腾越火山热泉日记

徐霞客在大理时，由于一心想去缅甸，担心天气渐渐转热，南方地湿多瘴，拖延时日难以成行，于是决定先去腾越（今云南腾冲）。崇祯十二年（1639）三月，他离开大理，渡过漾鼻江，通过澜沧江铁索桥，进入永昌（今云南保山）府城。四月，离永昌西行，渡过怒江，穿越高黎贡山，进入腾越城。腾越是徐霞客西行所到的最远处，地近缅甸，为“华夷之界”。腾越城的北边有四十多座火山，大致呈南北向作线状排列，是我国保存最完好的新生代火山群之一。其中打鹰山最为典型。腾冲境内还有我国已知的第二大热气田。黄瓜箐—澡塘河—硫磺塘一带，史称“热海”、“热田”。本文录自《滇游日记九》、《滇游日记十》，是有关腾冲火山热泉的珍贵文献。

二十一日[1]　　……饭后，雾稍开，余欲行，宝藏[2]固留止一宵。余乃从其后山中垂处上。其山乃中起之泡[3]也，其后复下，大山自后回环之，上起两峰而中坳，遥望之，状如马鞍，故又名马鞍山。据土人言，其上多鹰，旧志名为集鹰山[4]，而土音又譌[5]为打鹰云。其山脉北自冠子坪南耸，从顶上分二岐，一峙西南，一峙东北。二峰之支，如抱臂前环，西南下者，当壑右而伏，过中复起小阜而为中案[6]，南坠而下，复起一峰为前案；东北下者，当壑左而伏，结为东洼之钥[7]。两峰坳处正其环窝处[8]，前蹲一峰当窝中，其脉复自东北峰降而中度，宛如一珠之托盘中。其前复起两小阜，如二乳之列于胸。其脉即自中蹲之峰，从左度右，又从右前度，而复起一阜于中，与双乳又成鼎足，前列为中峰近案，即南与中案并峙。稍度而东，又起一阜，即北与东洼之钥对夹。故两乳之前，左右俱有洼中坳，中峰之后，左右亦有峡中扃，其脉若甚平，而一起一伏，隐然可寻。其两峰之高者，左右皆环而止，唯中之伏而起者，一线前度[9]，其东为笔峰、宠崁[10]，南为宝峰、龙光[11]者，皆是脉也。

土人言，三十年前，其上皆大木巨竹，蒙蔽无隙。中有龙潭[12]四，深莫能测，足声至则涌波而起，人莫敢近。后有牧羊者，一雷而震毙羊五六百及牧者数人，连日夜火，大树深篁，燎无孑遗[13]，而潭亦成陆，今山下有出水之穴，俱从山根分逗[14]云。山顶之石，色赭赤而质轻浮，状如蜂房，为浮沫结成者，虽大至合抱，而两指可携，然其质仍坚，真劫灰之余也[15]。……

初七日[16]　……又西下半里，直抵溪上，有二塘在东崖之下，乃温水之小者。其北崖之下，有数家居焉，是为硫磺塘[17]村，有桥架溪上。余讯大塘之出硫磺处，土人指在南峡中，乃从桥南下流涉溪而西，随西山南行。时风雨大至，田塍滑隘，余踯躅南行，半里得径。又南一里，则西山南进，有峡东注大溪，遥望峡中蒸腾之气，东西数处，郁然勃发，如浓烟卷雾，东濒大溪，西贯山峡。先趋其近溪烟势独大者，则一池大四五亩，中洼如釜，水贮于中，止及其半，其色浑白，从下沸腾，作滚涌之状，而势更厉，沸泡大如弹丸，百枚齐跃而有声，其中高且尺余，亦异观也。时雨势亦甚大，持伞观其上，不敢以身试也。其东大溪，从南下，环山南而西，合于大盈[18]；西峡小溪，从热池南东注大溪。小溪流水中亦有气勃勃，而池中之水，则止而不流，与溪无与也。溯小溪西上，半里，坡间烟势更大，见石坡平突，东北开一穴[19]，如仰口而张其上腭[20]，其中下绾[21]如喉，水与气从中喷出，如有炉橐[22]鼓风煽焰于下，水一沸跃，一停伏，作呼吸状[23]。跃出之势，风水交迫，喷若发机[24]，声如吼虎，其高数尺，坠涧下流，犹热若探汤[25]。或跃时风从中卷，水辄旁射，揽人[26]于数尺外，飞沫犹烁人面也。余欲俯窥喉中，为水所射，不得近。其龈腭[27]之上，则硫磺环染之。其东数步，凿池引水，上覆一小茅，中置桶养硝，想有磺之地，即有硝也。又北上坡百步，坡间烟势复大，环崖之下，平沙一围，中有孔数百，沸水丛跃，亦如数十人鼓煽于下者，似有人力引水。环沙四围，其水虽小而热，四旁之沙亦热，久立不能停足也。其上烟涌处虽多，而势皆不及此三者。有人将沙圆堆如覆釜[28]，亦引小水四周之，虽有小气[29]而沙不热。以伞柄戳入，深一二尺，其中沙有磺色，而亦无热气从戳孔出，此皆人之酿磺[30]者。时雨势不止，见其上有路，直逾西岭，知此为半个山[31]道，遂凌雨[32]蹑崖。其崖皆堆云骈瓣，峆岈嵌空，或下陷上连，或旁通侧裂，人从其上行，热气从下出，皆迸削之余骨，崩坠之剥肤也[33]，所云“半个”之称，岂以此耶？

① 二十一日：指崇祯十二年（1639）四月二十一日。 ② 宝藏：北直隶僧人，此时正在打鹰山建寺。 ③ 中起之泡：（因火山爆发而形成的）中间凸起的泡沫山。 ④ 集鹰山：又名打鹰山，在今云南腾冲往北至固东的公路边。海拔2614米，是一处多次喷发的活火山。 ⑤ 讹：同“讹”。 ⑥ 中案：居中的案山。 ⑦ 钥：这里作关隘解。 ⑧ 环窝处：环绕成山窝的地方。 ⑨ 一线前度：像一条线那样往前延伸。 ⑩ 宠㞬（lóng zōng）：山名。在腾冲城北，极高峻，云合则雨，当地人以此验天气阴晴。 ⑪ 龙光：台名。在腾冲西南，大盈江破龙光台西麓流去。 ⑫ 龙潭：指火山口湖。由死火山口积水形成，一般多呈圆形，面积较小，但较深。 ⑬ 孑（jié）遗：剩余；残存。 ⑭ 分逗：分别引出。逗，引。

⑮ 山顶之石八句：火山顶上，有圆形的洼地，即过去的火山口。从火山口喷出的熔岩冷却、凝结成灰色的玄武岩，即浮石，俗称蜂窝石。石上有大小不一的空洞，空洞越多，体积越大，体重越轻。桌面大的石块，一人就能举起，扔在水中，也不会下沉。劫灰，劫火的余灰。佛教称世界毁灭时的大火为劫火。 ⑯ 初七日：指崇祯十二年（1639）五月初七。 ⑰ 硫磺塘：在今腾冲南境，堪称当地地热的中心，以产硫磺而得名。为一直径四米左右的圆形水池。池中热浪翻滚，最大一个泉眼直径一尺，水柱冲出水面一尺多高，水温高达 96.6℃，沸腾汹涌，当地人称为“大滚锅”。南面有澡塘河瀑布，高约十米，沸水下注，蒸气上腾，极为壮观。 ⑱ 大盈：大盈江，伊洛瓦底江支流。流经腾冲的一段称叠水河。 ⑲ 东北开一穴：此指“蛤蟆嘴”喷泉。 ⑳ 上齶（è）：口腔的上膛。齶，同“腭”。张其上齶即张开口的意思。 ㉑ 绾（wǎn）：控扼。㉒ 橐（tuó）：冶炼时的鼓风装置，即风箱。 ㉓ 作呼吸状：“蛤蟆嘴”喷泉有两个出水孔，均为间歇喷泉，交互喷停，就像一呼一吸。 ㉔ 喷若发机：言喷发有力，好像有机关发动。㉕ 探汤：将手伸入沸水。 ㉖ 揽人：言水溅在人的身上。㉗ 龈齶（è）：牙床。龈，同“龂”，齿根肉。 ㉘ 圆堆如覆釜：

将沙堆成圆形,如倒扣的锅。 ㉙ 小气:少量蒸气。 ㉚ 酿磺:提取硫磺。 ㉛ 半个山:在硫磺塘西北。因山岩迸裂崩坠,只剩半壁,故名。 ㉜ 凌雨:冒雨。 ㉝ 皆迸削之余骨二句:都是迸裂崩塌之后,泥土落(剥)尽留下的山石。

有关火山的记载,由来已久。腾越(腾冲)位于火山多发地带,在徐霞客到这里前不久,腾越发生过一次大地震,城墙倒坍,军民的住房全部被毁。这些地震,大多由岩溶上升地表引起,属于火山地震,故地震频繁的时期,也是火山爆发的时期。今腾冲境内,依然保留着大致呈南北向排列的完好的新生代火山群,已发现火山口六十多个,腾冲城就坐落在来凤山火山的熔岩上,其中以徐霞客在游记中着重描写的打鹰山火山最为典型。他听当地人说,三十年前,山上"皆大木巨竹,蒙蔽无隙。中有龙潭四,深莫能测,足声至则涌波而起,人莫敢近"。这里所说的"龙潭",就是火山口湖,由于火山活动的影响,湖面水波激荡涌起,在火山喷发后,湖水变成了陆地。游记中还写了由火山喷发出来的灰烬凝结而成的浮石,对其颜色、形状、比重、质地,都作了既具体又形象的描述。这种浮石,现在仍能在打鹰山看到。后来徐霞客返回江阴故乡,卧病在床,不能见客,“惟置怪石于榻前,摩挲相对,不问家事”(陈函辉《霞客徐先生墓志铭》)。这块怪石,就是从腾越打鹰山带回的浮石,至今完好地保存在他后人处,视作传家之宝,颜色和形状都和游记中所写的“赭红色,质地轻软,状如蜂房”相同。

游记中还记载了当地火山的形态特征,如打鹰山,火山口呈破缺的漏斗状,故徐霞客说它远望如马鞍形。在一些主要的火山附近,常有附生的火山口,形成新月形的火山锥,游记中所写的“如二乳之列于胸”的小山丘,正是这样两座小火山。在硫磺塘附近,徐霞客登上半个山,只见“其崖皆堆云骈瓣,崚岈嵌空,或下陷上连,或旁通侧裂,人从其上行,热气从下出,皆迸削之余骨,崩坠之剥肤也”。半个山的石质,在外力的作用下,经过长期的侵蚀剥落,山体遭到破坏,无论岩表还是岩性都发生巨大变化,从而形成如此奇特的形态。

腾冲素称“地热之乡”，由于火山对地热活动的巨大影响，在腾冲火山群周围出现了温泉群。据统计，腾冲现有气泉、温泉、热泉、沸泉群八十多处，其中水温高达90℃以上的热泉群十一处，尤以黄瓜箐—澡塘河—硫磺塘一带的热泉群最为壮观。徐霞客在游记中着重描述的，正是这一带的地热状况。在这篇游记中，徐霞客描述了腾冲沸泉的几个特点：一是远望水气蒸腾，如同烟雾；二是近看水珠跳跃，如同弹丸；三是颜色浑白；四是沸腾有声；五是气势凌厉，四处喷射；六是热若探汤，灼人肌肤；七是水孔成群，一围数百。因为当地早先有岩浆喷出，此时余热未尽，地下水渗入到地底深处，于是像烧开的锅炉底部加入冷水那样，热气腾涌而出，当水温超过沸点，水气就向高处喷发，形成气柱，经久不散。“如仰口而张其上齶”数句，即形容这种情景，设想奇特，刻画工巧，奇思壮采，从笔底涌出。特别难得的是，徐霞客还明白在沸泉涌出的地下，不仅有热源，还有压力，“如有炉橐鼓风煽焰于下”，“如数十人鼓煽于下者，似有人力引水”，故能跃起“高数尺”。至于“水一沸跃,一停伏,作呼吸状”,则与压力的强弱有关。这样的文字,只可能出自徐霞客之手,因为他人往往浅尝辄止,故所记比较单一,不及他全面、具体;他人也没有徐霞客那样敏锐的观察力,故描述就较空泛,不能像他那样抓住景物的特征;他人更缺乏深入思考和推理的能力,故只能记述一些表象,而不能探究造成这种自然现象的原因。和徐霞客相比,他人的文字华丽而不生动,比喻夸张而不贴切。他人所写的只是转瞬即逝的随想,而徐霞客所记的则是永不磨灭的观察与思考。

虽然腾冲的火山地热,早已闻名于世,但像徐霞客那样,作如此具体、翔实的记载,实不多见。作为较早的实地勘察报告,其资料价值也就弥足珍贵。特别是将当今科学勘察的结论,与徐霞客的记载相比较,竟基本相似,说明腾冲的地热资源,在这三百多年间,并没有多大变化,这对今人有计划地、可持续地开发利用,提供了科学的保证,而无须为是否会破坏、耗尽这些资源担忧。

三十四、游石房洞山日记

徐霞客在腾越共留了四十天，其间三次出入腾越城，进行考察。最远的一次从州城渡过大盈江，往北到腾越北境的固栋，继续往北，直到滇滩关外、姊妹山下的阿幸厂，再回到热水塘，越过雅乌山，探游石房洞山，经历了生平第一险境。本文录自《滇游日记九》，即其在石房洞山历险的记录。

二十七日[①] ……先是，余望此巀嵲[②]之峰，已觉其奇；及环其麓，仰见其盘亘之崖，层耸叠上；既东转北向，忽见层崖之上，有洞东向，欲一登而不见其径，欲舍之又不能竟去。

遂令顾仆停行李，守木胆[3]于路侧，余竟仰攀而上。其上甚削，半里之后，土削不能受足[4]，以指攀草根而登。已而草根亦不能受指[5]，幸而及石。然石亦不坚，践之辄陨，攀之亦陨。间得一少粘[6]者，绷足挂指[7]，如平帖[8]于壁，不容移一步。欲上既无援[9]，欲下亦无地，生平所历危境，无逾于此。盖峭壁有之[10]，无此苏土[11]；流土[12]有之，无此苏石。久之，先试得其两手两足四处不摧之石，然后悬空移一手，随悬空移一足，一手足牢[13]，然后悬空又移一手足，幸石不坠，又手足无力欲自坠。久之，幸攀而上，又横帖[14]而南过，共半里，乃抵其北崖。稍循而下坠，始南转入洞。洞门穹然，如半月上覆[15]，上多倒垂之乳[16]。中不甚深，五丈之内，后壁环拥，下裂小门，批隙而入[17]，丈余即止，无他奇也。出洞，仍循北崖西上。难于横帖之陟[18]，即随峡上跻，冀有路北迂而下，久之不得。半里，逾坡之西，复仰其上崖高穹，有洞当其下，洞门南向，益竭蹶[19]从之。半里，入洞。洞前有巨石当门，门分为二，先从其西者入。门以内辄随巨石之后东转，其中夹成曲房[20]，透其东，其中又旋为后室，然亦丈余而止，不深入也。旋从其东者出。还眺巨石之上，与洞顶之覆者，尚余丈余。门之东，又环一石对之，其石中悬如台，若置梯蹑之，所揽更奇也。出洞，循崖而北半里，其下亦俱悬崖无路，然皆草根悬缀。遂坐而下坠[21]，以双足向前，两手反而后揣[22]草根，略逗其投空之势[23]，顺之一里下，乃及其麓。与顾仆见，若更生[24]也。

日将过午，食携饭于路隅，即循西山北行。三里而西山中逊，又一里，有村倚西山坞中，又半里，绕村之前而北，遂与江遇，盖江之西曲处也。其村西山后抱，东江前揖，而南北两尖峰，左右夹峙如旗鼓，配合甚称。有小溪从后山流出，傍村就水，皆环塍为田，是名喇哈寨，亦山居之胜处也。溯江而北，半里，度小溪东注之桥，复北上坡。二里，东北循北尖峰之东麓。一里余，仰见尖峰之半，有洞东向高穹，其门甚峻，上及峰顶，如檐覆飞空[25]，乳垂于外，槛横于内，而其下甚削，似无陟境，盖其路从北坡横陟也。余时亦以负荷未释[26]，遂先趋厂[27]。又北一里余，渡一西来之涧，有村庐接丛[28]于江之西岸，而矿炉满布之，是为南香甸[29]。乃投寓于李老家，时甫过午也。

先是，余止存青蚨[30]三十文，携之袖中，计不能为界头[31]返城之用，然犹可籴[32]米为一日供。迨石房洞扒[33]山，手足无主，竟不知抛堕何所，至是手无一文。乃以褶[34]袜裙三事[35]悬于寓外，冀售其一，以为行资。久之，一人以二百余文买细[36]裙去。余欣然，沽酒市肉，令顾仆烹于寓。余亟索饭，乘晚探尖峰之洞。乃从村西溯西来之溪，半里，涉其南，从僰彝[37]庐后南蹑坡。迤逦南上一里，遂造洞下。洞内架庐三层，皆五楹[38]，额[39]其上曰“云岩寺”。始从其下层折而北，升中层，折而南，升上层。其中神像杂出，然其前甚厂。石乳自洞檐下垂于外，长条短缕，缤纷飘扬，或中透而空明，或交垂而反卷，其状甚异。复极其北，顶更穹盘而起，乃因其势上架一台，而台之上又有龛西进，复因其势上架一阁。又从台北循崖置坡，盘空而升，洞顶氤氲之状，洞前飘洒之形，收览殆尽。台之北，复进一小龛南向，更因其势而架梯通之，前列一小坊，题曰“水月”，中供白衣大士。余从来嫌洞中置阁，每掩洞胜，惟此点缀得宜，不惟无碍，而更觉灵通，不意殊方[40]反得此神构也。时洞中道人尚在厂未归，云磴[41]不封，乳房无扃，凭憩久之，恨不携襆[42]托宿其内也。洞之南复有一门骈启[43]，其上亦有乳垂，而其内高广俱不及三之一，石色赭黄[44]如新凿者。攀其上级，复透小穴西入，二丈后曲而南，其中渐黑，而有水中贮，上有滴沥声，而下无旁泄窦[45]，亦神濆[46]也。洞中所酌惟此。其中穴更深迥，但为水隔而黑，不复涉而穷之。乃下，仍从北崖下循旧路，二里返寓。遂啜酒而卧，不觉陶然。

① 二十七日：指崇祯十二年（1639）四月二十七日。② 巀嵲（jié niè，又读 zá niè）：形容山势高峻。巀，也作“巀”。③ 木胆：指前几天在路上得到的结在藤上的木球。 ④ 受足：落脚。 ⑤ 受指：用手拉住。 ⑥ 少粘：稍许牢固。⑦ 绷足挂指：两脚绷紧，手指抓住。 ⑧ 帖：粘，贴。⑨ 援：牵引，攀附。 ⑩ 峭壁有之：有这样的峭壁。 ⑪ 苏土：松动的土块。苏，同“酥”，言物体疏松。 ⑫ 流土：松散的土。 ⑬ 一手足牢：一手一脚稳固。 ⑭ 横帖：侧身贴紧石壁。 ⑮ 如半月上覆：形如半月，在上面覆盖。 ⑯ 乳：石钟乳。 ⑰ 批隙而入：从缝隙中挤进去。 ⑱ 陟（zhì）：登高。 ⑲ 竭蹶：力竭颠仆，走路困难。 ⑳ 曲房：内室，密

室。 ㉑ 坐而下坠：坐着往下滑落。 ㉒ 揣(chuāi)：拉着。㉓ 略逗其投空之势：稍微控制缓慢一下悬空落下的速度。逗，逗留，停留。 ㉔ 更生：死而复生。 ㉕ 檐覆飞空：屋檐凌空覆盖。 ㉖ 负荷未释：所背负的东西没能放下。㉗ 厂：指矿厂。 ㉘ 接丛：聚集。 ㉙ 南香甸：在腾冲北隅小辛街。云南称山间平地为甸，犹如四川地区的坝子。㉚ 青蚨：传说中的昆虫名。后用作钱币的代称。 ㉛ 界头：村名。在腾冲东北。 ㉜ 籴(dí)：买进。 ㉝ 扒：同“爬”。㉞ 褶(dié)：夹衣。 ㉟ 事：物。 ㊱ 紬：同“绸”。 ㊲ 僰(bó)彝：古时称居住在西南地区的一个少数民族。 ㊳ 五楹：五间屋子。 ㊴ 额：匾额。这里作动词“题写(匾额)”用。㊵ 殊方：异域，这里指边远偏僻之地。 ㊶ 云磴：高入云中的石级。 ㊷ 携囊：带着行李。 ㊸ 骈启：并排开着。 ㊹ 赭黄：黄褐色。 ㊺ 旁泄窦：从旁边排泄水流的小洞。 ㊻ 神瀵(fèn)：《列子·汤问》载，古代终北国有壶领山，山顶有磁穴，水从穴中涌出，比兰花更香，比甜酒更美，名神瀵。瀵，从地底涌出的泉水。

进入云南后，徐霞客的身体已大不如前，但依然闻险色舞，迎难而上。自然的险境，和他趋险的心理，似有感应，互相吸引，使其探险的过程，本身也成为一种壮观。徐霞客生平所遇的第一险境，在腾越的石房洞山。当时他望见一座巀嵲之峰，感到十分奇特，于是仰面往上攀登。走了半里，土山陡削不能落脚，只能用手指抓住草根攀登，不久草根也抓不住了，幸亏已到石山，但石山也不稳固，一踩上去石块就会坠落，“间得一少粘者，绷足挂指，如平帖于壁，不容移一步。欲上既无援，欲下亦无地，生平所历危境，无逾于此。”好不容易紧贴石壁，悬空移动手脚，到达石房洞，洞内却没有什么奇景。出洞后下山仍无路可走，好在悬崖上都是连接的草根，“遂坐而下坠，以双足向前，两手反而后揣草根，略逗其投空之势，顺之一里下”。到达山麓，就像再生一般。在爬山前，徐霞客已只剩三十文钱，藏在袖中，可买吃一天的米，爬山时因手脚无主，将钱丢失了。下山后身无分文，只得将夹衣、袜子、裙子挂在外面出卖，幸亏卖掉一件绸裙，才有钱吃饭，回到寓所。但他毫无憾意，为了犒劳自己这次探险，“啜酒而卧，不觉陶然”。“险哉遮莫千万山，毕竟不敌游山骨一杷。"(唐泰《汗漫歌》)如果说,在探险的过程中,痛感已渐渐转化为快感,那么在脱险之后,更进而变为崇高感和自尊自豪感了。正是这种从心灵深处发出的对险境的追求与渴望,使他契合通神,涉人所不涉之险,履人所不履之危,独享那种从奇险中产生的充满刺激和抗争、交织着痛感和快感的美感。这些描述,既是写景,也是写人,自然之景和探险之人,已成一体,浑然莫辨了。于此可见,无论是目标明确的科学考察,还是乘兴而往的审美观照,都有决于人的个性,故自然现象及其奥秘被发现的过程,也是人的本质力量展现的过程。

记中十九探险乐,亘古男儿一霞客。敢于探险,善于探险,最能体现霞客的性格特征,也是他能在探游途中一往无前的基础。惟其如此,他才会有"安得峰峰手摩足抉"的期望,才会有"昆仑海外之游"的宏愿。徐霞客的游记,之所以能站在前人从未有过的高度,展现既新奇又真实、既惊险又绚丽的情景,正是他求实精神与献身精神、考察与探险、理智与激情结合的体现。杨名时认为,霞客之游,最"足以警心者",在他"不惜捐躯命,多方竭虑以赴之，期于必造其域，必穷其奥而后止。学者之于道也，若覃思鼓勇，亦如霞客之于山水，则亦何深之不穷，何远之不届?”(《游记序一》)确实，有了这种精神、这种勇气，就能无往不摧、无险不克。一个愿为真理献身的人，必然是无所不为、无所不能的人。从这个意义上说，徐霞客探险的过程，从中体现的精神，比探险的结果、所发现和描述的景观，更加可贵。